감정
평가사 1차

회계학

기출문제집(+최종모의고사)

시대에듀

Always with you

사람의 인연은 길에서 우연하게 만나거나 함께 살아가는 것만을 의미하지는 않습니다.
책을 펴내는 출판사와 그 책을 읽는 독자의 만남도 소중한 인연입니다.
시대에듀는 항상 독자의 마음을 헤아리기 위해 노력하고 있습니다.
늘 독자와 함께하겠습니다.

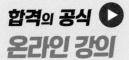

기출문제를 효과적으로 학습할 수 있도록 구성한 도서!

감정평가란 부동산, 동산을 포함하여 토지, 건물, 기계기구, 항공기, 선박, 유가증권, 영업권과 같은 유·무형의 재산에 대한 경제적 가치를 판정하여 그 결과를 가액으로 표시하는 행위를 뜻합니다. 이러한 평가를 하기 위해서는 변해가는 경제상황 및 이에 기반한 다양한 이론과 법령을 알아야 하며, 그 분량이 매우 많습니다.

큐넷에 공지된 감정평가사 통계자료를 보면, 1차 시험 지원자는 계속적으로 증가하고 있으며, 특히 최근의 증가 폭이 눈에 크게 띕니다. 2023년 1차 시험 지원자는 6,000명을 넘어섰고 2024년 지원자는 작년보다 262명 증가한 6,746명으로 집계되었습니다. 시행처는 최근 시험의 난이도를 높여 합격자 수를 조절하려는 경향을 보이고 있으며 이를 입증하듯, 제35회 1차 시험에서는 전년도보다 난이도가 대폭 상승, 고득점자가 크게 줄어 합격률이 23.28%로 작년 대비 크게 감소하였습니다.

이렇게 감정평가사 시험에 대한 부담감이 가중되고는 있지만, 전략적 학습방법을 취한다면 1차시험에서 과락을 피하고 합격 평균점수인 60점 이상을 취득하는 것이 매우 어려운 일은 아닙니다. 전략적 학습이란 결국 기본에 충실한 학습이며, 이를 위하여 기출문제를 분석하여 중요내용을 파악하는 것보다 더 효과적인 방법은 없습니다. 『2025 시대에듀 감정평가사 1차 회계학 기출문제집(+최종모의고사)』는 이러한 시험 여건 속에서 기출문제를 통해 가장 확실한 1차 합격 방법을 제시하고자 출간되었습니다.

이 책의 특징은 다음과 같습니다.

첫째 ▌회계학 9개년 (2024~2016년) 기출문제를 수록하여 전반적인 출제경향을 파악할 수 있도록 하였습니다.
둘째 ▌혼자 공부해도 알기 쉽도록 정답해설과 오답해설을 구분하여 최대한 상세하게 해설하고자 노력했습니다.
셋째 ▌마지막 실력 점검과 실전 연습을 위해 최종모의고사 2회분을 수록하였습니다.

감정평가사 시험을 준비하는 수험생 여러분께 본 도서가 합격을 위한 디딤돌이 될 수 있기를 바랍니다.

편저자 드림

감정평가사 자격시험 안내

⊘ 감정평가

감정평가란 부동산, 동산을 포함하여 토지, 건물, 기계기구, 항공기, 선박, 유가증권, 영업권과 같은 유·무형의 재산에 대한 경제적 가치를 판정하여 그 결과를 가액으로 표시하는 것

❶ 정부에서 매년 고시하는 공시지가와 관련된 표준지의 조사·평가
❷ 기업체 등의 의뢰와 관련된 자산의 재평가
❸ 금융기관, 보험회사, 신탁회사의 의뢰와 관련된 토지 및 동산에 대한 평가
❹ 주택단지나 공업단지 조성 및 도로개설 등과 같은 공공사업 수행

⊘ 시험과목 및 방법

시험구분	교시	시험과목	입실완료	시험시간	시험방법
제1차 시험	1교시	❶ 민법(총칙, 물권) ❷ 경제학원론 ❸ 부동산학원론	09:00	09:30~11:30(120분)	과목별 40문항 (객관식)
	2교시	❹ 감정평가관계법규 ❺ 회계학	11:50	12:00~13:20(80분)	
	※ 제1차 시험 영어 과목은 영어시험성적으로 대체(영어성적 기준점수는 큐넷 홈페이지 감정평가사 시행계획 공고 참고)				
제2차 시험	1교시	감정평가실무	09:00	09:30~11:10(100분)	과목별 4문항 (주관식)
	중식시간 11:10~12:10(60분)				
	2교시	감정평가이론	12:10	12:30~14:10(100분)	
	휴식시간 14:10~14:30(20분)				
	3교시	감정평가 및 보상법규	14:30	14:40~16:20(100분)	

※ 시험과 관련하여 법률, 회계처리기준 등을 적용하여 정답을 구하여야 하는 문제는 시험시행일 현재 시행 중인 법률, 회계처리기준 등을 적용하여 그 정답을 구하여야 함
※ 회계학 과목의 경우 한국채택국제회계기준(K-IFRS)만 적용하여 출제
※ 장애인 등 응시 편의 제공으로 시험시간 연장 시 수험인원과 효율적인 시험 집행을 고려하여 시행기관에서 휴식 및 중식 시간을 조정할 수 있음

⊘ 합격기준

구분	내용
제1차 시험	영어 과목을 제외한 나머지 시험과목에서 과목당 100점을 만점으로 하여 모든 과목 40점 이상이고, 전(全) 과목 평균 60점 이상인 사람
제2차 시험	❶ 과목당 100점을 만점으로 하여 모든 과목 40점 이상, 전(全) 과목 평균 60점 이상을 득점한 사람 ❷ 최소합격인원에 미달하는 경우 최소합격인원의 범위에서 모든 과목 40점 이상을 득점한 사람 중에서 전(全) 과목 평균점수가 높은 순으로 합격자를 결정

※ 동점자로 인하여 최소합격인원을 초과하는 경우에는 동점자 모두를 합격자로 결정. 이 경우 동점자의 점수는 소수점 이하 둘째 자리까지만 계산하며, 반올림은 하지 아니함

✅ 1차 회계학 출제리포트

구 분		31회	32회	33회	34회	35회	전체 통계	
							합 계	비 율
재무회계	회계의 기초이론	–	1	1	1	–	3	1.5%
	재무회계의 이론체계	4	2	5	2	3	16	8%
	현금 및 현금성자산과 채권채무	1	1	1	1	–	4	2%
	금융자산	2	1	2	2	1	8	4%
	재고자산	2	2	4	2	2	12	6%
	유형자산 및 투자부동산	10	4	4	7	7	32	16%
	무형자산	1	2	1	1	1	6	3%
	자본	2	3	2	2	3	12	6%
	금융부채와 사채	2	1	1	2	5	11	5.5%
	충당부채와 퇴직급여	1	3	3	3	3	13	6.5%
	수익	2	4	2	3	1	12	6%
	회계변경과 오류수정	–	2	1	–	2	5	2.5%
	법인세 및 리스회계	2	2	1	2	1	8	4%
	현금흐름표	1	1	2	2	–	6	3%
	보고기간 후 사건 및 기타	–	1	–	–	1	2	1%
	소 계	30	30	30	30	30	150	75%
원가회계	원가관리회계의 기초이론	–	–	1	–	–	1	0.5%
	원가흐름 및 원가배분	2	1	2	1	2	8	4%
	개별/종합/결합원가계산/ABC	2	1	2	2	2	9	4.5%
	표준원가계산/변동원가계산	2	2	2	2	2	10	5%
	원가추정과 CVP분석	2	2	1	3	1	9	4.5%
	단기의사결정	1	2	1	1	–	5	2.5%
	장기의사결정 및 기타	1	2	1	1	3	8	4%
	소 계	10	10	10	10	10	50	25%
총 계		40	40	40	40	40	200	100%

이 책의 **구성과 특징**

CHAPTER PART 01 기출문제

02 2022년 제33회 기출문제

※ 아래의 문제들에서 특별한 언급이 없는 한 기업의 보고기간 회계기간은 매년 1월 1일부터 12월 31일까지이다. 또한, 기업은 주권상장법인으로 계속해서 한국채택국제회계기준(K-IFRS)을 적용해오고 있다고 가정하고, 답지항 중에서 물음에 가장 합당한 답을 고르시오. 단, 자료에서 제시한 모든 항목과 금액은 중요하며, 자료에서 제시한 것 이외의 사항은

01 (주)감평이 ...
다음과 같은 ...

ㄱ. 매출대 ...
ㄴ. 대금지 ...
ㄷ. 매입처 ...
ㄹ. 받을어 ...

① ㄴ
③ ㄴ, ㄷ
⑤ ㄴ, ㄷ,

02 (주)감평은 ...
200개를 구 ...
년 말 (주)경 ...
100에 비하 ...

① ₩200
③ ₩600
⑤ ₩1,000

무형자산에 관한 ...

① 무형자산은 ...
② 무형자산의 ...
수 없다. ...
③ 내부적으로 ...
④ 개별취득 무 ...
족한다. ...
⑤ 무형자산으로 ...

2 감정평가사 1차 회계 ...

CHAPTER PART 01 기출문제

01 2023년 제34회 기출문제

※ 아래의 문제들에서 특별한 언급이 없는 한 기업의 보고기간[회계기간]은 매년 1월 1일부터 12월 31일까지이다. 또한, 기업은 주권상장법인으로 계속해서 한국채택국제회계기준(K-IFRS)을 적용해오고 있다고 가정한다. 단, 자료에서 제시한 모든 항목과 금액은 중요하며, 자료에서 제시한 것 이외의 사항은

01 재무제표 표시에 ...
① 서술형 정보 ...
② 재무제표가 ...
보지 않는 어 ...
③ 기업은 현금 ...
④ 중요하지 않 ...
⑤ 한국채택국제 ...

CHAPTER 최신기출

01 2024년 제35회 기출문제

※ 아래의 문제들에서 특별한 언급이 없는 한 기업의 보고기간[회계기간]은 매년 1월 1일부터 12월 31일까지이다. 또한, 기업은 주권상장법인으로 계속해서 한국채택국제회계기준(K-IFRS)을 적용해오고 있다고 가정한다. 단, 자료에서 제시한 모든 항목과 금액은 중요하며, 자료에서 제시한 것 이외의 사항은 고려하지 않고 답한다. 예를 들어, 법인세에 대한 언급이 없으면 법인세 효과는 고려하지 않는다.

01 재무보고를 위한 개념체계에 관한 설명으로 옳지 않은 것은?
① 경제적효익의 유입가능성이나 유출가능성이 낮더라도 자산이나 부채가 존재할 수 있다.
② 부채가 발생하거나 인수할 때의 역사적 원가는 발생시키거나 인수하면서 수취한 대가에서 거래원가를 가산한 가치이다.
③ 매각이나 소비되는 자산의 원가에 대한 정보와 수취한 대가에 대한 정보는 예측가치를 가질 수 있다.
④ 가격 변동이 유의적일 경우, 현행원가를 기반으로 한 이익은 역사적 원가를 기반으로 한 이익보다 미래 이익을 예측하는 데 더 유용할 수 있다.
⑤ 합리적인 추정의 사용은 재무정보 작성의 필수적인 부분이며 추정치를 명확하고 정확하게 기술하고 설명한다면 정보의 유용성을 훼손하지 않는다.

02 재무제표 표시에 관한 설명으로 옳은 것은?
① 기업이 재무상태표에 유동자산과 비유동자산, 그리고 유동부채와 비유동부채로 구분하여 표시하는 경우, 이연법인세자산은 유동자산으로 분류한다.
② 한국채택국제회계기준을 준수하여 작성된 재무제표는 국제회계기준을 준수하여 작성된 재무제표임을 주석으로 공시할 수 있다.
③ 환경 요인이 유의적인 산업에 속해 있는 경우나 종업원이 재무제표이용자인 경우 재무제표 이외에 환경 보고서나 부가가치보고서도 한국채택국제회계기준을 적용하여 작성한다.
④ 부적절한 회계정책은 이에 대하여 공시나 주석 또는 보충자료를 통해 설명하여 정당화될 수 있다.
⑤ 당기손익과 기타포괄손익은 별개의 손익계산서가 아닌 단일의 포괄손익계산서로 작성되어야 한다.

2 감정평가사 1차 회계학 기출문제집(+ 최종모의고사)

2024년 포함

9개년 기출문제 수록

회계학 9개년 기출문제를 수록하여 출제경향을 파악할 수 있도록 하였습니다.

일목요연한 해설

기출문제의 핵심을 파악할 수 있도록 해설을 일목요연하게 서술하였고, 더 알아보기 를 통해 효과적 학습을 할 수 있도록 구성하였습니다.

33 난도 ★

정답 ③

정답해설
제조간접원가 실제발생액 = 4,800시간 × (₩100 + ₩300) + ₩20,000(과소배부) = ₩1,940,000

34 난도 ★★

정답 ④

정답해설
단위당 제조원가
= [₩100,000(직접재료원가) + ₩97,200(직접노무원가) + ₩64,800(변동제조원가) + ₩100,000(고정제조원가)] ÷ 400단위
= 362,000 ÷ 400단위
= ₩905

더 알아보기

누적생산량	직접노무원가	평균노무시간	총노무시간
100	30,000	300	300
200		270	540
400	97,200	243	972

35 난도 ★★★

정답 ④

정답해설
전부원가계산에 의한 기초재고자산
= ₩60,000(변동 영업이익) + ₩25,000(전부 기말재고) + ₩64,000(변...
= ₩77,000

36 난도 ★★★

정답 ...

정답해설
• 제품 Y의 단위당 제조원가 = ₩120
• 결합원가 배부표

결합제품	생산량	판매가격	판매가치	원가율(주2)	총원가(주1)
X	800	150	120,000	60%	72,00...
Y	1,600	200	320,000	60%	192,00...
			440,000		264,0...

(주1) 완성품원가 = 2,400개 × (₩180,000 ÷ 3,000개) + ₩108,000 = ...
(주2) 원가율 = ₩264,000 ÷ ₩440,000 = 60%

최종모의고사

마지막 실력 점검과 실전 연습을 위해 최종모의고사 2회분을 수록하였습니다.

CHAPTER PART 03 최종모의고사

01 제1회 회계학 최종모의고사 문제

01 다음 중 재무제표 표시에 관한 설명으로 옳지 않은 것은?
① 유동성 순서에 따른 표시방법을 적용할 경우에는 모든 자산과 부채를 유동성의 순서에 따라 표시한다.
② 해당기간에 인식한 모든 수익과 비용 항목은 별개의 손익계산서와 당기순손익에서 시작하여 기타포괄손익의 구성요소를 표시하는 보고서 또는 단일 포괄손익계산서 중 한가지 방법으로 표시한다.
③ 영업활동을 위한 자산의 취득시점부터 그 자산이 현금이나 현금성자산으로 실현되는 시점까지 소요되는 기간이 영업주기이다.
④ 매입채무 그리고 종업원 및 그 밖의 영업원가에 대한 미지급비용과 같은 기업의 정상영업주기 내에 사용되는 운전자본 항목은 보고기간 후 12개월 후에 결제일이 도래한다 하더라도 유동부채로 분류한다.
⑤ 비용의 기능에 대한 정보가 미래현금흐름을 예측하는데 유용하기 때문에 비용을 성격별로 분류하는 경우에는 비용의 기능에 대한 추가정보를 공시하는 것이 필요하다.

02 다음 중 재고자산의 회계처리에 관한 설명으로 옳지 않은 것은?
① 자가건설한 유형자산의 구성요소로 사용되는 재고자산처럼 재고자산의 원가를 다른 자산계정에 배분하는 경우에는 다른 자산에 배분된 재고자산 원가는 해당 자산의 내용연수 동안 비용으로 인식한다.
② 재고자산을 순실현가능가치로 감액한 평가손실과 모든 감모손실은 감액이나 감모가 발생한 기간에 비용으로 인식한다. 순실현가능가치의 상승으로 인한 재고자산 평가손실의 환입은 환입이 발생한 기간의 비용으로 인식한 재고자산 금액의 차감액으로 인식한다.
③ 순실현가능가치를 추정할 때에는 재고자산으로부터 실현가능한 금액에 대하여 추정일 현재사용가능한 가장 신뢰성 있는 증거에 기초하여야 한다. 또한 보고기간 후 사건이 보고기간말 존재하는 상황에 대하여 확인하여 주는 경우에는 그 사건과 직접 관련된 가격이나 원가의 변동을 고려하여 추정하여야 한다.
④ 생물자산에서 수확한 농림어업수확물로 구성된 재고자산은 순공정가치로 측정하여 수확시점에 최초로 인식한다.
⑤ 완성될 제품이 원가 이상으로 판매될 것으로 예상하는 경우에는 그 생산에 투입하기 위해 보유하는 원재료 및 기타 소모품을 감액하지 아니한다. 따라서 원재료 가격이 하락하여 제품의 원가가 순실현가능가치를 초과할 것으로 예상되더라도 해당 원재료를 순실현가능가치로 감액하지 않는다.

이 책의 차례

최신기출

※ 아래의 문제들에서 특별한 언급이 없는 한 기업의 보고기간(회계기간)은 매년 1월 1일부터 12월 31일까지이다. 또한, 기업은 주권상장법인으로 계속해서 한국채택국제회계기준(K-IFRS)을 적용해오고 있다고 가정한다. 단, 자료에서 제시한 모든 항목과 금액은 중요하며, 자료에서 제시한 것 이외의 사항은 고려하지 않고 답한다. 예를 들어, 법인세에 대한 언급이 없으면 법인세 효과는 고려하지 않는다.

01 재무보고를 위한 개념체계에 관한 설명으로 옳지 <u>않은</u> 것은?

① 경제적효익의 유입가능성이나 유출가능성이 낮더라도 자산이나 부채가 존재할 수 있다.

② 부채가 발생하거나 인수할 때의 역사적 원가는 발생시키거나 인수하면서 수취한 대가에서 거래원가를 가산한 가치이다.

③ 매각이나 소비되는 자산의 원가에 대한 정보와 수취한 대가에 대한 정보는 예측가치를 가질 수 있다.

④ 가격 변동이 유의적일 경우, 현행원가를 기반으로 한 이익은 역사적 원가를 기반으로 한 이익보다 미래 이익을 예측하는데 더 유용할 수 있다.

⑤ 합리적인 추정의 사용은 재무정보 작성의 필수적인 부분이며 추정치를 명확하고 정확하게 기술하고 설명한다면 정보의 유용성을 훼손하지 않는다.

02 재무제표 표시에 관한 설명으로 옳은 것은?

① 기업이 재무상태표에 유동자산과 비유동자산, 그리고 유동부채와 비유동부채로 구분하여 표시하는 경우, 이연법인세자산은 유동자산으로 분류한다.

② 한국채택국제회계기준을 준수하여 작성된 재무제표는 국제회계기준을 준수하여 작성된 재무제표임을 주석으로 공시할 수 있다.

③ 환경 요인이 유의적인 산업에 속해 있는 경우나 종업원이 재무제표이용자인 경우 재무제표 이외에 환경보고서나 부가가치보고서도 한국채택국제회계기준을 적용하여 작성한다.

④ 부적절한 회계정책은 이에 대하여 공시나 주석 또는 보충자료를 통해 설명하여 정당화될 수 있다.

⑤ 당기손익과 기타포괄손익은 별개의 손익계산서가 아닌 단일의 포괄손익계산서로 작성되어야 한다.

03 (주)감평의 20x1년 기말재고자산에 대한 자료가 다음과 같다.

항목	원가	확정판매계약가격	일반판매가격	현행대체원가
제품 A	₩1,000	₩900	₩950	−
제품 B	1,200	−	1,250	−
원재료 A	1,100	−	−	₩1,000
원재료 B	1,000	−	−	900

- 제품 A는 모두 확정판매계약을 이행하기 위하여 보유하고 있으며, 제품 A와 제품 B는 판매시 계약가격 또는 일반판매가격의 10%에 해당하는 판매비용이 소요될 것으로 예상된다.
- 원재료 A를 이용하여 생산하는 제품은 원가 이상으로 판매될 것으로 예상된다.
- 원재료 B를 이용하여 생산하는 제품의 원가는 순실현가능가치를 초과할 것으로 예상된다.

모든 재고자산에 대해 항목별기준을 적용할 때 20x1년도에 인식할 재고자산평가손실은? (단, 재고자산 감모는 발생하지 않았으며, 기초재고자산평가충당금은 없다.)

① ₩300
② ₩335
③ ₩350
④ ₩365
⑤ ₩380

04 (주)감평은 재고자산을 원가기준 선입선출소매재고법으로 측정한다. 20x1년 재고자산 자료가 다음과 같을 때, 매출원가는? (단, 평가손실과 감모손실은 발생하지 않았다.)

항목	원가	판매가
기초재고액	₩1,000	₩1,500
당기매입액	9,000	11,500
인상액	−	1,400
인상취소액	−	800
인하액	−	700
인하취소액	−	600
당기매출액	−	9,500

① ₩6,800
② ₩7,000
③ ₩7,160
④ ₩7,315
⑤ ₩7,375

05 (주)감평은 20x1년 초 종업원 100명에게 각각 현금결제형 주가차액보상권 10개씩을 3년의 용역조건으로 부여하였다. 20x1년에 실제로 5명이 퇴사하였으며, 20x2년에 8명, 20x3년에 12명이 각각 추가로 퇴사할 것으로 추정하였다. 20x2년에는 실제로 7명이 퇴사하였고, 20x3년에 추가로 15명이 퇴사할 것으로 추정하였으며, 20x3년 말 최종가득자는 75명, 권리행사자는 40명이다. 주가차액보상권의 공정가치가 각각 20x1년 말 ₩14, 20x2년 말 ₩15, 20x3년 말 ₩17이고, 20x3년 말 내재가치는 ₩16일 때, 동 주가차액보상권과 관련하여 20x3년 인식할 보상비용(순액)은?

① ₩5,050

② ₩5,450

③ ₩5,950

④ ₩6,400

⑤ ₩6,800

06 (주)감평의 20x1년도 재무제표 및 자본 관련 자료가 다음과 같을 때 총자산이익률은? (단, 총자산이익률 계산시 평균자산을 이용한다.)

• 기초자산	₩10,000	• 기말자산	₩11,000
• 기초부채	9,000	• 기말부채	9,500
• 무상증자 실시	₩250	• 주식배당 결의	₩100
• 자기주식 취득	150	• 현금배당 결의	165
• 당기순이익 발생	?	• 기타포괄이익 발생	80

① 7%

② 9%

③ 11%

④ 13%

⑤ 15%

07 20x1년 초 설립된 (주)감평의 20x1년 주식과 관련된 자료가 다음과 같다.

- 20x1년 초 유통보통주식수 : 3,000주
- 4월 초 모든 주식에 대하여 10% 무상증자 실시
- 7월 초 전환사채의 보통주 전환 : 900주
- 10월 초 주주우선배정 방식으로 보통주 1,000주 유상증자 실시(발행금액 : 주당 ₩2,000, 증자 직전 주식의 공정가치 : 주당 ₩2,500)

무상신주는 원구주에 따르고, 유상증자대금은 10월 초 전액 납입완료되었을 때, 20x1년 가중평균유통보통주식수는? (단, 유통보통주식수는 월할계산한다.)

① 3,796주
② 3,875주
③ 4,000주
④ 4,082주
⑤ 4,108주

08 (주)감평은 20x1년부터 20x3년까지 매년 말 다음과 같이 기말재고자산을 과소 또는 과대계상하였으며 오류수정 전 20x2년도와 20x3년도의 당기순이익은 각각 ₩200과 ₩250이다. 20x3년도 장부가 마감되기 전 오류를 발견하고 해당 오류가 중요하다고 판단하였을 경우, 오류수정 후 20x3년도 당기순이익은?

20x1년도	20x2년도	20x3년도
₩30 과소계상	₩10 과소계상	₩20 과대계상

① ₩190
② ₩220
③ ₩230
④ ₩240
⑤ ₩250

09 20x1년 초 설립된 (주)감평의 자본계정은 다음과 같으며, 설립 후 20x3년 초까지 자본금 변동은 없었다. 우선주에 대해서는 20x1년도에 배당가능이익이 부족하여 배당금을 지급하지 못한 (주)감평이 20x3년 초 ₩500의 현금배당을 결의하였을 때, 우선주에 배분될 배당금은?

> • 보통주 자본금 : 액면금액 ₩20, 발행주식수 200주(배당률 4%)
> • 우선주 자본금 : 액면금액 ₩20, 발행주식수 50주(누적적, 완전참가적, 배당률 5%)

① ₩100
② ₩108
③ ₩140
④ ₩148
⑤ ₩160

10 20x1년 초 설립된 (주)감평은 커피머신 1대를 이전(₩300)하면서 2년간 일정량의 원두를 공급(₩100)하기로 하는 계약을 체결하여 약속을 이행하고 현금 ₩400을 수령하였다. 이 계약이 고객과의 계약에서 생기는 수익의 기준을 모두 충족할 때 수익 인식 5단계 과정에 따라 순서대로 옳게 나열한 것은? (단, 거래가격의 변동 요소는 고려하지 않는다.)

> ㄱ. 거래가격을 ₩400으로 산정
> ㄴ. 고객과의 계약에 해당하는지 식별
> ㄷ. 거래가격 ₩400을 커피머신 1대 이전에 대한 수행의무 1(₩300)과 2년간 원두공급에 대한 수행의무 2(₩100)에 배분
> ㄹ. 커피머신 1대 이전의 수행의무 1과 2년간 원두 공급의 수행의무 2로 수행의무 식별
> ㅁ. 수행의무 1(₩300)은 커피머신이 인도되는 시점에 수익을 인식하며, 수행의무 2(₩100)는 2년간 기간에 걸쳐 수익인식

① ㄱ → ㄴ → ㄷ → ㄹ → ㅁ
② ㄴ → ㄱ → ㅁ → ㄷ → ㄹ
③ ㄴ → ㄹ → ㄱ → ㄷ → ㅁ
④ ㅁ → ㄷ → ㄱ → ㄴ → ㄹ
⑤ ㅁ → ㄹ → ㄴ → ㄱ → ㄷ

11 (주)감평은 20x1년 1월 1일에 액면금액 ₩1,000(표시이자율 : 연 5%, 이자지급일 : 매년 12월 31일, 만기 : 20x3년 12월 31일)인 사채를 발행하였다. 발행당시 유효이자율은 연 10%이고, 사채의 발행금액은 ₩876이다. (주)감평은 동 사채의 일부를 20x2년 6월 30일에 조기상환(상환가액 ₩300, 사채상환이익 ₩84)했다. (주)감평의 20x2년 말 재무상태표 상 사채 장부금액(순액)은? (단, 화폐금액은 소수점 첫째자리에서 반올림하며, 단수차이로 인한 오차는 가장 근사치를 선택한다.)

① ₩400

② ₩474

③ ₩500

④ ₩574

⑤ ₩650

12 (주)감평은 20x1년 1월 1일 다음과 같은 조건의 비분리형 신주인수권부사채를 액면발행하였다.

- 액면금액 : ₩1,000
- 표시이자율 : 연 5%
- 사채발행시 신주인수권이 부여되지 않은 일반사채의 시장이자율 : 연 12%
- 이자지급일 : 매년 12월 31일
- 행사가격 : 1주당 ₩200
- 발행주식의 액면금액 : 1주당 ₩100
- 만기상환일 : 20x3년 12월 31일
- 상환조건 : 신주인수권 미행사시 상환기일에 액면금액의 113.5%를 일시상환

20x2년 초 상기 신주인수권의 60%가 행사되어 3주가 발행되었다. 20x2년 초 상기 신주인수권의 행사로 인해 증가하는 (주)감평의 주식발행초과금은? (단, 신주인수권 행사시 신주인수권대가는 주식발행초과금으로 대체한다. 화폐금액은 소수점 첫째자리에서 반올림하며, 단수차이로 인한 오차는 가장 근사치를 선택한다.)

기간	단일금액 ₩1의 현재가치		정상연금 ₩1의 현재가치	
	5%	12%	5%	12%
1	0.9524	0.8928	0.9524	0.8928
2	0.9070	0.7972	1.8594	1.6900
3	0.8638	0.7118	2.7232	2.4018

① ₩308

② ₩335

③ ₩365

④ ₩408

⑤ ₩435

13 20x1년 초 설립된 (주)감평은 우유생산을 위하여 20x1년 2월 1일 어미 젖소 2마리(1마리당 순공정가치 ₩1,500)를 1마리당 ₩1,500에 취득하였으며, 관련 자료는 다음과 같다.

- 20x1년 12월 27일 처음으로 우유 100리터(ℓ)를 생산하였으며, 동 일자에 생산된 우유 1리터(ℓ)당 순공정가치는 ₩100이다.
- 20x1년 12월 28일 (주)감평은 생산된 우유 100리터(ℓ) 전부를 거래처인 (주)대한에 1리터(ℓ)당 ₩12에 판매하였다.
- 20x1년 12월 29일 송아지 1마리가 태어났다. 이 시점의 송아지 순공정가치는 1마리당 ₩300이다.
- 20x1년 말 어미 젖소와 송아지의 수량 변화는 없으며, 기말 현재 어미 젖소의 순공정가치는 1마리당 ₩1,600이고 송아지의 순공정가치는 1마리당 ₩250이다.

(주)감평의 20x1년도 포괄손익계산서 상 당기순이익 증가액은?

① ₩1,000

② ₩1,350

③ ₩1,500

④ ₩1,650

⑤ ₩2,000

14 (주)감평은 20x1년 초 A사 주식 10주(보통주, @₩100)를 수수료 ₩100을 포함한 ₩1,100에 취득하여 당기손익-공정가치측정 금융자산으로 분류하였다. (주)감평은 20x2년 7월 1일 A사 주식 5주를 1주당 ₩120에 매각하고, 거래수수료로 매각대금의 3%와 거래세로 매각대금의 2%를 각각 지급하였다. A사 주식의 1주당 공정가치는 20x1년 말 ₩90이고, 20x2년 말 ₩110일 때, (주)감평의 20x2년도 포괄손익계산서의 당기순이익 증가액은?

① ₩0

② ₩100

③ ₩140

④ ₩180

⑤ ₩220

15 리스제공자 입장에서 일반적으로 금융리스로 분류될 수 있는 조건이 <u>아닌</u> 것은?

① 리스기간 종료시점에 기초자산의 소유권을 그 시점의 공정가치에 해당하는 변동 지급액으로 이전하는 경우

② 기초자산의 소유권이 이전되지는 않더라도 리스기간이 기초자산의 경제적 내용연수의 상당 부분(major part)을 차지하는 경우

③ 리스약정일 현재, 리스료의 현재가치가 적어도 기초자산 공정가치의 대부분에 해당하는 경우

④ 기초자산이 특수하여 해당 리스이용자만이 주요한 변경 없이 사용할 수 있는 경우

⑤ 리스이용자가 선택권을 행사할 수 있는 날의 공정가치보다 충분히 낮을 것으로 예상되는 가격으로 기초자산을 매수할 수 있는 선택권을 가지고 있고, 그 선택권을 행사할 것이 리스약정일 현재 상당히 확실한 경우

16 충당부채를 인식할 수 있는 상황을 모두 고른 것은? (단, 금액은 모두 신뢰성 있게 측정할 수 있다.)

> ㄱ. 법률에 따라 항공사의 항공기를 3년에 한 번씩 정밀하게 정비하도록 하고 있는 경우
> ㄴ. 새로운 법률에 따라 매연 여과장치를 설치하여야 하는데, 기업은 지금까지 매연 여과장치를 설치하지 않은 경우
> ㄷ. 법적규제가 아직 없는 상태에서 기업이 토지를 오염시켰지만, 이에 대한 법률 제정이 거의 확실한 경우
> ㄹ. 기업이 토지를 오염시킨 후 법적의무가 없음에도 불구하고 오염된 토지를 정화한다는 방침을 공표하고 준수하는 경우

① ㄱ, ㄴ

② ㄱ, ㄷ

③ ㄴ, ㄷ

④ ㄴ, ㄹ

⑤ ㄷ, ㄹ

17 (주)감평은 20x1년 초 토지 A(취득원가 ₩1,000)와 토지 B(취득원가 ₩2,000)를 각각 취득하고, 재평가모형을 적용하였다. 동 2건의 토지에 대하여 공정가치가 다음과 같을 때, 각 연도별 당기순이익 또는 기타포괄이익에 미치는 영향으로 옳은 것은? (단, 토지에 대한 재평가잉여금의 일부를 이익잉여금으로 대체하지 않는다.)

	20x1년 말	20x2년 말	20x3년 말
토지 A	₩1,100	₩950	₩920
토지 B	1,700	2,000	2,100

① 20x1년 말 토지 A로부터 당기순이익 ₩100이 증가한다.
② 20x2년 말 토지 A로부터 당기순이익 ₩150이 감소한다.
③ 20x2년 말 토지 B로부터 기타포괄이익 ₩300이 증가한다.
④ 20x3년 말 토지 A로부터 기타포괄이익 ₩30이 감소한다.
⑤ 20x3년 말 토지 B로부터 기타포괄이익 ₩100이 증가한다.

18 (주)감평은 (주)대한이 발행한 사채(발행일 20x1년 1월 1일, 액면금액 ₩1,000, 표시이자율 연 8%, 매년 말 이자지급, 20x4년 12월 31일에 일시상환)를 20x1년 1월 1일에 사채의 발행가액으로 취득하였다(취득 시 신용이 손상되어 있지 않음). (주)감평은 취득한 사채를 상각후원가로 측정하는 금융자산으로 분류하였으며, 사채발행시점의 유효이자율은 연 10%이다. (주)감평은 (주)대한으로부터 20x1년도 이자 ₩80은 정상적으로 수취하였으나 20x1년 말에 상각후원가로 측정하는 금융자산의 신용이 손상되었다고 판단하였다. (주)감평은 채무불이행을 고려하여 20x2년부터 20x4년까지 현금흐름에 대해 매년말 수취할 이자는 ₩50, 만기에 수취할 원금은 ₩800으로 추정하였다. (주)감평의 20x1년도 포괄손익계산서의 당기순이익에 미치는 영향은? (단, 화폐금액은 소수점 첫째자리에서 반올림하며, 단수차이로 인한 오차는 가장 근사치를 선택한다.)

기간	단일금액 ₩1의 현재가치		정상연금 ₩1의 현재가치	
	8%	10%	8%	10%
3	0.7938	0.7513	2.5771	2.4868
4	0.7350	0.6830	3.3120	3.1698

① ₩94 감소
② ₩94 증가
③ ₩132 감소
④ ₩226 감소
⑤ ₩226 증가

19 (주)감평은 20x1년 1월 1일에 액면금액 ₩900, 표시이자율 연 5%, 매년 말 이자를 지급하는 조건의 사채(매년 말에 액면금액 ₩300씩을 상환하는 연속상환사채)를 발행하였다. 사채발행 당시의 유효이자율은 연 6%이다. (주)감평의 20x2년 말 재무상태표 상 사채의 장부금액(순액)은? (단, 화폐금액은 소수점 첫째자리에서 반올림하며, 단수차이로 인한 오차는 가장 근사치를 선택한다.)

기간	단일금액 ₩1의 현재가치		정상연금 ₩1의 현재가치	
	5%	6%	5%	6%
1	0.9524	0.9434	0.9524	0.9434
2	0.9070	0.8900	1.8594	1.8334
3	0.8638	0.8396	2.7232	2.6730

① ₩298

② ₩358

③ ₩450

④ ₩550

⑤ ₩592

20 특수관계자 공시에 관한 설명으로 옳지 <u>않은</u> 것은?

① 보고기업에 유의적인 영향력이 있는 개인이나 그 개인의 가까운 가족은 보고기업의 특수관계자로 보며, 이때 개인의 가까운 가족의 범위는 자녀 및 배우자로 한정한다.

② 지배기업과 종속기업 사이의 관계는 거래의 유무에 관계없이 공시한다.

③ 특수관계자거래가 있는 경우, 재무제표에 미치는 특수관계의 잠재적 영향을 파악하는 데 필요한 거래, 채권·채무 잔액에 대한 정보뿐만 아니라 특수관계의 성격도 공시한다.

④ 기업의 재무제표에 미치는 특수관계자거래의 영향을 파악하기 위하여 분리하여 공시할 필요가 있는 경우를 제외하고는 성격이 유사한 항목은 통합하여 공시할 수 있다.

⑤ 지배기업과 최상위 지배자가 일반이용자가 이용할 수 있는 연결재무제표를 작성하지 않는 경우에는 일반이용자가 이용할 수 있는 연결재무제표를 작성하는 가장 가까운 상위의 지배기업의 명칭도 공시한다.

21 (주)감평은 20x1년 1월 1일에 달러표시 사채(액면금액 $1,000)를 $920에 할인발행하였다. 동 사채는 매년 12월 31일에 액면금액의 연 3% 이자를 지급하며, 20x3년 12월 31일에 일시상환한다. 사채발행일 현재 유효이자율은 연 6%이다. 환율이 다음과 같을 때, (주)감평의 20x1년도 포괄손익계산서의 당기순이익에 미치는 영향은? (단, (주)감평의 기능통화는 원화이다. 화폐금액은 소수점 첫째자리에서 반올림하며, 단수차이로 인한 오차는 가장 근사치를 선택한다.)

	20x1.1.1.	20x1.12.31.	20x1년 평균
환율(₩/$)	1,300	1,250	1,280

① ₩400 감소
② ₩400 증가
③ ₩37,500 증가
④ ₩60,000 감소
⑤ ₩70,000 감소

22 (주)감평은 20x1년 초 유형자산인 기계장치를 ₩50,000에 취득(내용연수 5년, 잔존가치 ₩0, 정액법 상각)하여 사용하고 있다. 20x2년 중 자산손상의 징후를 발견하고 손상차손을 인식하였으나 20x3년 말 손상이 회복되었다고 판단하였다. 동 기계장치의 순공정가치와 사용가치가 다음과 같을 때, 20x2년 말 인식할 손상차손(A)과 20x3년 말 인식할 손상차손환입액(B)은? (단, 동 기계장치는 원가모형을 적용한다.)

구분	순공정가치	사용가치
20x2년 말	₩15,000	₩18,000
20x3년 말	21,000	17,000

	(A)	(B)
①	₩12,000	₩8,000
②	₩12,000	₩9,000
③	₩15,000	₩8,000
④	₩15,000	₩9,000
⑤	₩15,000	₩12,000

23 도소매업을 영위하는 (주)감평은 20x1년 초 건물을 취득(취득원가 ₩10,000, 내용연수 5년, 잔존가치 ₩0, 정액법 상각)하였다. 공정가치가 다음과 같을 때, (주)감평이 동 건물을 유형자산으로 분류하고 재평가모형을 적용하였을 경우(A)와 투자부동산으로 분류하고 공정가치모형을 적용한 경우(B), 20x2년 당기순이익에 미치는 영향은?

구분	20x1년 말	20x2년 말
공정가치	₩9,000	₩11,000

	(A)	(B)
①	영향없음	₩1,000 증가
②	₩2,250 감소	₩1,000 증가
③	₩2,250 감소	₩2,000 증가
④	₩2,000 감소	₩2,000 증가
⑤	₩2,000 증가	영향없음

24 (주)감평은 20x1년 초 유류저장고(취득원가 ₩13,000, 내용연수 5년, 잔존가치 ₩1,000, 정액법 상각)를 취득하고 원가모형을 적용하였다. 동 설비는 내용연수가 종료되면 원상 복구해야 할 의무가 있으며, 복구시점에 ₩3,000이 소요될 것으로 예상된다. 이는 충당부채의 인식요건을 충족하며, 복구원가에 적용할 할인율이 연 7%일 경우 동 유류저장고와 관련하여 20x1년도 포괄손익계산서에 인식할 비용은? (단, 단일금액 ₩1의 현가계수(5년, 7%)는 0.7130이며, 화폐금액은 소수점 첫째자리에서 반올림하고 단수차이로 인한 오차는 가장 근사치를 선택한다.)

① ₩2,139
② ₩2,828
③ ₩2,978
④ ₩4,208
⑤ ₩6,608

25 20x1년 1월 1일에 설립된 (주)감평은 확정급여제도를 운영하고 있다. 20x1년도 관련 자료가 다음과 같을 때, 20x1년 말 재무상태표의 기타포괄손익누계액에 미치는 영향은? (단, 확정급여채무 계산 시 적용하는 할인율은 연 10%이다.)

기초 확정급여채무의 현재가치	₩120,000
기초 사외적립자산의 공정가치	90,000
퇴직급여 지급액(사외적립자산에서 기말 지급)	10,000
당기 근무원가	60,000
사외적립자산에 기여금 출연(기말 납부)	20,000
기말 확정급여채무의 현재가치	190,000
기말 사외적립자산의 공정가치	110,000

① ₩2,000 감소

② ₩2,000 증가

③ 영향없음

④ ₩7,000 감소

⑤ ₩7,000 증가

26 생물자산에 관한 설명으로 옳지 <u>않은</u> 것은?

① 어떠한 경우에도 수확시점의 수확물은 공정가치에서 처분부대원가를 뺀 금액으로 측정한다.

② 수확 후 조림지에 나무를 다시 심는 원가는 생물자산의 원가에 포함된다.

③ 최초의 원가 발생 이후에 생물적 변환이 거의 일어나지 않는 경우 원가가 공정가치의 근사치가 될 수 있다.

④ 생물자산이나 수확물을 미래 일정시점에 판매하는 계약을 체결할 때, 공정가치는 시장에 참여하는 구매자와 판매자가 거래하게 될 현행시장의 상황을 반영하기 때문에 계약가격이 공정가치의 측정에 반드시 목적적합한 것은 아니다.

⑤ 생물자산이나 수확물을 유의적인 특성에 따라 분류하면 해당 자산의 공정가치 측정이 용이할 수 있을 것이다.

27 무형자산의 회계처리에 관한 설명으로 옳은 것을 모두 고른 것은?

> ㄱ. 경영자가 의도하는 방식으로 운용될 수 있으나 아직 사용하지 않고 있는 기간에 발생한 원가는 무형자산의 장부금액에 포함한다.
> ㄴ. 자산을 사용가능한 상태로 만드는데 직접적으로 발생하는 종업원 급여와 같은 직접 관련되는 원가는 무형자산의 원가에 포함한다.
> ㄷ. 최초에 비용으로 인식한 무형항목에 대한 지출은 그 이후에 무형자산의 원가를 신뢰성 있게 측정할 수 있다면 무형자산으로 인식할 수 있다.
> ㄹ. 새로운 지역에서 또는 새로운 계층의 고객을 대상으로 사업을 수행하는데서 발생하는 원가 등은 무형자산 원가에 포함하지 않는다.

① ㄱ, ㄴ
② ㄱ, ㄷ
③ ㄱ, ㄹ
④ ㄴ, ㄷ
⑤ ㄴ, ㄹ

28 매각예정으로 분류된 비유동자산 또는 처분자산집단의 회계처리에 관한 설명으로 옳지 <u>않은</u> 것은?

① 매각예정으로 분류된 비유동자산(또는 처분자산집단)은 공정가치에서 처분부대원가를 뺀 금액과 장부금액 중 큰 금액으로 측정한다.
② 1년 이후에 매각될 것으로 예상된다면 처분부대원가는 현재가치로 측정하고, 기간 경과에 따라 발생하는 처분부대원가 현재가치의 증가분은 금융원가로서 당기손익으로 회계처리한다.
③ 매각예정으로 분류하였으나 중단영업의 정의를 충족하지 않는 비유동자산(또는 처분자산집단)을 재측정하여 인식하는 평가손익은 계속영업손익에 포함한다.
④ 비유동자산이 매각예정으로 분류되거나 매각예정으로 분류된 처분자산집단의 일부이면 그 자산은 감가상각(또는 상각)하지 아니한다.
⑤ 매각예정으로 분류된 처분자산집단의 부채와 관련된 이자와 기타 비용은 계속해서 인식한다.

29 (주)감평은 20x1년 4월 1일 업무용 기계장치를 취득(취득원가 ₩61,000, 내용연수 5년, 잔존가치 ₩1,000)하여 정액법으로 감가상각하였다. (주)감평은 20x2년 10월 1일 동 기계장치의 감가상각방법을 연수합계법으로 변경하고 남은 내용연수도 3년으로 재추정하였으며, 잔존가치는 변경하지 않았다. 20x2년도 포괄손익계산서에 인식할 기계장치의 감가상각비는? (단, 동 기계장치는 원가모형을 적용하며, 감가상각은 월할 계산한다.)

① ₩5,250

② ₩9,150

③ ₩12,200

④ ₩13,250

⑤ ₩14,250

30 (주)감평과 (주)한국은 사용 중인 유형자산을 상호 교환하여 취득하였다. 동 교환거래에서 (주)한국의 유형자산 공정가치가 (주)감평의 유형자산 공정가치보다 더 명백하며, (주)감평은 (주)한국으로부터 추가로 현금 ₩3,000을 수취하였다. 두 회사가 보유하고 있는 유형자산의 장부금액과 공정가치가 다음과 같을 때, (주)감평과 (주)한국이 인식할 유형자산처분손익은? (단, 두 자산의 공정가치는 신뢰성 있게 측정할 수 있으며, 상업적 실질이 있다.)

구분	(주)감평	(주)한국
장부금액(순액)	₩10,000	₩8,000
공정가치	9,800	7,900

	(주)감평	(주)한국
①	손실 ₩200	손실 ₩100
②	손실 ₩200	손실 ₩1,200
③	이익 ₩200	이익 ₩900
④	이익 ₩900	손실 ₩100
⑤	이익 ₩900	손실 ₩1,200

31 (주)감평은 정상원가계산제도를 채택하고 있으며, 20x1년 재고자산은 다음과 같다.

구분	기초	기말
직접재료	₩5,000	₩6,000
재공품	10,000	12,000
제품	7,000	5,000

20x1년 매출액 ₩90,000, 직접재료 매입액 ₩30,000, 직접노무원가 발생액은 ₩20,000이고, 시간당 직접노무원가는 ₩20이다. 직접노무시간을 기준으로 제조간접원가를 예정배부할 때 20x1년 제조간접원가 예정배부율은? (단, 20x1년 매출총이익률은 30%이다.)

① ₩10

② ₩12

③ ₩14

④ ₩16

⑤ ₩18

32 (주)감평은 두 개의 제조부문 P1, P2와 두 개의 보조부문 S1, S2를 통해 제품을 생산하고 있다. S1과 S2의 부문원가는 각각 ₩60,000과 ₩30,000이다. 다음 각 부문간의 용역수수 관계를 이용하여 보조부문원가를 직접배분법으로 제조부문에 배분할 때 P2에 배분될 보조부문원가는? (단, S1은 기계시간, S2는 kW에 비례하여 배분한다.)

사용 제공	제조부문		보조부문	
	P1	P2	S1	S2
S1	30기계시간	18기계시간	5기계시간	8기계시간
S2	160kW	240kW	80kW	50kW

① ₩18,000

② ₩22,500

③ ₩37,500

④ ₩40,500

⑤ ₩55,500

33 (주)감평은 종합원가계산제도를 채택하고 있으며, 제품 X의 생산관련 자료는 다음과 같다.

구 분	물 량
기초재공품(전환원가 완성도)	60단위(70%)
당기착수량	300단위
기말재공품(전환원가 완성도)	80단위(50%)

직접재료는 공정 초에 전량 투입되고, 전환원가(conversion cost, 또는 가공원가)는 공정 전반에 걸쳐 균등하게 발생한다. 품질검사는 전환원가(또는 가공원가) 완성도 80% 시점에 이루어지며, 당기에 품질검사를 통과한 합격품의 5%를 정상공손으로 간주한다. 당기에 착수하여 완성된 제품이 200단위일 때 비정상공손 수량은? (단, 재고자산의 평가방법은 선입선출법을 적용한다.)

① 7단위
② 10단위
③ 13단위
④ 17단위
⑤ 20단위

34 (주)감평은 20x1년 초 영업을 개시하였으며, 표준원가계산제도를 채택하고 있다. 직접재료 kg당 실제 구입가격은 ₩5, 제품 단위당 직접재료 표준원가는 ₩6(2kg × ₩3/kg)이다. 직접재료원가에 대한 차이 분석결과 구입가격차이가 ₩3,000(불리), 능률차이가 ₩900(유리)이다. 20x1년 실제 제품 생산량이 800단위일 때, 기말 직접재료 재고수량은? (단, 기말재공품은 없다.)

① 50kg
② 100kg
③ 130kg
④ 200kg
⑤ 230kg

35 (주)감평은 20x1년 초 영업을 개시하였으며, 제품 X를 생산·판매하고 있다. 재고자산 평가방법은 선입선출법을 적용하고 있으며, 20x1년 1분기와 2분기의 영업활동 결과는 다음과 같다.

구 분	1분기	2분기
생산량	500단위	800단위
전부원가계산에 의한 영업이익	₩7,000	₩8,500
변동원가계산에 의한 영업이익	5,000	6,000

1분기와 2분기의 판매량이 각각 400단위와 750단위일 때, 2분기에 발생한 고정제조간접원가는? (단, 각 분기별 단위당 판매가격, 단위당 변동원가는 동일하며, 재공품 재고는 없다.)

① ₩20,000

② ₩22,000

③ ₩24,000

④ ₩26,000

⑤ ₩30,000

36 (주)감평은 결합공정을 거쳐 주산품 A, B와 부산품 F를 생산하여 주산품 A, B는 추가가공한 후 판매하고, 부산품 F의 회계처리는 생산시점에서 순실현가치법(생산기준법)을 적용한다. (주)감평의 당기 생산 및 판매 자료는 다음과 같다.

구분	분리점 이후 추가가공원가	추가가공 후 단위당 판매가격	생산량	판매량
A	₩1,000	₩60	100단위	80단위
B	200	30	140	100
F	500	30	50	40

결합원가 ₩1,450을 분리점에서의 순실현가능가치 기준으로 각 제품에 배분할 때 주산품 A의 매출총이익은? (단, 기초 재고자산은 없다.)

① ₩2,714

② ₩2,800

③ ₩2,857

④ ₩3,714

⑤ ₩3,800

37 (주)감평은 제품 A를 생산하여 단위당 ₩1,000에 판매하고 있다. 제품 A의 단위당 변동원가는 ₩600, 총고정원가는 연 ₩30,000이다. (주)감평이 20x1년 법인세 차감후 순이익 ₩12,500을 달성하기 위한 제품 A의 판매수량은? (단, 법인세율은 ₩10,000 이하까지는 20%, ₩10,000 초과분에 대해서는 25%이다.)

① 85단위
② 95단위
③ 105단위
④ 115단위
⑤ 125단위

38 (주)감평은 두 개의 사업부 X와 Y를 운영하고 있으며, 최저필수수익률은 10%이다. 20x1년 사업부 X와 Y의 평균영업자산은 각각 ₩70,000과 ₩50,000이다. 사업부 X의 투자수익률은 15%이고, 사업부 X의 잔여이익이 사업부 Y보다 ₩2,500 더 클 때 사업부 Y의 투자수익률은?

① 11%
② 12%
③ 13%
④ 14%
⑤ 15%

39 (주)감평의 20x1년 말 재무상태표 매출채권 잔액은 ₩35,000이며, 이 중 ₩5,000은 11월 판매분이다. 매출채권은 판매한 달에 60%, 그 다음 달에 30%, 그 다음 다음 달에 10%가 회수되며, 판매한 달에 회수한 매출채권에 대해 5%를 할인해준다. 20x2년 1월 판매예산이 ₩100,000일 때, 1월 말의 예상 현금유입액은? (단, 매출은 전액 신용매출로 이루어진다.)

① ₩27,500
② ₩52,000
③ ₩62,500
④ ₩79,500
⑤ ₩84,500

40 최신의 관리회계기법에 관한 설명으로 옳지 <u>않은</u> 것은?

① 목표원가는 목표가격에서 목표이익을 차감하여 결정한다.
② 카이젠원가계산은 제조이전단계에서의 원가절감에 초점을 맞추고 있다.
③ 균형성과표는 조직의 전략과 성과평가시스템의 연계를 강조하고 있다.
④ 품질원가의 분류에서 내부실패원가는 불량품의 재작업원가나 폐기원가 등을 말한다.
⑤ 제품수명주기원가계산은 단기적 의사결정정보보다는 장기적 의사결정에 더욱 유용하다.

01	02	03	04	05	06	07	08	09	10	11	12	13	14	15	16	17	18	19	20
②	②	④	②	①	①	⑤	②	④	③	④	④	④	⑤	①	⑤	⑤	③	①	①
21	22	23	24	25	26	27	28	29	30	31	32	33	34	35	36	37	38	39	40
전항 정답	①	③	③	④	②	⑤	①	전항 정답	④	③	④	①	④	③	⑤	④	②	⑤	②

01 난도 ★
답 ②

▎정답해설 ▎

② 부채가 발생하거나 인수할 때의 역사적 원가는 발생시키거나 인수하면서 수취한 대가에서 거래원가를 차감한 가치이다.

02 난도 ★★
답 ②

▎오답해설 ▎

① 기업이 재무상태표에 유동자산과 비유동자산, 그리고 유동부채와 비유동부채로 구분하여 표시하는 경우, 이연법인세자산(부채)은 유동자산(부채)으로 분류하지 아니한다.

③ 환경 요인이 유의적인 산업에 속해 있는 경우나 종업원이 재무제표이용자인 경우 재무제표 이외에 환경보고서나 부가가치보고서는 한국채택국제회계기준의 작용 범위에 해당하지 않는다.

④ 부적절한 회계정책은 이에 대하여 공시나 주석 또는 보충자료를 통해 설명하더라도 정당화될 수 없다.

⑤ 해당 기간에 인식한 모든 수익과 비용 항목은 다음 중 한 가지 방법으로 표시한다.

- 첫째, 단일 포괄손익계산서
- 둘째, 두 개의 보고서 : 당기순손익의 구성요소를 표시하는 보고서(별개의 손익계산서)와 당기순손익에서 시작하여 기타포괄손익의 구성요소를 표시하는 보고서(포괄손익계산서)

03 난도 ★★

┃정답해설┃

재고자산평가손실 = ₩190$^{(주1)}$ + ₩75$^{(주2)}$ + ₩100$^{(주3)}$ = ₩365

> **주1** 제품 A = ₩1,000 − ₩900 × (1 − 10%) = ₩190
> **주2** 제품 B = ₩1,200 − ₩1,250 × (1 − 10%) = ₩75
> **주3** 원재료 B = ₩1,000 − ₩900 = ₩100

더 알아보기

재고자산을 저가법으로 평가하는 경우 재고자산의 시가는 순실현가능가치를 말한다. 생산에 투입하기 위해 보유하는 원재료의 현행대체원가는 순실현가능가치에 대한 최선의 이용가능한 측정치가 될 수 있다. 다만, 원재료를 투입하여 완성할 제품의 시가가 원가보다 높을 때는 원재료에 대하여 저가법을 적용하지 아니한다.

04 난도 ★

답 ②

┃정답해설┃

매출원가 = ₩1,000(기초재고액) + ₩8,000 × 75%$^{(주1)}$ = ₩7,000

> **주1** 당기매입원가율 = ₩9,000 ÷ (₩11,500 + ₩1,400 − ₩800 − ₩700 + ₩600) = 75%

05 난도 ★★★

답 ①

┃정답해설┃

20x3년 주식보상비용
= (75명 − 40명) × 10개 × 17 + 40명 × 10개 × 16 − 3,500$^{(주1)}$ − 3,800$^{(주2)}$ = 5,050

> **주1** 20x1년 주식보상비용 = (100명 − 5명 − 8명 − 12명) × 10개 × 14 × (1/3) = 3,500
> **주2** 20x2년 주식보상비용 = (100명 − 5명 − 7명 − 15명) × 10개 × 15 × (2/3) − 3,500 = 3,800

06 난도 ★

답 ①

┃정답해설┃

총자산이익률 = ₩735$^{(주1)}$ ÷ [(₩10,000 + ₩11,000) ÷ 2] = 7%

> **주1** 기말자본(₩11,000 − ₩9,500)
> = 기초자본(₩10,000 − ₩9,000) − ₩150(자기주식) − ₩165(현금배당) + ₩80(기타포괄이익) + 당기순이익(₩735)

07 난도 ★★

정답해설

가중평균유통보통주식수 = 3,000주 × (1 + 10%) × (1 + 4%) × 6/12 + 4,200주 × (1 + 4%) × 3/12 + 5,200주 × 3/12 = 4,108주

> **더 알아보기 10월 1일 유상증자 실시**
> - 무상증자 주식수 = 1,000주 × [(2,500 − 2,000) ÷ 2,500] = 200주
> - 무상증자 비율 = 200주 ÷ (4,200주 + 800주) = 4%

08 난도 ★

답 ②

정답해설

20x3년도 당기순이익 = ₩250 − ₩10(20x2년도 기말재고자산 과소계상) − ₩20(20x3년도 기말재고자산 과대계상) = ₩220

09 난도 ★★

답 ④

정답해설

우선주에 배분될 배당금 = ₩100$^{(주1)}$ + ₩48$^{(주2)}$ = ₩148

> 주1 누적적 부분 = 50주 × ₩20 × 5% × 2년 = ₩100
> 주2 완전참가적 부분 = [₩500 − ₩100$^{(주1)}$ − 200주 × ₩20 × 4%] × ₩1,000 ÷ (₩4,000 + ₩1,000) = ₩48

10 난도 ★

답 ③

정답해설

③ 수익 인식 5단계는 다음과 같다.

> 고객과의 계약을 식별 → 수행의무를 식별 → 거래가격의 산정 → 거래가격을 계약 내 수행의무에 배분 → 수행의무를 이행할 때(또는 기간에 걸쳐 이행하는 대로) 수익을 인식

11 난도 ★★★

┃정답해설┃

20x2년 말 사채 장부금액(순액) = [(₩914$^{(주4)}$ × 1.1 − ₩50) × (1 − 40%$^{(주1)}$)] = ₩574

> 주1 원금상환비율 = ₩384$^{(주2)}$ ÷ ₩960$^{(주3)}$ = 40%
> 주2 상환시 BV = ₩300 + ₩84 = ₩384
> 주3 20x2년 6월 30일 BV = ₩914$^{(주4)}$ × (1 + 10% × 6 ÷ 12) = ₩960
> 주4 20x1년 말 BV = ₩876 × 1.1 − ₩50 = ₩914

12 난도 ★★★

┃정답해설┃

주식발행초과금 = ₩1,000 × 60%(현금납입액) + ₩135$^{(주1)}$ × 0.7972 × 60%(상환할증금의 현재가치) + ₩72$^{(주2)}$ × 60%(신주인수권대가) − 3주 × ₩100(액면금액) = ₩408

> 주1 상환할증금 = ₩1,000 × 13.5% = ₩135
> 주2 신주인수권대가 = ₩1,000 − (₩50 × 2.4018 + ₩1,000 × 113.5% × 0.7118)
> $\quad\quad\quad\quad\quad\quad\quad\quad$ = ₩72

13 난도 ★★

┃정답해설┃

당기순이익 증가액 = ₩200$^{(주1)}$ + ₩250$^{(주2)}$ + ₩1,200$^{(주3)}$ = ₩1,650

> 주1 젖소 = (₩1,600 − ₩1,500) × 2마리 = ₩200
> 주2 송아지 = ₩250 × 1마리 = ₩250
> 주3 우유 = ₩10 × 100리터 + (₩12 − ₩10) × 100리터 = ₩1,200

14 난도 ★★

┃정답해설┃

당기순이익 증가액 = ₩150$^{(주1)}$ − ₩30$^{(주2)}$ + ₩100$^{(주3)}$ = ₩220

> 주1 FVPL 처분이익 = ₩120 × 5주 − ₩90 × 5주 = ₩150
> 주2 수수료비용 등 = ₩120 × 5주 × (3% + 2%) = ₩30
> 주3 FVPL 평가이익 = (₩110 − ₩90) × 5주 = ₩100

15 난도 ★

▌정답해설▐

① 리스기간 종료시점에 기초자산의 소유권을 그 시점의 공정가치에 해당하는 변동 지급액으로 이전하는 경우에는 운용리스로 분류한다. 이는 기초자산의 소유에 따른 위험과 보상의 대부분을 이전하지 않는다는 점이 분명하기 때문이다.

16 난도 ★★

답 ⑤

▌오답해설▐

ㄱ. (×) 법률에 따라 항공사의 항공기를 3년에 한 번씩 정밀하게 정비하도록 하고 있는 경우 : 미래 발생할 수선유지비는 자산을 매각하는 등 미래 지출을 회피할 수 있기 때문에 현재의무가 아니므로 충당부채로 인식하지 않는다.

ㄴ. (×) 새로운 법률에 따라 매연 여과장치를 설치하여야 하는데, 기업은 지금까지 매연 여과장치를 설치하지 않은 경우 : 상업적 압력이나 법률 규정 때문에 공장에 특정 정화장치를 설치하는 지출을 계획하고 있거나 그런 지출이 필요한 경우에는 공장 운영방식을 바꾸는 등의 미래 행위로 미래의 지출을 회피할 수 있으므로 미래에 지출을 해야 할 현재의무는 없으며 충당부채도 인식하지 아니한다.

17 난도 ★★

답 ⑤

▌오답해설▐

① 20x1년 말 토지 A로부터 기타포괄이익 ₩100이 증가한다.
② 20x2년 말 토지 A로부터 당기순이익 ₩50이 감소한다.
③ 20x2년 말 토지 B로부터 당기순이익 ₩300이 증가한다.
④ 20x3년 말 토지 A로부터 당기순이익 ₩30이 감소한다.

18 난도 ★★★

답 ③

▌정답해설▐

20x1년도 당기순이익 = ₩94$^{(주1)}$ − ₩226$^{(주2)}$ = ₩132(감소)

주1	이자수익 = ₩937$^{(주3)}$ × 10% = ₩94
주2	손상차손(20x1년 말) = ₩937 + ₩94 − ₩80 − ₩725$^{(주4)}$ = ₩226
주3	₩80 × 3.1698 + ₩1,000 × 0.6830 = ₩937
주4	₩50 × 2.4868 + ₩800 × 0.7513 = ₩725

19 난도 ★

┃ 정답해설 ┃

20x2년 말 사채의 BV = (₩300 + ₩15$^{(주1)}$) × 0.9434 = ₩298

> **주1** 액면이자 = ₩300 × 5% = ₩15

20 난도 ★

┃ 정답해설 ┃

① 개인의 가까운 가족 : 당해 기업과의 거래 관계에서 당해 개인의 영향을 받거나 당해 개인에게 영향력을 행사할 것으로 예상되는 가족으로서 다음의 경우를 포함한다.

ⓞ 자녀 및 배우자(사실상 배우자 포함. 이하 같다)
ⓛ 배우자의 자녀
ⓒ 당해 개인이나 배우자의 피부양자

21 난도 ★★

┃ 정답해설 ┃

당기순이익 감소액 = ₩37,500$^{(주1)}$ − 14,500$^{(주2)}$ = ₩23,000

> **주1** 자산감소액 = $30 × ₩1,250/$ = ₩37,500
> **주2** 부채감소액 = $920 × ₩1,300/$ − $945.2 × ₩1,250/$ = 14,500

> ※ 문제 풀이에 있는 해답이 보기에 없어, 전항정답 처리되었습니다.

22 난도 ★★★

┃ 정답해설 ┃

• 손상차손 = ₩30,000$^{(주1)}$ − MAX(₩15,000, ₩18,000) = ₩12,000
• 손상차손환입액 = MIN[₩20,000$^{(주2)}$, MAX(₩21,000, ₩17,000)] − ₩12,000 = ₩8,000

> **주1** 20x2년 말 장부가액 = ₩50,000 × 3년 ÷ 5년 = ₩30,000
> **주2** 환입 한도액 = 20x3년 말 장부가액 = ₩50,000 × 2년 ÷ 5년 = ₩20,000

23 난도 ★★★

답 ③

┃정답해설┃

- 재평가모형 = ₩2,250[주1]
- 공정가치모형 = ₩11,000 − ₩9,000 = ₩2,000(투자부동산평가이익)

> **주1** 감가상각비 = ₩9,000 ÷ 4년 = ₩2,250

> **더 알아보기** **재평가모형**
>
> - 20x1년 말 = ₩9,000 − (₩10,000 − ₩2,000[주2]) = ₩1,000(재평가잉여금)
> - 20x2년 말 = ₩11,000 − (₩9,000 − ₩2,250) = ₩4,250(재평가잉여금)

> **주2** 감가상각비 = ₩10,000 ÷ 5년 = ₩2,000

24 난도 ★★

답 ③

┃정답해설┃

손익계산서에 인식할 비용 = ₩2,828[주1] + ₩150[주3] = ₩2,978

> **주1** 감가상각비 = (₩15,139[주2] − ₩1,000) ÷ 5년 = ₩2,828
> **주2** 취득원가 = ₩13,000 + ₩3,000 × 0.7130(복구충당부채) = ₩15,139
> **주3** 이자비용 = ₩3,000 × 0.7130 × 7% = ₩150

25 난도 ★★★

답 ④

┃정답해설┃

기타포괄손익누계액 = ₩8,000[주1] − ₩1,000[주2] = ₩7,000(감소)

> **주1** 확정급여채무의 재측정요소 = ₩190,000 − ₩120,000 × (1 + 10%) − ₩60,000 + ₩10,000 = ₩8,000
> **주2** 사외적립자산의 재측정요소 = ₩110,000 − ₩90,000 × (1 + 10%) + ₩10,000 − ₩20,000 = ₩1,000

26 난도 ★

답 ②

┃정답해설┃

② 수확 후 조림지에 나무를 다시 심는 원가는 생물자산의 원가에 포함하지 아니한다.

27 난도 ★★   답 ⑤

┃오답해설┃

ㄱ. (×) 경영자가 의도하는 방식으로 운용될 수 있으나 아직 사용하지 않고 있는 기간에 발생한 원가는 무형자산의 장부금액에 포함하지 아니한다.

ㄷ. (×) 최초에 비용으로 인식한 무형항목에 대한 지출은 그 이후에 무형자산의 원가로 인식할 수 없다.

28 난도 ★   답 ①

┃정답해설┃

① 매각예정으로 분류된 비유동자산(또는 처분자산집단)은 공정가치에서 처분부대원가를 뺀 금액과 장부금액 중 작은 금액으로 측정한다.

29 난도 ★★   답 전항정답

┃정답해설┃

※ 가답안 기준 해설

감가상각비 = ₩9,000$^{(주1)}$ + ₩5,250$^{(주2)}$ = ₩14,250

> 주1 20x2.1.1.~20x2.9.30.까지의 감가상각비 = (₩61,000 − ₩1,000) ÷ 5년 × (9/12) = ₩9,000
>
> 주2 20x2.10.1.~20x2.12.31.까지의 감가상각비 = [₩61,000 − ₩9,000$^{(주3)}$ − ₩9,000$^{(주1)}$ − ₩1,000] × (3/6) × (3/12)
> = ₩5,250
>
> 주3 20x1.4.1.~20x1.12.31.까지의 감가상각비 = (₩61,000 − ₩1,000) ÷ 5년 × (9/12) = ₩9,000

> ※ 출제자는 위의 풀이처럼 답안을 도출하여 처음 가답안은 지문 ⑤ ₩14,250으로 발표되었습니다. 이후 최종정답 발표에서 전항정답 처리되었는데, 그 이유는 기중 감가상각비 변경시 K-IFRS에서 어떠한 명확한 기준을 제시하고 있지 않아서 여러 가지로 문제 해석이 가능하기 때문으로 보입니다.

30 난도 ★★   답 ④

┃정답해설┃

- (주)감평이 인식할 유형자산처분이익 = ₩3,000 + ₩7,900 − ₩10,000 = ₩900
- (주)한국이 인식할 유형자산처분손실 = ₩3,000 + ₩7,900 − ₩10,800 = ₩100$^{(주1)}$

> 주1 유형자산처분손실 = ₩8,000 − ₩7,900 = ₩100

31 난도 ★★

답 ③

┃ 정답해설 ┃

제조간접비 예정배부율 = $₩14,000^{(주3)} ÷ 1,000시간^{(주4)} = ₩14$

- 주1 매출원가 = $₩90,000 × (1 - 30\%) = ₩63,000$
- 주2 직접재료비 = $₩5,000 + ₩30,000 - ₩6,000 = ₩29,000$
- 주3 제조간접비 = $₩63,000^{(주1)} - ₩10,000 + ₩12,000 - ₩7,000 + ₩5,000 - ₩29,000^{(주2)} - ₩20,000(직접노무비)$
  $= ₩14,000$
- 주4 직접노무시간 = $₩20,000 ÷ ₩20 = 1,000시간$

32 난도 ★

답 ④

┃ 정답해설 ┃

P2에 배분될 보조부문원가 = $₩22,500^{(주1)} + ₩18,000^{(주2)} = ₩40,500$

- 주1 S1 = $₩60,000 × 18기계시간 ÷ (30기계시간 + 18기계시간) = ₩22,500$
- 주2 S2 = $₩30,000 × 240kW ÷ (160kW + 240kW) = ₩18,000$

33 난도 ★

답 ①

┃ 정답해설 ┃

비정상공손 수량 = $20^{(주1)} - 13^{(주2)} = 7(단위)$

- 주1 공손 수량 = 60(기초재공품) + 300(당기착수량) - 260(완성품) - 80(기말재공품) = 20(단위)
- 주2 정상공손 수량 = $(60 + 200) × 5\% = 13(단위)$

34 난도 ★★

답 ④

┃ 정답해설 ┃

기말재고수량 = $1,500kg^{(주1)} - 1,300kg^{(주2)} = 200kg$

- 주1 실제 구입량 = $₩3,000 ÷ (₩5 - ₩3) = 1,500kg$
- 주2 실제 사용량 = $(₩3 × 2kg × 800단위 - ₩900) ÷ ₩3 = 1,300kg$

35 난도 ★★★
답 ③

┃정답해설┃

고정제조간접원가 = 800단위 × 30$^{(주2)}$ = ₩24,000

> 주1 기초분 @FOH = (₩7,000 − ₩5,000) ÷ 100(기말재고) = ₩20
> 주2 전부원가계산에 의한 영업이익(₩8,500) = ₩6,000(변동원가계산에 의한 영업이익) + 150(기말재고) × ₩30(역산하여 산출) − 100(기초재고) × ₩20$^{(주1)}$

따라서, 기말분 @FOH = ₩30

36 난도 ★★★
답 ⑤

┃정답해설┃

- A의 매출총이익 = 80단위 × (₩60 − ₩12.5$^{(주1)}$) = ₩3,800

> 주1 A의 단위당 원가 = (₩1,000 + ₩250$^{(주2)}$) ÷ 100단위 = ₩12.5
> 주2 A의 결합원가 배분액 = (₩1,450 − ₩1,000$^{(주3)}$) × ₩5,000 ÷ (₩5,000 + ₩4,000) = ₩250

- A의 순실현가능가치 = ₩60 × 100단위 − ₩1,000 = ₩5,000
- B의 순실현가능가치 = ₩30 × 140단위 − ₩200 = ₩4,000

> 주3 F의 순실현가능가치 = ₩30 × 50단위 − ₩500 = ₩1,000

37 난도 ★★
답 ④

┃정답해설┃

제품 A의 판매수량 = (₩30,000 + ₩16,000$^{(주1)}$) ÷ (₩1,000 − ₩600) = 115단위

> 주1 세전이익 산출과정
>
> | 세전이익 | 계산과정 | 세후이익 |
> |---|---|---|
> | ₩10,000 | ₩10,000 × (1 − 20%) = | ₩8,000 |
> | ₩6,000 | = ₩4,500 ÷ (1 − 25%) | ₩4,500 |
> | ₩16,000 | − | ₩12,500 |

38 난도 ★★

┃ 정답해설 ┃

투자수익률(Y) = ₩6,000$^{(주1)}$ ÷ ₩50,000 = 12%

> **주1** 영업이익(Y) = ₩1,000$^{(주2)}$ + ₩50,000 × 10% = ₩6,000
> **주2** 잔여이익(Y) = ₩3,500$^{(주3)}$ − ₩2,500 = ₩1,000
> **주3** 잔여이익(X) = ₩10,500$^{(주4)}$ − ₩70,000 × 10% = ₩3,500
> **주4** X의 영업이익 = ₩70,000 × 15% = ₩10,500

39 난도 ★★★

답 ⑤

┃ 정답해설 ┃

1월 말의 예상 현금유입액 = ₩5,000$^{(주1)}$ + ₩22,500$^{(주2)}$ + ₩57,000$^{(주3)}$ = ₩84,500

> **주1** 20x1년 11월 판매분 = ₩5,000 ÷ (1 − 90%) × 10% = ₩5,000
> **주2** 20x1년 12월 판매분 = ₩30,000 ÷ (1 − 60%) × 30% = ₩22,500
> **주3** 20x2년 1월 판매분 = ₩100,000 × 60% × (1 − 5%) = ₩57,000

40 난도 ★

답 ②

┃ 정답해설 ┃

카이젠원가계산은 제조단계에서 원가절감 목표를 설정하고 이를 달성하도록 제조공정을 지속적으로 개선해 나가는 원가계산 방법이다. 이는 목표원가계산이 제조이전단계의 대폭적인 원가절감에 초점이 맞추어져 있는 반면, 카이젠원가계산은 제조과정의 지속적인 원가절감에 초점이 맞추어져 있다.

합격의 공식
시대에듀

모든 일에 있어서, 시간이 부족하지 않을까를 걱정하지 말고,

다만 내가 마음을 바쳐 최선을 다할 수 있을지, 그것을 걱정하라.

– 정조 –

감정평가사 1차 회계학 기출문제집(+ 최종모의고사)

PART 01
기출문제

01 2023년 제34회 기출문제

> ※ 아래의 문제들에서 특별한 언급이 없는 한 기업의 보고기간(회계기간)은 매년 1월 1일부터 12월 31일까지이다. 또한, 기업은 주권상장법인으로 계속해서 한국채택국제회계기준(K-IFRS)을 적용해오고 있다고 가정하고, 답지항 중에서 물음에 가장 합당한 답을 고르시오. 단, 자료에서 제시한 모든 항목과 금액은 중요하며, 자료에서 제시한 것 이외의 사항은 고려하지 않고 답한다. 예를 들어, 법인세에 대한 언급이 없으면 법인세 효과는 고려하지 않는다.

01 재무제표 표시에 관한 일반사항으로 옳지 <u>않은</u> 것은?

① 서술형 정보는 당기 재무제표를 이해하는 데 목적 적합하더라도 비교정보를 표시하지 아니한다.

② 재무제표가 계속기업 기준으로 작성되지 않을 경우, 그 사실과 함께 재무제표 작성기준과 계속기업으로 보지 않는 이유를 공시하여야 한다.

③ 기업은 현금흐름 정보를 제외하고는 발생기준 회계를 사용하여 재무제표를 작성한다.

④ 중요하지 않은 항목은 성격이나 기능이 유사한 항목과 통합하여 표시할 수 있다.

⑤ 한국채택국제회계기준을 준수하여 작성된 재무제표는 공정하게 표시된 재무제표로 본다.

02 무형자산에 관한 설명으로 옳지 <u>않은</u> 것은?

① 무형자산은 손상의 징후가 있거나 그 자산을 사용하지 않을 때에 상각을 중지한다.

② 무형자산의 인식기준을 충족하지 못해 비용으로 인식한 지출은 그 이후에 무형자산의 원가로 인식할 수 없다.

③ 내부적으로 창출한 영업권은 자산으로 인식하지 아니한다.

④ 개별취득 무형자산은 자산에서 발생하는 미래경제적효익의 유입가능성이 높다는 인식기준을 항상 충족한다.

⑤ 무형자산으로 정의되려면 식별가능성, 자원에 대한 통제와 미래경제적효익의 존재를 충족하여야 한다.

03 투자부동산의 분류에 관한 설명으로 옳지 <u>않은</u> 것은?

① 미사용부동산을 운용리스로 제공한 경우에는 투자부동산으로 분류한다.

② 리스계약에 따라 이전받은 부동산을 다시 제3자에게 임대한다면 리스이용자는 해당 사용권자산을 투자부동산으로 분류한다.

③ 지배기업이 다른 종속기업에게 자가사용 건물을 리스하는 경우 당해 건물은 연결재무제표에 투자부동산으로 분류할 수 없다.

④ 건물 소유자가 그 건물의 사용자에게 제공하는 부수적 용역의 비중이 경미하면 해당 건물을 투자부동산으로 분류한다.

⑤ 처분예정인 자가사용부동산은 투자부동산으로 분류한다.

04 (주)감평은 20x1년 1월 종업원 70명에게 향후 3년 동안의 계속 근무 용역제공조건으로 가득되는 주식결제형 주식선택권을 1명당 50개씩 부여하였다. 권리 부여일 현재 주식선택권의 개당 공정가치는 ₩10(향후 변동없음)으로 추정되며, 연도별 종업원 퇴직현황은 다음과 같다.

연도	실제 퇴직자(명)	추가 퇴직 예상자(명)
20x1년	6	10
20x2년	8	5

(주)감평의 20x2년 말 재무상태표상 주식선택권 장부금액은?

① ₩8,000   ② ₩9,000

③ ₩17,000   ④ ₩18,667

⑤ ₩25,500

05 재무보고를 위한 개념체계에 관한 설명으로 옳지 <u>않은</u> 것은?

① 개념체계는 특정 거래나 다른 사건에 적용할 회계기준이 없는 경우에 재무제표 작성자가 일관된 회계정책을 개발하는 데 도움을 준다.

② 개념체계의 어떠한 내용도 회계기준이나 회계기준의 요구사항에 우선하지 아니한다.

③ 일반목적재무보고의 목적을 달성하기 위해 회계기준위원회는 개념체계의 관점에서 벗어난 요구사항을 정하는 경우가 있을 수 있다.

④ 개념체계는 수시로 개정될 수 있으며, 개념체계가 개정되면 자동으로 회계기준이 개정된다.

⑤ 개념체계에 기반한 회계기준은 경영진의 책임을 묻기 위한 필요한 정보를 제공한다.

06 20x1년 설립된 (주)감평의 20x1년 주식과 관련된 자료는 다음과 같다.

- 20x1년 1월 초 유통주식수 : 보통주 5,000주, 우선주 300주
- 6월 초 모든 주식에 대해 무상증자 10% 실시
- 10월 초 보통주 자기주식 300주 취득
- 20x1년도 당기순이익 : ₩900,000

20x1년 (주)감평의 기본주당이익이 ₩162일 때, 우선주 배당금은? (단, 기간은 월할 계산한다)

① ₩21,150

② ₩25,200

③ ₩27,510

④ ₩32,370

⑤ ₩33,825

07 재무정보의 질적 특성에 관한 설명으로 옳지 <u>않은</u> 것을 모두 고른 것은?

ㄱ. 오류가 없다는 것은 현상의 기술에 오류나 누락이 없고, 보고 정보를 생산하는 데 사용되는 절차의 선택과 적용 시 절차상 완벽하게 정확하다는 것을 의미한다.

ㄴ. 재무정보가 과거 평가에 대해 피드백을 제공한다면 확인가치를 갖는다.

ㄷ. 회계기준위원회는 중요성에 대한 획일적인 계량 임계치를 정하거나 특정한 상황에서 무엇이 중요한 것인지를 미리 결정할 수 있다.

ㄹ. 목적적합하고 충실하게 표현된 정보의 유용성을 보강시키는 질적 특성으로는 비교가능성, 검증가능성, 적시성 및 이해가능성이 있다.

① ㄱ, ㄴ

② ㄱ, ㄷ

③ ㄱ, ㄹ

④ ㄴ, ㄷ

⑤ ㄷ, ㄹ

08 퇴직급여제도의 용어에 관한 설명으로 옳은 것은?

① 비가득급여 : 종업원의 미래 계속 근무와 관계없이 퇴직급여제도에 따라 받을 권리가 있는 급여

② 약정퇴직급여의 보험수리적 현재가치 : 퇴직급여제도에 의거하여 현직 및 전직 종업원에게 이미 제공한 근무용역에 대해 지급할 예상퇴직급여의 현재가치

③ 급여지급에 이용가능한 총자산 : 제도의 자산에서 약정퇴직급여의 보험수리적 현재가치를 제외한 부채를 차감한 잔액

④ 확정기여제도 : 종업원에게 지급할 퇴직급여금액이 일반적으로 종업원의 임금과 근무연수에 기초하는 산정식에 의해 결정되는 퇴직급여제도

⑤ 기금적립 : 퇴직급여를 지급할 현재의무를 충족하기 위해 사용자와는 구별된 실체(기금)에 자산을 이전하는 것

09 20x1년 말 (주)감평의 올바른 당좌예금 금액을 구하기 위한 자료는 다음과 같다. (주)감평의 입장에서 수정 전 당좌예금계정 잔액에 가산 또는 차감해야 할 금액은?

---

(1) 수정 전 잔액

    은행의 당좌예금잔액증명서상 금액 : ₩4,000

    (주)감평의 당좌예금 계정원장상 금액 : ₩2,100

(2) 은행과 (주)감평의 당좌예금 수정 전 잔액 차이 원인
- 20x1년 말 현재 (주)감평이 발행·기록한 수표 중 은행에서 미결제된 금액 : ₩1,200
- 20x1년도 은행이 기록한 수수료 미통지 금액 : ₩100
- 20x1년 말 받을어음 추심으로 당좌예금 계좌에 기록되었으나, (주)감평에 미통지된 금액 : ₩1,000
- 20x1년 중 거래처로부터 받아 기록하고 추심 의뢰한 수표 중 은행으로부터 부도 통지 받은 금액 : ₩200

	가산할 금액	차감할 금액
①	₩1,000	₩300
②	₩1,100	₩200
③	₩1,300	₩1,400
④	₩1,400	₩100
⑤	₩2,200	₩300

10 (주)감평은 20x1년 초 전환사채(액면금액 ₩10,000, 만기 3년, 표시이자율 연 3%, 매년 말 이자지급)를 액면발행하였다. 사채 발행 당시 전환권이 없는 일반사채의 시장이자율은 연 8%이며, 전환권 미행사시 만기일에 연 7%의 수익을 보장한다. 동 전환사채가 만기 상환될 경우, 다음 미래가치를 이용하여 계산한 상환할증금은? (단, 금액은 소수점 첫째자리에서 반올림하여 계산한다)

기간	단일금액 ₩1의 미래가치	
	7%	8%
1년	1.070	1.080
2년	1.145	1.166
3년	1.225	1.260

① ₩1,119   ② ₩1,286

③ ₩1,299   ④ ₩1,376

⑤ ₩1,402

11 (주)감평은 20x1년 초 영업에 사용할 목적으로 특수장비(내용연수 5년, 잔존가치 ₩0, 정액법 감가상각, 원가모형 적용)를 ₩30,000에 취득하여 사용하다가, 20x2년 중 동 특수장비에 심각한 손상이 발생하였다. 특수장비의 회수가능액은 20x2년 말 ₩15,000으로 추정되었다. (주)감평의 20x2년 말 특수장비와 관련된 회계처리가 당기 순이익에 미치는 영향은?

① ₩3,000 증가   ② ₩3,000 감소

③ ₩6,000 증가   ④ ₩6,000 감소

⑤ ₩9,000 감소

12 (주)감평은 20x1년 초 사채(액면금액 ₩60,000, 표시이자율 연 10%, 매년 말 이자지급, 만기 3년, 매년 말 ₩20,000씩 원금상환 조건)를 발행하였다. 동 사채의 발행당시 유효이자율은 연 12%이다. 다음 현재가치를 이용하여 계산한 사채의 발행가액과 20x2년도에 인식할 이자비용은? (단, 금액은 소수점 첫째자리에서 반올림하여 계산한다)

기간	단일금액 ₩1의 미래가치	
	10%	12%
1년	0.9091	0.8929
2년	0.8264	0.7972
3년	0.7513	0.7118

	발행가액	20x2년 이자비용
①	₩48,353	₩3,165
②	₩48,353	₩3,279
③	₩52,487	₩3,934
④	₩58,008	₩4,676
⑤	₩58,008	₩6,961

13 (주)감평은 고객에게 매출액의 1%를 사용기간 제한 없는 포인트로 제공한다. 고객은 이 포인트를 (주)감평의 상품 구매대금 결제에 사용할 수 있다. (주)감평의 20x1년도 매출액은 ₩50,000, 포인트의 단위당 공정가치는 ₩10이다. 20x1년에 총 2,500포인트가 사용될 것으로 추정되며, 20x1년 중 500포인트가 실제로 사용되었다. (주)감평이 20x1년 인식할 포인트 관련 매출은?

① ₩0   ② ₩1,000

③ ₩1,250   ④ ₩1,500

⑤ ₩5,000

14 (주)감평은 20x1년 1월 초에 본사건물을 착공하여 20x2년 11월 말 완공하였다. 본사건물 신축 관련 자료가 다음과 같을 때, (주)감평이 20x1년도에 자본화할 차입원가는? (단, 기간은 월할 계산한다)

(1) 공사비 지출

일자	금액
20x1.1.1.	₩2,000,000
20x1.7.1.	400,000

(2) 차입금 현황

구분	차입금액	차입기간	연이자율
특정차입금	₩2,000,000	20x1.7.1. − 20x1.12.31.	3%
일반차입금	100,000	20x1.1.1. − 20x2.6.30.	5%

① ₩30,000
② ₩35,000
③ ₩50,000
④ ₩65,000
⑤ ₩90,000

15 20x1년부터 (주)감평은 제품판매 후 2년 동안 제품하자보증을 실시하고 있다. 20x2년도에 판매된 제품에 대하여 경미한 결함은 ₩100, 치명적인 결함은 ₩4,000의 수리비용이 발생한다. 과거 경험에 따르면 10%는 경미한 결함이, 5%는 치명적인 결함이 발생할 것으로 예상된다. 20x1년 말에 제품보증충당부채 잔액은 ₩200이다. 20x2년 기중에 20x1년 판매된 제품에 대한 수리비용이 ₩300 지출되었다면, (주)감평의 20x2년도 재무제표에 보고할 제품보증비와 제품보증충당부채는?

	제품보증비	제품보증충당부채
①	₩100	₩310
②	₩210	₩210
③	₩210	₩310
④	₩310	₩210
⑤	₩310	₩310

16 (주)감평은 20x1년 초 총 계약금액이 ₩1,200인 공사계약을 체결하고, 20x3년 말에 완공하였다. 다음 자료를 기초로 (주)감평이 20x1년도 재무제표에 인식할 공사이익과 계약자산(또는 계약부채)은? (단, 진행률은 누적발생공사원가를 추정총공사원가로 나눈 비율로 계산한다)

구분	20x1년	20x2년	20x3년
실제발생 공사원가	₩300	₩500	₩350
완성시까지 예상 추가 공사원가	700	200	–
공사대금 청구액	400	300	500
공사대금 회수액	320	200	680

	공사이익	계약자산(계약부채)
①	₩40	₩40
②	₩60	₩40
③	₩60	₩(40)
④	₩80	₩40
⑤	₩80	₩(40)

17 금융상품에 관한 설명으로 옳지 <u>않은</u> 것은?

① 종류별로 금융상품을 공시하는 경우에는 공시하는 정보의 특성에 맞게, 금융상품의 특성을 고려하여 금융상품을 종류별로 분류하여야 한다.

② 기타포괄손익 – 공정가치로 측정하는 금융자산의 장부금액은 손실충당금에 의해 감소되지 않는다.

③ 당기손익 – 공정가치로 측정되는 지분상품은 후속적 공정가치 변동을 기타포괄손익으로 표시하도록 최초 인식시점에 선택할 수 있다.

④ 금융자산과 금융부채를 상계하면 손익이 발생할 수 있다.

⑤ 금융자산의 회수를 합리적으로 예상할 수 없는 경우에는 해당 금융자산의 총 장부금액을 직접 줄인다.

18 (주)감평의 20x2년 자본관련 자료이다. 20x2년 말 자본총계는? (단, 자기주식 거래는 선입선출법에 따른 원가법을 적용한다)

(1) 기초자본	
• 보통주 자본금(주당 액면금액 ₩500, 발행주식수 40주)	₩20,000
• 보통주 주식발행초과금	4,000
• 이익잉여금	30,000
• 자기주식(주당 ₩600에 10주 취득)	(6,000)
• 자본총계	₩48,000

(2) 기중자본거래
- 4월 1일 자기주식 20주를 1주당 ₩450에 취득
- 5월 25일 자기주식 8주를 1주당 ₩700에 처분
- 6월 12일 자기주식 3주를 소각
- 8월 20일 주식발행초과금 ₩4,000과 이익잉여금 중 ₩5,000을 재원으로 무상증자 실시

(3) 20x2년 당기순이익 : ₩50,000

① ₩77,300

② ₩87,500

③ ₩94,600

④ ₩96,250

⑤ ₩112,600

19 (주)감평의 창고에 보관 중인 20x1년 말 상품 재고실사 금액은 ₩2,840이다. 다음 자료를 반영한 이후 20x1년 말 재무상태표에 표시할 기말상품 금액은?

- 기말 현재 일부 상품(원가 ₩100)을 물류회사에 보관 중이며, 보관료 ₩20을 지급하기로 하였다.
- 수탁회사에 적송한 상품(원가 ₩600) 중 20%는 기말까지 판매되지 않았다.
- 고객에게 발송한 시송품(원가 ₩500) 중 기말 현재 고객으로부터 매입의사표시를 통보받지 못한 상품이 ₩200이다.
- 20x1년 12월 28일에 도착지 인도조건으로 거래처에서 매입한 상품(원가 ₩250)이 기말 현재 운송 중에 있다.

① ₩3,260

② ₩3,510

③ ₩3,560

④ ₩3,740

⑤ ₩3,810

20 (주)감평은 기계장치(장부금액 ₩2,000, 공정가치 ₩3,500)를 제공하고, (주)한국의 건물과 현금 ₩700을 취득하는 교환거래를 하였다. 건물의 공정가치는 ₩2,500으로 기계장치의 공정가치보다 더 명백하며, 이 교환거래는 상업적 실질이 있다고 할 때, (주)감평이 인식할 유형자산처분손익은?

① 유형자산처분손익 ₩0
② 유형자산처분손실 ₩1,200
③ 유형자산처분이익 ₩1,200
④ 유형자산처분손실 ₩2,200
⑤ 유형자산처분이익 ₩2,200

21 (주)감평의 20x1년도 상품관련 자료는 다음과 같다. 기말상품 실사수량은 30개이며, 수량감소분 중 40%는 정상감모손실이다. (주)감평의 20x1년의 매출원가는? (단, 정상감모손실과 평가손실은 매출원가에 포함한다)

구분	수량	단위당 취득원가	단위당 판매가격	단위당 순실현가능가치
기초재고	70개	₩60	–	–
매입	100개	₩60	–	–
매출	120개	–	₩80	–
기말재고	50개	–	–	₩50

① ₩7,200
② ₩7,500
③ ₩7,680
④ ₩7,980
⑤ ₩8,700

22 리스에 관한 설명으로 옳은 것을 모두 고른 것은?

ㄱ. 단기리스나 소액 기초자산 리스를 제외한 모든 리스에 대해서 리스이용자는 사용권자산과 리스부채를 인식해야 한다.
ㄴ. 리스이용자는 리스의 내재이자율을 쉽게 산정할 수 없는 경우에는 리스제공자의 증분차입이자율을 사용하여 리스료를 할인한다.
ㄷ. 리스이용자는 사용권자산이 손상되었는지를 판단하고 식별되는 손상차손을 회계처리하기 위하여 자산손상 기준서를 적용한다.
ㄹ. 투자부동산의 정의를 충족하는 사용권자산은 재무상태표에 투자부동산으로 표시한다.

① ㄱ, ㄴ
② ㄱ, ㄷ
③ ㄷ, ㄹ
④ ㄱ, ㄷ, ㄹ
⑤ ㄴ, ㄷ, ㄹ

23 고객과의 계약에서 생기는 수익에 관한 설명으로 옳은 것은?

① 계약의 결과로 기업의 미래 현금흐름의 위험, 시기, 금액이 변동될 것으로 예상되지 않는 경우에도 고객과의 계약으로 회계처리할 수 있다.

② 계약은 서면으로, 구두로, 기업의 사업 관행에 따라 암묵적으로 체결할 수 있다.

③ 이전할 재화나 용역의 지급조건을 식별할 수 없는 경우라도 고객과의 계약으로 회계처리할 수 있다.

④ 계약변경은 반드시 서면으로만 승인될 수 있다.

⑤ 고객과의 계약에서 식별되는 수행의무는 계약에 분명히 기재한 재화나 용역에만 한정된다.

24 다음은 20x1년 초 설립한 (주)감평의 법인세 관련 자료이다.

• 20x1년 세무조정사항	
– 감가상각비한도초과액	₩55,000
– 정기예금 미수이자	25,000
– 접대비한도초과액	10,000
– 자기주식처분이익	30,000
• 20x1년 법인세비용차감전순이익	₩400,000
• 연도별 법인세율은 20%로 일정하다.	
• 당기 이연법인세자산(부채)은 인식요건을 충족한다.	

20x1년도 법인세비용은?

① ₩80,000

② ₩81,000

③ ₩82,000

④ ₩86,000

⑤ ₩94,000

25 (주)감평은 20x1년 초에 폐기물처리시설(내용연수 5년, 잔존가치 ₩0, 정액법 월할상각)을 ₩1,000,000에 취득하였다. 주변민원으로 20x1년 10월 초부터 3개월간 가동이 일시 중단되었다. 20x2년 초에 사용 종료(4년 후)시 환경복구(지출 추정금액 ₩300,000, 현재가치 계산에 적용할 할인율 연 6%)를 조건으로 시설을 재가동하였다. 20x2년도 동 폐기물처리시설의 감가상각비는? (단, 금액은 소수점 첫째자리에서 반올림하여 계산한다)

기간	단일금액 ₩1의 현재가치
	(할인율 = 6%)
4	0.7921
5	0.7473

① ₩244,838
② ₩247,526
③ ₩259,408
④ ₩268,548
⑤ ₩271,908

26 (주)감평은 20x1년 초 임대수익을 목적으로 건물을 ₩320,000에 취득하고 공정가치 모형을 적용하였다. (주)감평은 20x2년 9월 1일 동 건물을 자가사용건물로 대체하였으며, 정액법(내용연수 10년, 잔존가치 ₩0)으로 상각(월할상각)하고 재평가모형을 적용하였다. 시점별 건물의 공정가치는 다음과 같다.

20x1년 말	20x2년 9월 1일	20x2년 말
₩340,000	₩330,000	₩305,000

동 건물 관련 회계처리가 20x2년 당기순이익에 미치는 영향은?

① ₩14,000 감소
② ₩21,000 감소
③ ₩24,000 감소
④ ₩25,000 감소
⑤ ₩35,000 감소

27 (주)감평은 20x1년 초 투자부동산(내용연수 10년, 잔존가치 ₩0, 정액법상각)을 ₩200,000에 취득하고 원가모형을 적용하였다. (주)감평은 20x2년부터 동 투자부동산에 대하여 공정가치모형을 적용하기로 하였으며 이러한 회계변경은 정당하다. 20x1년 말, 20x2년 말 동 투자부동산의 공정가치는 각각 ₩190,000, ₩185,000이다. 회계변경효과를 반영하여 20x2년 말 작성하는 비교재무제표(20x1년, 20x2년)에 표시될 금액에 관한 설명으로 옳은 것은?

① 20x1년도 투자부동산(순액)은 ₩180,000이다.
② 20x1년도 투자부동산 감가상각비는 ₩0이다.
③ 20x1년도 투자부동산평가손익은 ₩0이다.
④ 20x2년도 투자부동산평가이익은 ₩5,000이다.
⑤ 20x2년도 투자부동산(순액)은 ₩190,000이다.

28 (주)감평은 20x1년 초 (주)한국의 의결권주식 20%를 ₩300,000에 취득하고 지분법을 적용하는 관계기업투자주식으로 분류하였다. 취득 당시 (주)한국의 순자산장부금액은 ₩1,000,000이었으며, 토지와 건물(내용연수 10년, 정액법상각)의 장부금액에 비해 공정가치가 각각 ₩100,000, ₩200,000 더 높은 것을 제외하고 자산과 부채의 장부금액은 공정가치와 일치하였다. 20x1년도에 (주)한국은 당기순이익과 기타포괄이익을 각각 ₩100,000, ₩30,000 보고하였으며, ₩15,000의 현금배당을 실시하였다. (주)감평의 20x1년 말 관계기업투자주식의 장부금액은?

① ₩312,000   ② ₩316,000
③ ₩319,000   ④ ₩320,000
⑤ ₩326,000

29 (주)감평의 매출액은 ₩215,000, 재고구입에 따른 현금유출액은 ₩120,000이다. 다음 (주)감평의 재고자산, 매입채무 변동 자료를 이용할 경우, 매출총이익은?

구분	금액
재고자산 증가액	₩4,000
매입채무 증가액	6,000

① ₩85,000   ② ₩89,000
③ ₩91,000   ④ ₩93,000
⑤ ₩97,000

30 (주)감평의 20x1년 현금흐름표 작성을 위한 자료이다.

• 당기순이익	₩147,000	• 감가상각비	₩5,000
• 법인세비용	30,000	• 매출채권 감소액	15,000
• 유형자산처분이익	20,000	• 재고자산 증가액	4,000
• 이자비용	25,000	• 매입채무 감소액	6,000
• 이자수익	15,000	• 배당금수익	8,000

(주)감평의 20x1년 영업에서 창출된 현금은?

① ₩159,000   ② ₩161,000
③ ₩167,000   ④ ₩169,000
⑤ ₩189,000

31 범용기계장치를 이용하여 제품 X와 Y를 생산·판매하는 (주)감평의 당기 예산 자료는 다음과 같다.

구분	제품 X	제품 Y
단위당 판매가격	₩1,500	₩1,000
단위당 변동원가	1,200	800
단위당 기계가동시간	2시간	1시간
연간 정규시장 판매수량	300단위	400단위
연간 최대기계가동시간	1,000시간	

(주)감평은 신규거래처로부터 제품 Z 200단위의 특별주문을 요청받았다. 제품 Z의 생산에는 단위당 ₩900의 변동원가가 발생하며 단위당 1.5 기계가동시간이 필요하다. 특별주문 수락 시 기존 제품의 정규시장 판매를 일부 포기해야 하는 경우, (주)감평이 제시할 수 있는 단위당 최소판매가격은? (단, 특별주문은 전량 수락하든지 기각해야 한다)

① ₩900
② ₩1,125
③ ₩1,150
④ ₩1,200
⑤ ₩1,350

32 (주)감평은 제품 X, Y, Z를 생산·판매하고 있으며, 각 제품 관련 자료는 다음과 같다.

구분	제품 X	제품 Y	제품 Z
매출배합비율(매출수량기준)	20%	60%	20%
단위당 공헌이익	₩12	₩15	₩8
손익분기점 매출수량	?	7,800단위	?

(주)감평은 제품 Z의 생산중단을 고려하고 있다. 제품 Z의 생산을 중단하는 경우에 고정비 중 ₩4,000을 회피할 수 있으며, 제품 X와 Y의 매출배합비율(매출수량기준)은 60%와 40%로 예상된다. (주)감평이 제품 Z의 생산을 중단할 경우, 목표이익 ₩33,000을 달성하기 위한 제품 X의 매출수량은?

① 6,900단위
② 7,800단위
③ 8,400단위
④ 8,700단위
⑤ 9,000단위

33 (주)감평은 표준원가계산제도를 채택하고 있으며, 직접노무시간을 기준으로 제조간접원가를 배부한다. 당기 제조간접원가 관련 자료는 다음과 같다.

• 고정제조간접원가 표준배부율	₩100/시간
• 변동제조간접원가 표준배부율	₩300/시간
• 기준조업도(직접노무시간)	5,000시간
• 실제직접노무시간	4,850시간
• 실제생산량에 허용된 표준 직접노무시간	4,800시간
• 제조간접원가 배부차이	₩20,000 과소배부

(주)감평의 당기 제조간접원가 실제 발생액은?

① ₩1,900,000   ② ₩1,920,000

③ ₩1,940,000   ④ ₩1,960,000

⑤ ₩1,980,000

34 (주)감평은 제품 생산에 필요한 부품 400단위를 매년 외부에서 단위당 ₩1,000에 구입하였다. 그러나 최근 외부구입가격 인상이 예상됨에 따라 해당 부품을 자가제조하는 방안을 검토하고 있다. 다음은 (주)감평이 부품 100단위를 자가제조할 경우의 예상제조원가 자료이다.

• 직접재료원가	₩25,000
• 직접노무원가	30,000 (₩100/직접노무시간)
• 변동제조간접원가	20,000 (직접노무원가의 2/3)
• 고정제조간접원가	100,000 (전액 유휴생산설비 감가상각비)

(주)감평은 현재 보유하고 있는 유휴생산설비를 이용하여 매년 필요로 하는 부품 400단위를 충분히 자가제조할 수 있을 것으로 예상하고 있으며, 부품은 한 묶음의 크기를 100단위로 하는 묶음생산방식으로 생산할 예정이다. 해당 부품을 자가제조하는 경우, 직접노무시간이 학습률 90%의 누적평균시간 학습모형을 따를 것으로 추정된다. (주)감평이 부품 400단위를 자가제조할 경우, 단위당 제조원가는?

① ₩655   ② ₩712

③ ₩750   ④ ₩905

⑤ ₩1,000

35 변동원가계산제도를 채택하고 있는 (주)감평의 당기 기초재고자산과 영업이익은 각각 ₩64,000과 ₩60,000이다. 전부원가계산에 의한 (주)감평의 당기 영업이익은 ₩72,000이고, 기말재고자산이 변동원가계산에 의한 기말재고자산에 비하여 ₩25,000이 많은 경우, 당기 전부원가계산에 의한 기초재고자산은?

① ₩58,000   ② ₩62,000

③ ₩68,000   ④ ₩77,000

⑤ ₩89,000

36 당기에 설립된 (주)감평은 결합공정을 통하여 제품 X와 Y를 생산·판매한다. 제품 X는 분리점에서 즉시 판매하고 있으나, 제품 Y는 추가가공을 거쳐 판매한다. 결합원가는 균등이익률법에 의해 각 제품에 배분되며, 직접재료는 결합공정 초에 전량 투입되고 전환원가는 결합공정 전반에 걸쳐 균등하게 발생한다. 당기에 (주)감평은 직접재료 3,000단위를 투입하여 2,400단위를 제품으로 완성하고, 600단위는 기말재공품(전환원가 완성도 50%)으로 남아 있다. 당기에 발생한 직접재료원가와 전환원가는 각각 ₩180,000과 ₩108,000이다. (주)감평의 당기 생산 및 판매 관련 자료는 다음과 같다.

구분	생산량	판매량	단위당 추가가공원가	단위당 판매가격
제품 X	800단위	800단위	–	₩150
제품 Y	1,600	900	₩15	200

제품 Y의 단위당 제조원가는? (단, 공손 및 감손은 발생하지 않는다)

① ₩100   ② ₩105

③ ₩110   ④ ₩115

⑤ ₩120

37 (주)감평은 분권화된 사업부 A와 B를 이익중심점으로 운영한다. 사업부 A는 매년 부품 X를 8,000단위 생산하여 전량 외부시장에 단위당 ₩150에 판매하여 왔다. 최근 사업부 B는 제품 단위당 부품 X가 1단위 소요되는 신제품 Y를 개발하고, 단위당 판매가격 ₩350에 4,000단위를 생산·판매하는 방안을 검토하고 있다. 다음은 부품 X에 대한 제조원가와 신제품 Y에 대한 예상제조원가 관련 자료이다.

구분	부품 X	신제품 Y
단위당 직접재료원가	₩40	₩80
단위당 직접노무원가	35	70
단위당 변동제조간접원가	25	30
연간 고정제조간접원가	200,000	100,000
연간 최대생산능력	10,000단위	5,000단위

사업부 B는 신제품 Y의 생산에 필요한 부품 X를 사내대체하거나 외부로부터 단위당 ₩135에 공급받을 수 있다. 사업부 A는 사내대체를 전량 수락하든지 기각해야 하며, 사내대체 시 외부시장 판매를 일부 포기해야 한다. 사업부 A가 사내대체를 수락할 수 있는 부품 X의 단위당 최소대체가격은?

① ₩100
② ₩125
③ ₩135
④ ₩170
⑤ ₩180

38 (주)감평은 정상개별원가계산제도를 채택하고 있다. 제조간접원가는 직접노무원가의 40%를 예정배부하고 있으며, 제조간접원가 배부차이는 전액 매출원가에서 조정하고 있다. (주)감평의 당기 재고자산 및 원가 관련 자료는 다음과 같다.

구분	기초잔액	기말잔액
직접재료	₩3,200	₩6,200
재공품	8,600	7,200
제품	6,000	8,000

- 직접재료매입액 : ₩35,000
- 기초원가(기본원가) : ₩56,000

(주)감평의 당기 제조간접원가 배부차이 조정 후 매출원가가 ₩67,700인 경우, 당기에 발생한 실제 제조간접원가는?

① ₩6,900
② ₩9,700
③ ₩10,700
④ ₩11,300
⑤ ₩12,300

39 단일 제품을 생산·판매하는 (주)감평의 당기 생산 및 판매 관련 자료는 다음과 같다.

• 단위당 판매가격	₩1,000
• 단위당 변동제조원가	600
• 연간 고정제조간접원가	600,000
• 단위당 변동판매관리비	100
• 연간 고정판매관리비	120,000

(주)감평은 단위당 판매가격을 10% 인상하고, 변동제조원가 절감을 위한 새로운 기계장치 도입을 검토하고 있다. 새로운 기계장치를 도입할 경우, 고정제조간접원가 ₩90,000이 증가할 것으로 예상된다. (주)감평이 판매가격을 인상하고 새로운 기계장치를 도입할 때, 손익분기점 판매수량 1,800단위를 달성하기 위하여 절감해야 하는 단위당 변동제조원가는?

① ₩50 ② ₩52.5
③ ₩70 ④ ₩72.5
⑤ ₩75

40 (주)감평은 가중평균법에 의한 종합원가계산제도를 채택하고 있으며, 단일공정을 통해 제품을 생산한다. 모든 원가는 공정 전반에 걸쳐 균등하게 발생한다. (주)감평의 당기 생산 관련 자료는 다음과 같다.

구분	물량(완성도)	직접재료원가	전환원가
기초재공품	100단위 (?)	₩4,300	₩8,200
당기착수	900	20,000	39,500
기말재공품	200 (?)	?	?

(주)감평의 당기 완성품환산량 단위당 원가가 ₩80이고 당기 완성품환산량이 선입선출법에 의한 완성품환산량보다 50단위가 더 많을 경우, 선입선출법에 의한 기말재공품 원가는? (단, 공손 및 감손은 발생하지 않는다)

① ₩3,500 ② ₩4,500
③ ₩5,500 ④ ₩6,500
⑤ ₩7,000

02 2022년 제33회 기출문제

※ 아래의 문제들에서 특별한 언급이 없는 한 기업의 보고기간 회계기간은 매년 1월 1일부터 12월 31일까지이다. 또한, 기업은 주권상장법인으로 계속해서 한국 채택국제회계기준(K-IFRS)을 적용해오고 있다고 가정하고, 답지항 중에서 물음에 가장 합당한 답을 고르시오. 단, 자료에서 제시한 모든 항목과 금액은 중요하며, 자료에서 제시한 것 이외의 사항은 고려하지 않고 답한다. 예를 들어, 법인세에 대한 언급이 없으면 법인세 효과는 고려하지 않는다.

01 (주)감평이 총계정원장 상 당좌예금 잔액과 은행 측 당좌예금잔액증명서의 불일치 원인을 조사한 결과 다음과 같은 사항을 발견하였다. 이때 (주)감평이 장부에 반영해야 할 항목을 모두 고른 것은?

> ㄱ. 매출대금으로 받아 예입한 수표가 부도 처리되었으나, (주)감평의 장부에 기록되지 않았다.
> ㄴ. 대금지급을 위해 발행한 수표 중 일부가 미인출수표로 남아 있다.
> ㄷ. 매입채무를 지급하기 위해 발행한 수표 금액이 장부에 잘못 기록되었다.
> ㄹ. 받을어음이 추심되어 (주)감평의 당좌예금 계좌로 입금되었으나, (주)감평에 아직 통보되지 않았다.

① ㄴ
② ㄱ, ㄴ
③ ㄴ, ㄷ
④ ㄱ, ㄷ, ㄹ
⑤ ㄴ, ㄷ, ㄹ

02 (주)감평은 20x1년 초 현금 ₩2,000을 출자받아 설립되었으며, 이 금액은 (주)감평이 판매할 재고자산 200개를 구입할 수 있는 금액이다. 20x1년 말 자본은 ₩3,000이고 20x1년도 자본거래는 없었다. 20x1년 말 (주)감평이 판매하는 재고자산의 개당 구입가격은 ₩12이고, 20x1년 말 물가지수는 20x1년 초 100에 비하여 10% 상승하였다. 실물자본유지개념을 적용할 경우 20x1년도 이익은?

① ₩200
② ₩400
③ ₩600
④ ₩800
⑤ ₩1,000

03 (주)감평의 현재 유동비율과 당좌비율은 각각 200%, 150%이다. 유동비율과 당좌비율을 모두 증가시킬 수 있는 거래는? (단, 모든 거래는 독립적이다)

① 상품 ₩10,000을 외상으로 매입하였다.
② 영업용 차량운반구를 취득하면서 현금 ₩13,000을 지급하였다.
③ 매출채권 ₩12,000을 현금으로 회수하였다.
④ 장기차입금 ₩15,000을 현금으로 상환하였다.
⑤ 사용 중인 건물을 담보로 은행에서 현금 ₩30,000을 장기 차입하였다.

04 (주)감평은 20x1년 초 임대목적으로 건물(취득원가 ₩1,000, 내용연수 10년, 잔존가치 ₩0, 정액법 감가상각)을 취득하여 이를 투자부동산으로 분류하였다. 20x1년 말 건물의 공정가치가 ₩930일 때 (A)공정가치모형과 (B)원가모형을 각각 적용할 경우 (주)감평의 20x1년도 당기순이익에 미치는 영향은? (단, 해당 건물은 매각예정으로 분류되어 있지 않다)

	(A)	(B)
①	₩70 감소	₩100 감소
②	₩70 감소	₩70 감소
③	₩30 감소	₩100 감소
④	₩30 증가	₩70 감소
⑤	₩30 증가	₩30 증가

05 재무제표 요소의 측정기준에 관한 설명으로 옳은 것은?

① 공정가치는 측정일 현재 동등한 자산의 원가로서 측정일에 지급할 대가와 그 날에 발생할 거래원가를 포함한다.
② 현행원가는 자산을 취득 또는 창출할 때 발생한 원가의 가치로서 자산을 취득 또는 창출하기 위하여 지급한 대가와 거래원가를 포함한다.
③ 사용가치는 기업이 자산의 사용과 궁극적인 처분으로 얻을 것으로 기대하는 현금흐름 또는 그 밖의 경제적효익의 현재가치이다.
④ 이행가치는 측정일에 시장참여자 사이의 정상거래에서 부채를 이전할 때 지급하게 될 가격이다.
⑤ 역사적 원가는 측정일 현재 자산의 취득 또는 창출을 위해 이전해야 하는 현금이나 그 밖의 경제적 자원의 현재가치이다.

06 (주)감평의 20x1년 기말 재고자산 자료가 다음과 같다.

종목	실사수량	단위당 취득원가	단위당 예상판매가격
상품 A	100개	₩300	₩350
상품 B	100개	200	250
상품 C	200개	100	120

– 단위당 예상판매비용 : ₩30 (모든 상품에서 발생)

상품 B의 70%는 확정판매계약(취소불능계약)을 이행하기 위하여 보유하고 있으며, 상품 B의 단위당 확정판매계약가격은 ₩220이다. 재고자산 평가와 관련하여 20x1년 인식할 당기손익은? (단, 재고자산의 감모는 발생하지 않았으며, 기초 재고자산평가충당금은 없다)

① 손실 ₩2,700   ② 손실 ₩700

③ ₩0   ④ 이익 ₩2,200

⑤ 이익 ₩3,200

07 재무제표 요소에 관한 설명으로 옳지 <u>않은</u> 것은?

① 자산은 과거사건의 결과로 기업이 통제하는 현재의 경제적자원이다.

② 부채는 과거사건의 결과로 기업이 경제적자원을 이전해야 하는 현재의무이다.

③ 수익은 자본청구권 보유자로부터의 출자를 포함하며, 자본청구권 보유자에 대한 분배는 비용으로 인식한다.

④ 기업이 발행한 후 재매입하여 보유하고 있는 채무상품이나 지분상품은 기업의 경제적 자원이 아니다.

⑤ 자본청구권은 기업의 자산에서 모든 부채를 차감한 후의 잔여지분에 대한 청구권이다.

08 (주)감평은 재고자산의 원가를 평균원가법에 의한 소매재고법으로 측정한다. 20x1년 재고자산 자료가 다음과 같을 때, 매출원가는? (단, 평가손실과 감모손실은 발생하지 않았다)

항목	원가	판매가
기초재고액	₩10,000	₩13,000
당기매입액	83,500	91,000
매가인상액		9,000
인상취소액		3,000
당기매출액		90,000

① ₩73,500   ② ₩76,500

③ ₩77,000   ④ ₩78,200

⑤ ₩80,620

09 재고자산 회계처리에 관한 설명으로 옳지 <u>않은</u> 것은?

① 생산에 투입하기 위해 보유하는 원재료 및 기타 소모품은 제품의 원가가 순실현가능 가치를 초과할 것으로 예상되더라도 감액하지 아니한다.

② 생물자산에서 수확한 농림어업 수확물로 구성된 재고자산은 공정가치에서 처분부대원가를 뺀 금액으로 수확시점에 최초 인식한다.

③ 재고자산을 현재의 장소에 현재의 상태로 이르게 하는데 기여하지 않은 관리간접원가는 재고자산의 취득원가에 포함할 수 없다.

④ 매입할인이나 매입금액에 대해 수령한 리베이트는 매입원가에서 차감한다.

⑤ 개별법이 적용되지 않는 재고자산의 단위원가는 선입선출법이나 가중평균법을 사용하여 결정한다.

10 (주)감평은 재고상품에 대해 선입선출법을 적용하여 단위원가를 결정하며, 20x1년 기초상품은 ₩30,000(단위당 원가 ₩1,000), 당기상품매입액은 ₩84,000(단위당 원가 ₩1,200)이다. 기말상품의 감모손실과 평가손실에 관한 자료는 다음과 같다.

장부수량	실제수량	단위당 예상판매가격	단위당 예상판매비용
20개	16개	₩1,250	₩80

(주)감평이 기말 재고자산감모손실은 장부에 반영하였으나 재고자산평가손실을 반영하지 않았을 경우 옳은 것은?

① 20x1년 당기순이익 ₩1,000 과대

② 20x1년 기말재고자산 ₩600 과대

③ 20x1년 기말자본총계 ₩480 과소

④ 20x2년 기초재고자산 ₩600 과소

⑤ 20x2년 당기순이익 ₩480 과소

11 다음은 (주)감평의 20x1년도 재무제표의 일부 자료이다.

(1) 재무상태표의 일부 자료

계정과목	기초잔액	기말잔액
매출채권(순액)	₩140	₩210
선급영업비용	25	10
미지급영업비용	30	50

(2) 포괄손익계산서의 일부 자료
- 매출액 : ₩410
- 영업비용 : ₩150

위 자료에 기초한 20x1년도 (주)감평의 (A)고객으로부터 유입된 현금흐름과 (B)영업비용으로 유출된 현금흐름은?

	(A)	(B)
①	₩335	₩155
②	₩340	₩115
③	₩340	₩145
④	₩350	₩115
⑤	₩350	₩155

12 (주)감평은 20x1년 1월 1일 다음과 같은 조건의 전환사채를 액면발행하였다.

- 액면금액 : ₩1,000,000
- 표시이자율 : 연 6%
- 일반사채 시장이자율 : 연 10%
- 이자지급일 : 매년 말
- 만기상환일 : 20x3년 12월 31일

동 전환사채는 전환권을 행사하지 않을 경우 만기상환일에 액면금액의 106.49%를 일시 상환하는 조건이다. 전환청구가 없었다고 할 때, (주)감평이 동 전환사채와 관련하여 3년(20x1년 1월 1일 – 20x3년 12월 31일)간 인식할 이자비용 총액은? (단, 단수차이로 인한 오차가 있다면 가장 근사치를 선택한다)

기간	단일금액 ₩1의 현재가치		정상연금 ₩1의 현재가치	
	6%	10%	6%	10%
3	0.83962	0.75131	2.67301	2.48685

① ₩50,719 ② ₩115,619

③ ₩244,900 ④ ₩295,619

⑤ ₩344,619

13 (주)감평(리스이용자)은 20x1년 1월 1일에 (주)한국리스(리스제공자)와 다음과 같은 리스계약을 체결하였다.

- 리스개시일 : 20x1년 1월 1일
- 리스기간 : 20x1년 1월 1일부터 20x3년 12월 31일까지
- 고정리스료 : 매년 말 ₩1,000,000 후급
- (주)감평은 리스기간 종료일에 (주)한국리스에게 ₩300,000을 지급하고, 기초자산(리스자산)의 소유권을 이전받기로 하였다.
- (주)감평과 (주)한국리스는 리스개시일에 리스개설직접원가로 각각 ₩100,000과 ₩120,000을 지출하였다.
- 리스개시일 현재 기초자산의 내용연수는 4년이고, 잔존가치는 ₩0이다.

(주)감평은 사용권자산에 대해 원가모형을 적용하고 있으며 정액법으로 감가상각한다. 리스 관련 내재이 자율은 알 수 없으나 (주)감평의 증분차입이자율이 연 10%라고 할 때, 상기 리스거래와 관련하여 (주)감평이 20x1년도에 인식할 비용총액은? (단, 상기 리스계약은 소액 기초자산 리스에 해당하지 않으며, 감가상각비의 자본화는 고려하지 않는다. 또한, 단수차이로 인한 오차가 있다면 가장 근사치를 선택한다)

기간	단일금액 ₩1의 현재가치	정상연금 ₩1의 현재가치
	10%	10%
3	0.75131	2.48685

① ₩532,449 ② ₩949,285

③ ₩974,285 ④ ₩1,175,305

⑤ ₩1,208,638

14 충당부채, 우발부채 및 우발자산에 관한 설명으로 옳지 <u>않은</u> 것은?

① 충당부채는 부채로 인식하는 반면, 우발부채는 부채로 인식하지 아니한다.

② 충당부채로 인식하는 금액은 현재의무를 보고기간 말에 이행하기 위하여 필요한 지출에 대한 최선의 추정치이어야 한다.

③ 충당부채에 대한 최선의 추정치를 구할 때에는 관련된 여러 사건과 상황에 따르는 불가피한 위험과 불확실성을 고려한다.

④ 예상되는 자산 처분이익은 충당부채를 생기게 한 사건과 밀접하게 관련되어 있다고 하더라도 충당부채를 측정함에 있어 고려하지 아니한다.

⑤ 충당부채는 충당부채의 법인세효과와 그 변동을 고려하여 세후 금액으로 측정한다.

15 (주)감평은 20x1년 10월 1일에 고객과 원가 ₩900의 제품을 ₩1,200에 판매하는 계약을 체결하고 즉시 현금 판매하였다. 계약에 따르면 (주)감평은 20x2년 3월 31일에 동 제품을 ₩1,300에 재매입할 수 있는 콜옵션을 보유하고 있다. 동 거래가 다음의 각 상황에서 (주)감평의 20x2년도 당기순이익에 미치는 영향은? (단, 각 상황(A, B)은 독립적이고, 화폐의 시간가치는 고려하지 않으며, 이자비용(수익)은 월할계산한다)

상황	내용
A	20x2년 3월 31일에 (주)감평이 계약에 포함된 콜옵션을 행사한 경우
B	20x2년 3월 31일에 계약에 포함된 콜옵션이 행사되지 않은 채 소멸된 경우

	상황 A	상황 B
①	₩100 감소	₩100 증가
②	₩50 감소	₩100 증가
③	₩50 감소	₩350 증가
④	₩300 증가	₩350 증가
⑤	₩400 증가	₩400 증가

16 다음은 (주)감평의 20x1년도 기초와 기말 재무상태표의 금액이다.

구분	20x1년 기초	20x1년 기말
자산총계	₩5,000	₩7,000
부채총계	2,500	3,400

(주)감평은 20x1년 중에 ₩300의 유상증자와 ₩100의 무상증자를 각각 실시하였으며, 현금배당 ₩200을 지급하였다. 20x1년도 당기에 유형자산 관련 재평가잉여금이 ₩80만큼 증가한 경우 (주)감평의 20x1년도 포괄손익계산서 상 당기순이익은? (단, 재평가잉여금의 변동 외에 다른 기타자본요소의 변동은 없다)

① ₩820
② ₩900
③ ₩920
④ ₩980
⑤ ₩1,000

17 금융상품에 관한 설명으로 옳지 <u>않은</u> 것은?

① 금융자산의 정형화된 매입 또는 매도는 매매일이나 결제일에 인식하거나 제거한다.

② 당기손익 – 공정가치 측정 금융자산이 아닌 경우 해당 금융자산의 취득과 직접 관련되는 거래원가는 최초 인식시점의 공정가치에 가산한다.

③ 금융자산의 계약상 현금흐름이 재협상되거나 변경되었으나 그 금융자산이 제거되지 아니하는 경우에는 해당 금융자산의 총 장부금액을 재계산하고 변경손익을 당기손익으로 인식한다.

④ 금융자산 양도의 결과로 금융자산 전체를 제거하는 경우에는 금융자산의 장부금액과 수취한 대가의 차액을 당기손익으로 인식한다.

⑤ 최초 발생시점이나 매입할 때 신용이 손상되어 있는 상각후원가 측정 금융자산의 이자수익은 최초 인식시점부터 총 장부금액에 유효이자율을 적용하여 계산한다.

18 고객과의 계약에서 생기는 수익에 관한 설명으로 옳지 <u>않은</u> 것은?

① 고객과의 계약에서 약속한 대가에 변동금액이 포함된 경우 기업은 고객에게 약속한 재화나 용역을 이전하고 그 대가로 받을 권리를 갖게 될 금액을 추정한다.

② 고객이 재화나 용역의 대가를 선급하였고 그 재화나 용역의 이전 시점이 고객의 재량에 따라 결정된다면, 기업은 거래가격을 산정할 때 화폐의 시간가치가 미치는 영향을 고려하여 약속된 대가(금액)를 조정해야 한다.

③ 적절한 진행률 측정방법에는 산출법과 투입법이 포함되며, 진행률 측정방법을 적용할 때 고객에게 통제를 이전하지 않은 재화나 용역은 진행률 측정에서 제외한다.

④ 고객과의 계약체결 증분원가가 회수될 것으로 예상된다면 이를 자산으로 인식한다.

⑤ 고객이 기업이 수행하는 대로 기업의 수행에서 제공하는 효익을 동시에 얻고 소비한다면, 기업은 재화나 용역에 대한 통제를 기간에 걸쳐 이전하는 것이므로 기간에 걸쳐 수익을 인식한다.

19 20x1년 초에 사업을 개시한 (주)감평의 회계담당자는 20x1년 말에 정기예금에 대한 미수이자 ₩200을 계상하지 않은 오류를 발견하였다. (주)감평의 당기 및 차기 이후 적용 법인세율이 모두 30%일 때 이러한 회계처리 오류가 (주)감평의 20x1년도 재무제표에 미친 영향으로 옳은 것은? (단, 세법상 정기예금 이자는 이자수령시점에 과세된다. 또한, (주)감평은 이연법인세 회계를 적용하고 있으며, 미래에 충분한 과세소득이 발생할 것으로 판단된다)

① 당기법인세자산이 ₩60 과대계상 되었다.

② 당기법인세부채가 ₩60 과소계상 되었다.

③ 법인세비용이 ₩60 과대계상 되었다.

④ 당기순이익이 ₩140 과소계상 되었다.

⑤ 이연법인세자산이 ₩60 과소계상 되었다.

20 (주)감평은 20x1년 1월 1일에 액면금액 ₩500,000(표시이자율 연 10%, 만기 3년, 매년 말 이자 지급)의 사채를 ₩475,982에 취득하고, 당기손익 – 공정가치 측정 금융자산으로 분류하였다. 동 사채의 취득 당시 유효이자율은 연 12%이며, 20x1년 말 공정가치는 ₩510,000이다. 상기 금융자산(사채) 관련 회계처리가 (주)감평의 20x1년도 당기순이익에 미치는 영향은? (단, 단수차이로 인한 오차가 있다면 가장 근사치를 선택한다)

① ₩84,018 증가 ② ₩70,000 증가

③ ₩60,000 증가 ④ ₩34,018 증가

⑤ ₩10,000 증가

21 (주)감평은 특정차입금 없이 일반차입금을 사용하여 건물을 신축하였다. 건물은 차입원가 자본화 대상인 적격자산이다. 신축 건물과 관련한 자료가 다음과 같을 경우, 20x1년도에 자본화할 차입원가(A)와 20x2년도에 자본화할 차입원가(B)는? (단, 계산시 월할 계산하며, 전기에 자본화한 차입원가는 적격자산의 연평균 지출액 계산 시 포함하지 않는다)

- 공사기간 : 20x1년 5월 1일 – 20x2년 6월 31일
- 공사비 지출 :

20x1년 5월 1일	20x1년 10월 1일	20x2년 4월 1일
₩300,000	₩200,000	₩100,000

- 일반차입금 자본화 연이자율 :

20x1년	20x2년
10%	8%

- 실제 발생한 이자비용 :

20x1년	20x2년
₩20,000	₩24,200

	(A)	(B)
①	₩20,000	₩22,000
②	₩20,000	₩24,200
③	₩20,000	₩25,000
④	₩25,000	₩22,000
⑤	₩25,000	₩24,200

22 (주)감평의 20x1년 초 유통보통주식수는 1,600주(주당 액면금액 ₩100)이며 20x1년 7월 1일 기존주주를 대상으로 보통주 600주를 발행하는 유상증자를 실시하였다. 주당 발행가액은 ₩400이며 유상증자 직전 주당 공정가치는 ₩600이었다. 기본주당이익 계산을 위한 가중평균유통보통주식수는? (단, 유상증자대금은 20x1년 7월 1일 전액 납입완료 되었으며, 유통보통주식수는 월할계산한다)

① 1,600주
② 1,760주
③ 1,800주
④ 1,980주
⑤ 2,200주

23 (주)감평은 20x1년 초 부여일로부터 3년의 용역제공을 조건으로 직원 50명에게 각각 주식선택권 10개를 부여하였다. 부여일 현재 주식선택권의 단위당 공정가치는 ₩1,000으로 추정되었으며, 매년 말 추정한 주식선택권의 공정가치는 다음과 같다.

20x1.12.31	20x2.12.31	20x3.12.31	20x4.12.31
₩1,000	₩1,100	₩1,200	₩1,300

주식선택권 1개당 1주의 주식을 부여받을 수 있으며 권리가득일로부터 3년간 행사가 가능하다. (주)감평은 20x1년 말과 20x2년 말에 가득기간 중 직원의 퇴사율을 각각 25%와 28%로 추정하였으며, 20x1년도와 20x2년도에 실제로 퇴사한 직원은 각각 10명과 2명이다. 20x3년 말 주식선택권을 가득한 직원은 총 35명이다. 20x4년 1월 1일 주식선택권을 가득한 종업원 중 60%가 본인의 주식선택권 전량을 행사하였을 경우 이로 인한 (주)감평의 자본 증가액은? (단, (주)감평 주식의 주당 액면금액은 ₩5,000이고 주식선택권의 개당 행사가격은 ₩6,000이다)

① ₩210,000
② ₩420,000
③ ₩1,050,000
④ ₩1,260,000
⑤ ₩1,470,000

24 퇴직급여제도에 관한 설명으로 옳지 <u>않은</u> 것은?

① 확정기여제도에서는 종업원이 보험수리적위험(급여가 예상에 미치지 못할 위험)과 투자위험(투자자산이 예상급여액을 지급하는데 충분하지 못할 위험)을 실질적으로 부담한다.

② 확정기여제도에서는 기여금의 전부나 일부의 납입기일이 종업원이 관련 근무용역을 제공하는 연차보고기간 말 후 12개월이 되기 전에 모두 결제될 것으로 예상되지 않는 경우를 제외하고는 할인되지 않은 금액으로 채무를 측정한다.

③ 확정급여채무의 현재가치와 당기근무원가를 결정하기 위해서는 예측단위적립방식을 사용하며, 적용할 수 있다면 과거근무원가를 결정할 때에도 동일한 방식을 사용한다.

④ 확정급여제도에서 기업이 보험수리적 위험(실제급여액이 예상급여액을 초과할 위험)과 투자위험을 실질적으로 부담하며, 보험수리적 실적이나 투자실적이 예상보다 저조하다면 기업의 의무가 늘어날 수 있다.

⑤ 퇴직급여채무를 할인하기 위해 사용하는 할인율은 보고기간 말 현재 그 통화로 표시된 국공채의 시장수익률을 참고하여 결정하고, 국공채의 시장수익률이 없는 경우에는 보고기간 말 현재 우량회사채의 시장수익률을 사용한다.

25 (주)감평은 20x1년 1월 1일 사용목적으로 ₩5,000에 건물(내용연수 5년, 잔존가치 ₩0, 정액법 감가상각)을 취득하고 재평가모형을 적용하고 있다. 건물을 사용함에 따라 재평가잉여금 중 일부를 이익잉여금으로 대체하고, 건물 처분 시 재평가잉여금 잔액을 모두 이익잉여금으로 대체하는 정책을 채택하고 있다. 20x2년 말 건물에 대한 공정가치는 ₩6,000이다. (주)감평이 20x5년 1월 1일 동 건물을 처분할 때, 재평가잉여금 중 이익잉여금으로 대체되는 금액은?

① ₩0
② ₩400
③ ₩500
④ ₩800
⑤ ₩1,000

26 무형자산의 회계처리에 관한 설명으로 옳지 않은 것은?

① 무형자산의 잔존가치는 해당 자산의 장부금액과 같거나 큰 금액으로 증가할 수도 있다.

② 브랜드, 제호, 출판표제, 고객목록, 그리고 이와 실질이 유사한 항목(외부에서 취득하였는지 또는 내부적으로 창출하였는지에 관계없이)에 대한 취득이나 완성 후의 지출은 발생시점에 항상 당기손익으로 인식한다.

③ 무형자산의 상각방법은 자산의 경제적 효익이 소비될 것으로 예상되는 형태를 반영한 방법이어야 하지만, 그 형태를 신뢰성 있게 결정할 수 없는 경우에는 정액법을 사용한다.

④ 내용연수가 비한정적인 무형자산은 상각하지 않고, 무형자산의 손상을 시사하는 징후가 있을 경우에 한하여 손상검사를 수행한다.

⑤ 내부적으로 창출한 브랜드, 제호, 출판표제, 고객목록과 이와 실질이 유사한 항목은 무형자산으로 인식하지 아니한다.

27 (주)감평은 20x1년 9월 1일 미국에 있는 토지(유형자산)를 \$5,000에 취득하고 원가모형을 적용하고 있다. 20x1년 12월 31일 현재 토지의 공정가치는 \$5,100이며, 20x2년 2월 1일 토지 중 30%를 \$1,550에 처분하였다. 일자별 환율이 다음과 같을 때, 처분손익은? (단, (주)감평의 기능통화는 원화이다)

일자	20x1년 9월 1일	20x1년 12월 31일	20x2년 2월 1일
환율(₩/\$)	₩1,200	₩1,170	₩1,180

① 손실 ₩29,000
② 손실 ₩38,900
③ ₩0
④ 이익 ₩29,000
⑤ 이익 ₩38,900

28 (주)감평은 20x1년 초 ₩20,000에 기계장치(내용연수 5년, 잔존가치 ₩0, 정액법 감가상각)를 취득하여 사용하고 있다. (주)감평은 동 기계장치에 대해 취득 연도부터 재평가모형을 적용하고 있으며, 처분부대원가가 무시할 수 없을 정도로 상당하여 손상회계를 적용하고 있다. 공정가치와 회수가능액이 다음과 같을 경우, 20x2년도에 인식할 손상차손 또는 손상차손환입액은? (단, 기계장치를 사용함에 따라 재평가잉여금의 일부를 이익잉여금으로 대체하지 않는다)

구분	20x1년 말	20x2년 말
공정가치	₩18,000	₩12,000
회수가능액	19,500	11,000

① ₩0
② 손상차손 ₩500
③ 손상차손 ₩1,000
④ 손상차손환입 ₩500
⑤ 손상차손환입 ₩1,000

29 (주)감평은 확정급여제도를 운영하고 있으며, 20x1년도 관련 자료는 다음과 같다. 20x1년도 기타포괄손익으로 인식할 확정급여채무의 재측정요소는?

• 기초 확정급여채무의 현재가치	₩100,000
• 기초 사외적립자산의 공정가치	90,000
• 퇴직금 지급액(사외적립자산에서 지급)	12,000
• 포괄손익계산서 상 당기손익 인식 퇴직급여 관련 비용	28,000
• 이자비용	10,000
• 이자수익	9,000
• 기말 확정급여채무의 현재가치	128,000
• 기말 사외적립자산의 공정가치	99,000

① 재측정손실 ₩2,000   ② 재측정손실 ₩3,000

③ 재측정손익 없음   ④ 재측정이익 ₩2,000

⑤ 재측정이익 ₩3,000

30 매각예정으로 분류된 비유동자산 또는 처분자산집단에 관한 설명으로 옳은 것은?

① 매각예정으로 분류하였으나 중단영업의 정의를 충족하지 않는 비유동자산(또는 처분 자산집단)을 재측정하여 인식하는 평가손익은 계속영업손익에 포함한다.

② 소유주에 대한 분배예정으로 분류된 비유동자산(또는 처분자산집단)은 공정가치와 장부금액 중 작은 금액으로 측정한다.

③ 비유동자산이 매각예정으로 분류되거나 매각예정으로 분류된 처분자산집단의 일부이더라도 그 자산은 감가상각 또는 상각을 중단하지 아니한다.

④ 매각예정으로 분류된 비유동자산(또는 처분자산집단)은 공정가치와 장부금액 중 큰 금액으로 측정한다.

⑤ 매각예정으로 분류된 처분자산집단의 부채와 관련된 이자와 기타 비용은 인식을 중단한다.

31 (주)감평은 동일 공정에서 결합제품 A와 B를 생산하여 추가로 원가(A : ₩40, B : ₩60)를 각각 투입하여 가공한 후 판매하였다. 순실현가치법을 사용하여 결합원가 ₩120을 배분하면 제품 A의 총제조원가는 ₩70이며, 매출총이익률은 30%이다. 제품 B의 매출총이익률은?

① 27.5%   ② 30%

③ 32.5%   ④ 35%

⑤ 37.5%

32 원가에 관한 설명으로 옳지 <u>않은</u> 것은?

① 가공원가(전환원가)는 직접노무원가와 제조간접원가를 합한 금액이다.

② 연간 발생할 것으로 기대되는 총변동원가는 관련범위 내에서 일정하다.

③ 당기제품제조원가는 당기에 완성되어 제품으로 대체된 완성품의 제조원가이다.

④ 기초고정원가는 현재의 조업도 수준을 유지하는데 기본적으로 발생하는 고정원가이다.

⑤ 회피가능원가는 특정한 의사결정에 의하여 원가의 발생을 회피할 수 있는 원가로서 의사결정과 관련있는 원가이다.

33 (주)감평은 20x1년 3월 제품 A(단위당 판매가격 ₩800) 1,000단위를 생산·판매하였다. 3월의 단위당 변동원가는 ₩500이고, 총고정원가는 ₩250,000이 발생하였다. 4월에는 광고비 ₩15,000을 추가 지출하면 ₩50,000의 매출이 증가할 것으로 기대하고 있다. 이를 실행할 경우 (주)감평의 4월 영업이익에 미치는 영향은? (단, 단위당 판매가격, 단위당 변동원가, 광고비를 제외한 총고정원가는 3월과 동일하다)

① ₩3,750 감소   ② ₩3,750 증가

③ ₩15,000 감소   ④ ₩15,000 증가

⑤ ₩35,000 증가

34 (주)감평은 두 개의 제조부문 X, Y와 두 개의 보조부문 S₁, S₂를 운영하고 있으며, 배부 전 부문발생원가는 다음과 같다.

부문	보조부문		제조부문	
	S₁	S₂	X	Y
부문발생원가	₩90	₩180	₩158	₩252

보조부문 S₁은 보조부문 S₂에 0.5, 제조부문 X에 0.3, 보조부문 S₂는 보조부문 S₁에 0.2의 용역을 제공하고 있다. 보조부문의 원가를 상호배분법에 의해 제조부문에 배부한 후 제조부문 X의 원가가 ₩275인 경우, 보조부문 S₂가 제조부문 X에 제공한 용역제공비율은?

① 0.2   ② 0.3

③ 0.4   ④ 0.5

⑤ 0.6

35 (주)감평의 20x1년 제품 A의 생산·판매와 관련된 자료는 다음과 같다.

• 단위당 판매가격	₩25
• 단위당 변동제조원가	10
• 단위당 변동판매관리비	6
• 연간 총고정제조간접원가	1,500 (감가상각비 ₩200 포함)
• 연간 총고정판매관리비	2,500 (감가상각비 ₩300 포함)

(주)감평은 변동원가계산을 채택하고 있으며, 감가상각비를 제외한 모든 수익과 비용은 발생 시점에 현금으로 유입되고 지출된다. 법인세율이 20%일 때 (주)감평의 세후현금흐름분기점 판매량은?

① 180단위 ② 195단위
③ 360단위 ④ 375단위
⑤ 390단위

36 제품 A와 B를 생산·판매하고 있는 (주)감평의 20x1년 제조간접원가를 활동별로 추적한 자료는 다음과 같다.

구분	원가동인	제품 A	제품 B	추적가능원가
자재주문	주문횟수	20회	35회	₩55
품질검사	검사횟수	10회	18회	84
기계수리	기계가동시간	80시간	100시간	180

제조간접원가를 활동기준으로 배부하였을 경우 제품 A와 B에 배부될 원가는?

	제품 A	제품 B
①	₩100	₩219
②	₩130	₩189
③	₩150	₩169
④	₩189	₩130
⑤	₩219	₩100

37 다음은 (주)감평의 20x1년 상반기 종합예산을 작성하기 위한 자료의 일부이다. 4월의 원재료 구입예산액은?

- 예산판매량
  - 3월 : 2,000단위 / 4월 : 2,500단위 / 5월 : 2,400단위 / 6월 : 2,700단위
- 재고정책
  - 제품 : 다음 달 예산판매량의 10%를 월말재고로 보유한다.
  - 원재료 : 다음 달 생산량에 소요되는 원재료의 5%를 월말재고로 보유한다.
- 제품 1단위를 생산하는데 원재료 2kg이 투입되며, kg당 구입단가는 ₩100이다.

① ₩49,740   ② ₩49,800

③ ₩49,860   ④ ₩52,230

⑤ ₩52,290

38 다음은 제품 A를 생산·판매하는 (주)감평의 당기 전부원가 손익계산서와 공헌이익 손익계산서이다.

전부원가 손익계산서		공헌이익 손익계산서	
매출액	₩1,000,000	매출액	₩1,000,000
매출원가	650,000	변동원가	520,000
매출총이익	350,000	공헌이익	480,000
판매관리비	200,000	고정원가	400,000
영업이익	150,000	영업이익	80,000

제품의 단위당 판매가격 ₩1,000, 총고정판매관리비가 ₩50,000일 때 전부원가계산에 의한 기말제품재고는? (단, 기초 및 기말 재공품, 기초제품은 없다)

① ₩85,000   ② ₩106,250

③ ₩162,500   ④ ₩170,000

⑤ ₩212,500

39 다음은 종합원가계산제도를 채택하고 있는 (주)감평의 당기 제조활동에 관한 자료이다.

• 기초재공품	₩3,000 (300단위, 완성도 60%)
• 당기투입원가	₩42,000
• 당기완성품수량	800단위
• 기말재공품	200단위 (완성도 50%)

모든 원가는 공정 전체를 통하여 균등하게 발생하며, 기말재공품의 평가는 평균법을 사용하고 있다. 기말재공품원가는? (단, 공손 및 감손은 없다)

① ₩4,200
② ₩4,500
③ ₩5,000
④ ₩8,400
⑤ ₩9,000

40 (주)감평은 표준원가계산제도를 채택하고 있으며, 20x1년도 직접노무원가와 관련된 자료는 다음과 같다. 20x1년도 실제 총직접노무원가는?

• 실제생산량	100단위
• 직접노무원가 실제임률	시간당 ₩8
• 직접노무원가 표준임률	시간당 ₩10
• 실제생산량에 허용된 표준 직접작업시간	생산량 단위당 3시간
• 직접노무원가 임률차이	₩700 (유리)
• 직접노무원가 능률차이	₩500 (불리)

① ₩1,800
② ₩2,500
③ ₩2,800
④ ₩3,500
⑤ ₩4,200

03 2021년 제32회 기출문제

※ 아래의 문제들에서 특별한 언급이 없는 한 기업의 보고기간(회계기간)은 매년 1월 1일부터 12월 31일까지이다. 또한, 기업은 주권상장법인으로 계속해서 한국채택국제회계기준(K-IFRS)을 적용해오고 있다고 가정하고, 답지항 중에서 물음에 가장 합당한 답을 고르시오. 단, 자료에서 제시한 모든 항목과 금액은 중요하며, 자료에서 제시한 것 이외의 사항은 고려하지 않고 답한다. 예를 들어, 법인세에 대한 언급이 없으면 법인세 효과는 고려하지 않는다.

01 유용한 재무정보의 질적특성에 관한 설명으로 옳은 것은?

① 근본적 질적특성은 목적적합성과 검증가능성이다.
② 목적적합한 재무정보는 이용자들의 의사결정에 차이가 나도록 할 수 있다.
③ 보고기간이 지난 정보는 더 이상 적시성을 갖지 않는다.
④ 정보가 비교가능하기 위해서는 비슷한 것은 다르게 보여야 하고 다른 것은 비슷하게 보여야 한다.
⑤ 표현충실성에서 오류가 없다는 것은 모든 면에서 완벽하게 정확하다는 것을 의미한다.

02 현금및현금성자산으로 재무상태표에 표시될 수 **없는** 것을 모두 고른 것은? (단, 지분상품은 현금으로 전환이 용이하다)

> ㄱ. 부채상환을 위해 12개월 이상 사용이 제한된 요구불예금
> ㄴ. 사용을 위해 구입한 수입인지와 우표
> ㄷ. 상환일이 정해져 있고 취득일로부터 상환일까지 기간이 2년인 회사채
> ㄹ. 취득일로부터 1개월 내에 처분할 예정인 상장기업의 보통주
> ㅁ. 재취득한 자기지분상품

① ㄱ, ㄴ, ㄹ　　　　　　　　　　② ㄱ, ㄷ, ㄹ
③ ㄴ, ㄷ, ㅁ　　　　　　　　　　④ ㄱ, ㄴ, ㄷ, ㅁ
⑤ ㄱ, ㄴ, ㄷ, ㄹ, ㅁ

03 공정가치 측정에 관한 설명으로 옳지 <u>않은</u> 것은?

① 공정가치란 측정일에 시장참여자 사이의 정상거래에서 자산을 매도할 때 받거나 부채를 이전할 때 지급하게 될 가격이다.

② 공정가치는 시장에 근거한 측정치이며 기업 특유의 측정치가 아니다.

③ 공정가치를 측정하기 위해 사용하는 가치평가기법은 관측할 수 있는 투입변수를 최소한으로 사용하고 관측할 수 없는 투입변수를 최대한으로 사용한다.

④ 기업은 시장참여자가 경제적으로 최선의 행동을 한다는 가정 하에, 시장참여자가 자산이나 부채의 가격을 결정할 때 사용할 가정에 근거하여 자산이나 부채의 공정가치를 측정하여야 한다.

⑤ 비금융자산의 공정가치를 측정할 때는 자신이 그 자산을 최고 최선으로 사용하거나 최고 최선으로 사용할 다른 시장참여자에게 그 자산을 매도함으로써 경제적 효익을 창출할 수 있는 시장참여자의 능력을 고려한다.

04 (주)감평은 20x1년 중 공정가치선택권을 적용한 당기손익 – 공정가치 측정 금융부채 ₩80,000을 최초 인식하였다. 20x1년 말 해당 금융부채의 공정가치는 ₩65,000으로 하락하였다. 공정가치 변동 중 ₩5,000은 (주)감평의 신용위험 변동으로 발생한 것이다. 해당 금융부채로 인해 (주)감평의 20x1년 당기순이익에 미치는 영향은? (단, (주)감평의 신용위험 변동은 당기손익의 회계불일치를 일으키거나 확대하지는 않는다)

① ₩10,000 감소   ② ₩5,000 감소

③ 영향없음   ④ ₩5,000 증가

⑤ ₩10,000 증가

05 다음의 특징을 모두 가지고 있는 자산은?

- 개별적으로 식별하여 별도로 인식할 수 없다.
- 손상징후와 관계없이 매년 손상검사를 실시한다.
- 손상차손환입을 인식할 수 없다.
- 사업결합시 이전대가가 피취득자 순자산의 공정가치를 초과한 금액이다.

① 특허권   ② 회원권

③ 영업권   ④ 라이선스

⑤ 가상화폐

06 (주)감평은 20x1년 초 해지불능 리스계약을 체결하고 사용권자산(내용연수 5년, 잔존가치 ₩0, 정액법 상각)과 리스부채(리스기간 5년, 매년 말 정기리스료 ₩13,870, 리스기간 종료 후 소유권 무상이전 약정)를 각각 ₩50,000씩 인식하였다. 리스계약의 내재이자율은 연 12%이고 (주)감평은 리스회사의 내재이자율을 알고 있다. (주)감평은 사용권자산에 대해 재평가모형을 적용하고 있으며 20x1년 말 사용권자산의 공정가치는 ₩35,000이다. 동 리스계약이 (주)감평의 20x1년 당기순이익에 미치는 영향은? (단, 리스계약은 소액자산리스 및 단기리스가 아니라고 가정한다)

① ₩5,000 감소   ② ₩6,000 감소
③ ₩15,000 감소   ④ ₩16,000 감소
⑤ ₩21,000 감소

07 (주)감평의 20x1년 중 발생한 자본항목 사건이다.

• 무상증자 시행	₩500
• 자기주식 취득	600
• 당기순이익 발생	1,000
• 주식배당 결의	300
• 자기주식 소각	600
• 기타포괄이익 발생	800

20x1년 초 (주)감평의 자본은 ₩10,000이고 이 외에 자본항목 사건은 없다고 가정할 때, 20x1년 말 (주)감평의 자본은?

① ₩10,400   ② ₩11,000
③ ₩11,200   ④ ₩11,600
⑤ ₩11,800

08 (주)감평은 20x1년부터 제품판매 ₩5당 포인트 1점을 고객에게 제공하는 고객충성제도를 운영하고 제품판매 대가로 ₩10,000을 수취하였다. 포인트는 20x2년부터 (주)감평의 제품을 구매할 때 사용할 수 있으며 포인트 이행약속은 (주)감평의 중요한 수행의무이다. (주)감평은 포인트 1점당 ₩0.7으로 측정하고, 20x1년 부여된 포인트 중 75%가 사용될 것으로 예상하여 포인트의 개별 판매가격을 추정하였다. 포인트가 없을 때 20x1년 제품의 개별 판매가격은 ₩9,450이다. 상대적 개별 판매가격에 기초하여 (주)감평이 판매대가 ₩10,000을 수행의무에 배분하는 경우, 20x1년 말 재무상태표에 인식할 포인트 관련 이연수익(부채)은?

① ₩1,000   ② ₩1,050
③ ₩1,450   ④ ₩1,550
⑤ ₩2,000

09 (주)감평은 20x1년 초 액면금액 ₩100,000인 전환상환우선주(액면배당율 연 2%, 매년 말 배당지급)를 액면발행 하였다. 전환상환우선주 발행시 조달한 현금 중 금융부채요소의 현재가치는 ₩80,000이고 나머지는 자본요소(전환권)이다. 전환상환우선주 발행시점의 금융부채요소 유효이자율은 연 10%이다. 20x2년 초 전환상환우선주의 40%를 보통주로 전환할 때 (주)감평의 자본증가액은?

① ₩32,000   ② ₩34,400

③ ₩40,000   ④ ₩42,400

⑤ ₩50,000

10 (주)감평의 기말재고자산에 포함시켜야 할 항목을 모두 고른 것은?

> ㄱ. 창고가 작아 기말 현재 외부에 보관 중인 (주)감평의 원재료
> ㄴ. (주)감평이 FOB 선적지 인도조건으로 판매하였으나 기말 현재 도착하지 않은 상품
> ㄷ. (주)감평이 고객에게 인도하고 기말 현재 고객이 사용의사를 표시한 시용품
> ㄹ. (주)감평이 FOB 도착지 인도조건으로 매입하였으나 기말 현재 도착하지 않은 상품

① ㄱ   ② ㄷ

③ ㄱ, ㄴ   ④ ㄴ, ㄹ

⑤ ㄷ, ㄹ

11 고객과의 계약에서 생기는 수익에 관한 설명으로 옳지 <u>않은</u> 것은?

① 거래가격을 산정하기 위해서는 계약 조건과 기업의 사업 관행을 참고하며, 거래가격에는 제삼자를 대신해서 회수한 금액은 제외한다.

② 고객과의 계약에서 약속한 대가는 고정금액, 변동금액 또는 둘 다를 포함할 수 있다.

③ 변동대가의 추정이 가능한 경우, 계약에서 가능한 결과치가 두 가지뿐일 경우에는 기댓값이 변동대가의 적절한 추정치가 될 수 있다.

④ 기업이 받을 권리를 갖게 될 변동대가(금액)에 미치는 불확실성의 영향을 추정할 때에는 그 계약 전체에 하나의 방법을 일관되게 적용한다.

⑤ 고객에게서 받은 대가의 일부나 전부를 고객에게 환불할 것으로 예상하는 경우에는 환불부채를 인식한다.

12 투자부동산에 관한 설명으로 옳지 <u>않은</u> 것은?

① 소유 투자부동산은 최초 인식시점에 원가로 측정한다.

② 투자부동산을 후불조건으로 취득하는 경우의 원가는 취득시점의 현금가격상당액으로 한다.

③ 투자부동산의 평가방법으로 공정가치모형을 선택한 경우, 감가상각을 수행하지 아니한다.

④ 공정가치로 평가하게 될 자가건설 투자부동산의 건설이나 개발이 완료되면 해당일의 공정가치와 기존 장부금액의 차액은 기타포괄손익으로 인식한다.

⑤ 재고자산을 공정가치로 평가하는 투자부동산으로 대체하는 경우, 재고자산의 장부금액과 대체시점의 공정가치의 차액은 당기손익으로 인식한다.

13 재무제표의 표시에 관한 설명으로 옳지 <u>않은</u> 것은?

① 재무제표가 한국채택국제회계기준의 요구사항을 모두 충족한 경우가 아니라면 한국채택국제회계기준을 준수하여 작성되었다고 기재하여서는 안 된다.

② 기업이 재무상태표에 유동자산과 비유동자산으로 구분하여 표시하는 경우, 이연법인세자산은 유동자산으로 분류하지 아니한다.

③ 비용을 기능별로 분류하는 기업은 감가상각비, 기타 상각비와 종업원급여비용을 포함하여 비용의 성격에 대한 추가 정보를 공시한다.

④ 수익과 비용의 어느 항목은 포괄손익계산서 또는 주석에 특별손익항목으로 별도 표시한다.

⑤ 매출채권에 대한 대손충당금을 차감하여 관련 자산을 순액으로 측정하는 것은 상계표시에 해당하지 아니한다.

14 (주)감평은 20x1년 초 기계장치(취득원가 ₩1,000,000, 내용연수 5년, 잔존가치 ₩50,000, 정액법 상각)를 구입하고, 원가모형을 적용하였다. 20x4년 초 (주)감평은 기계장치의 내용연수를 당초 5년에서 7년으로, 잔존가치도 변경하였다. (주)감평이 20x4년에 인식한 감가상각비가 ₩100,000인 경우, 기계장치의 변경된 잔존가치는?

① ₩20,000

② ₩30,000

③ ₩50,000

④ ₩70,000

⑤ ₩130,000

15 (주)감평의 20x1년도 상품 매입과 관련된 자료이다. 20x1년도 상품 매입원가는? (단, (주)감평은 부가가치세 과세사업자이며, 부가가치세는 환급대상에 속하는 매입세액이다)

항목	금액	비고
당기매입	₩110,000	부가가치세 ₩10,000 포함
매입운임	10,000	
하역료	5,000	
매입할인	5,000	
리베이트	2,000	
보관료	3,000	후속 생산단계에 투입하기 전에 보관이 필요한 경우가 아님
관세납부금	500	

① ₩108,500   ② ₩110,300

③ ₩110,500   ④ ₩113,500

⑤ ₩123,500

16 (주)감평은 20x1년 초 기계장치(내용연수 3년, 잔존가치 ₩0, 정액법 상각)를 구입과 동시에 무이자부 약속어음(액면금액 ₩300,000, 3년 만기, 매년 말 ₩100,000 균등상환)을 발행하여 지급하였다. 이 거래 당시 (주)감평이 발행한 어음의 유효이자율은 연 12%이다. 기계장치에 대해 원가모형을 적용하고, 당해 차입원가는 자본화대상에 해당하지 않는다. 20x1년 (주)감평이 인식할 비용은? (단, 12%, 3기간의 연금현가계수는 2.40183이고, 계산금액은 소수점 첫째자리에서 반올림하며, 단수차이로 인한 오차가 있으면 가장 근사치를 선택한다)

① ₩59,817   ② ₩80,061

③ ₩88,639   ④ ₩108,883

⑤ ₩128,822

17 (주)감평의 20x1년 초 유통보통주식수는 18,400주이다. (주)감평은 20x1년 7월 초 주주우선배정 방식으로 유상증자를 실시하였다. 유상증자 권리행사 전일의 공정가치는 주당 ₩50,000이고, 유상증자 시의 주당 발행금액은 ₩40,000, 발행주식수는 2,000주이다. (주)감평은 20x1년 9월 초 자기주식을 1,500주 취득하였다. (주)감평의 20x1년 가중평균유통보통주식수는? (단, 가중평균유통보통주식수는 월할 계산한다)

① 18,667주   ② 19,084주

③ 19,268주   ④ 19,400주

⑤ 20,400주

18 (주)감평이 20x1년 말 재무상태표에 계상하여야 할 충당부채는? (단, 아래에서 제시된 급액은 모두 신뢰성 있게 측정되었다)

사건	비고
20x1년 9월 25일에 구조조정계획이 수립되었으며 예상비용은 ₩300,000으로 추정된다.	20x1년 말까지는 구조조정계획의 이행에 착수하지 않았다.
20x1년 말 현재소송이 제기되어 있으며, 동 소송에서 패소 시 배상하여야 할 손해배상금액은 ₩200,000으로 추정된다.	(주)감평의 자문 법무법인에 의하면 손해발생 가능성은 높지 않다.
미래의 예상 영업손실이 ₩450,000으로 추정된다.	
회사가 사용 중인 공장 구축물 철거시, 구축물이 정착되어 있던 토지는 원상복구의무가 있다. 원상복구원가는 ₩200,000으로 추정되며 그 현재가치는 ₩120,000이다.	
판매한 제품에서 제조상 결함이 발견되어 보증비용 ₩350,000이 예상되며, 그 지출 가능성이 높다. 동 보증은 확신유형 보증에 해당한다.	예상비용을 보험사에 청구하여 50%만큼 변제받기로 하였다.

① ₩295,000
② ₩470,000
③ ₩550,000
④ ₩670,000
⑤ ₩920,000

19 20x1년 초 설립한 (주)감평의 법인세 관련 자료이다. (주)감평의 20x1년도 유효법인세율은? (단, 유효법인세율은 법인세비용을 법인세비용차감전순이익으로 나눈 값으로 정의한다)

- 20x1년 세무조정 사항
  - 벌과금 손금불산입 : ₩20,000
  - 접대비한도초과액 : 15,000
  - 감가상각비한도초과액 : 15,000
- 20x1년도 법인세비용차감전순이익은 ₩500,0000이며, 이연법인세자산(부채)의 실현가능성은 거의 확실하다.
- 연도별 법인세율은 20%로 일정하다.

① 19.27%
② 20%
③ 21.4%
④ 22%
⑤ 22.8%

20 (주)감평은 20x1년 중 연구개발비를 다음과 같이 지출하였다.

지출시기	구분	금액	비고
1월 초 – 6월 말	연구단계	₩50,000	
7월 초 – 9월 말	개발단계	100,000	자산인식 요건 미충족함
10월 초 – 12월 말	개발단계	50,000	자산인식 요건 충족함

(주)감평은 20x2년 말까지 ₩100,000을 추가 지출하고 개발을 완료하였다. 무형자산으로 인식한 개발비(내용연수 10년, 잔존가치 ₩0, 정액법 상각)는 20x3년 1월 1일부터 사용이 가능하며, 원가모형을 적용한다. 20x3년 말 현재 개발비가 손상징후를 보였으며 회수가능액은 ₩80,000이다. 20x3년 인식할 개발비 손상차손은?

① ₩50,000 ② ₩50,500
③ ₩53,750 ④ ₩55,000
⑤ ₩70,000

21 고객과의 계약으로 식별하기 위한 기준에 관한 설명으로 옳지 <u>않은</u> 것은?

① 계약 당사자들이 계약을 서면으로, 구두로 또는 그 밖의 사업 관행에 따라 승인하고 각자의 의무를 수행하기로 확약한다.
② 이전할 재화나 용역과 관련된 각 당사자의 권리를 식별할 수 있다.
③ 이전할 재화나 용역의 지급조건을 식별할 수 있다.
④ 계약에 상업적 실질을 요하지는 않는다.
⑤ 고객에게 이전할 재화나 용역에 대하여 받을 권리를 갖게 될 대가의 회수 가능성이 높다.

22 다음 항목과 계정 분류를 연결한 것으로 옳지 <u>않은</u> 것은?

① 직접 소유 또는 금융리스를 통해 보유하고 운용리스로 제공하고 있는 건물 – 재고자산
② 소유 자가사용부동산 – 유형자산
③ 처분예정인 자가사용부동산 – 매각예정비유동자산
④ 통상적인 영업과정에서 판매하기 위한 부동산이나 이를 위하여 건설 또는 개발 중인 부동산 – 재고자산
⑤ 장래 용도를 결정하지 못한 채로 보유하고 있는 토지 – 투자부동산

23 공기청정기를 위탁판매하고 있는 (주)감평은 20x1년 초 공기청정기 10대(대당 판매가격 ₩1,000, 대당 원가 ₩700)를 (주)한국에 적송하였으며, 운송업체에 총운송비용 ₩100올 현금으로 지급하였다. (주)한국은 위탁받은 공기청정기 10대 중 7대를 20x1년에 판매하였다. 20x1년 위탁판매와 관련하여 (주)감평이 인식할 매출원가는?

① ₩4,970

② ₩5,700

③ ₩7,070

④ ₩8,100

⑤ ₩10,100

24 (주)감평은 20x1년 초 종업원 100명에게 현금결제형 주가차액보상권올 각각 20개씩 부여하고 2년간의 용역제공조건을 부과하였다. (주)감평은 20x1년에 ₩6,000, 20x2년에 ₩6,500을 주식보상비용으로 인식하였다. 20x1년 초부터 20x2년 말까지 30명의 종업원이 퇴사하였으며, 20x3년 말 종업원 10명이 권리를 행사하였다. 20x3년 말 현금결제형 주가차액보상권의 개당 공정가치는 ₩15, 개당 내재가치는 ₩10이라고 할 때, (주)감평이 20x3년 인식할 주식보상비용은?

① ₩5,500

② ₩6,000

③ ₩7,000

④ ₩7,500

⑤ ₩8,500

25 (주)감평은 20x1년 초 주당 액면금액이 ₩150인 (주)한국의 보통주 20주를 주당 ₩180에 취득하였고, 총거래원가 ₩150을 지급하였다. (주)감평은 동 주식을 기타포괄손익 − 공정가치 측정 금융자산으로 분류하였고 20x1년 말 동 주식의 공정가치는 주당 ₩240이다. 동 금융자산과 관련하여 20x1년 인식할 기타포괄이익은?

① ₩1,050

② ₩1,200

③ ₩1,350

④ ₩1,600

⑤ ₩1,950

26 (주)감평의 20x2년 발생주의 수익과 비용은 각각 ₩1,500과 ₩600이며, 관련 자산과 부채는 다음과 같다.

계정과목	20x1년 말	20x2년 말
재고자산	₩1,500	₩1,300
미수수익	500	800
매출채권	500	400
미지급비용	600	300

20x2년 순현금흐름(현금유입액 − 현금유출액)은?

① (−)₩800
② (−)₩700
③ (+)₩300
④ (+)₩400
⑤ (+)₩600

27 (주)감평은 재고자산을 20x1년 말까지 평균법을 적용해 오다가 20x2년 초 선입선출법으로 회계정책을 변경하였다. 다음은 20x1년 말과 20x2년 말의 평가방법별 재고자산 금액이다.

구분		20x1년 말	20x2년 말
재고자산 금액	평균법	₩2,800	₩2,200
	선입선출법	2,500	2,800

평균법을 적용한 20x2년 당기순이익이 ₩2,000일 때, 변경 후 20x2년 당기순이익은? (단, 동 회계정책 변경은 한국채택국제회계기준에서 제시하는 조건을 충족하는 것이며, 선입선출법으로의 회계정책 변경에 대한 소급효과를 모두 결정할 수 있다고 가정한다)

① ₩1,400
② ₩2,000
③ ₩2,300
④ ₩2,600
⑤ ₩2,900

28 (주)감평은 취득원가 ₩2,500(처분당시 장부금액은 ₩1,500, 원가모형 적용)인 기계장치를 20x1년 초 ₩1,600에 처분하였다. (주)감평은 기계장치 장부금액을 제거하지 않고 처분대가를 잡수익으로 처리하고, 20x1년과 20x2년 각각 취득원가의 10%를 감가상각비로 계상하였다. 이러한 오류는 20x3년 초 발견되었고, 20x2년도의 장부가 마감되었다면, (주)감평의 20x3년 당기순이익에 미치는 영향은? (단, 상기 오류는 오류의 영향이나 오류의 누적효과를 실무적으로 결정할 수 있으며 중요한 오류에 해당한다)

① 영향없음   ② ₩100 증가

③ ₩250 증가   ④ ₩500 증가

⑤ ₩600 증가

29 (주)감평이 사용하는 가계장치의 20x1년 말 장부금액은 ₩3,500(취득원가 ₩6,000, 감가상각누계액 ₩2,500, 원가모형 적용)이다. 20x1년 말 동 기계장치의 진부화로 가치가 감소하여 순공정가치는 ₩1,200, 사용가치는 ₩1,800으로 추정되었다. (주)감평이 20x1년 인식할 기계장치 손상차손은?

① ₩1,200   ② ₩1,700

③ ₩1,800   ④ ₩2,000

⑤ ₩2,300

30 (주)감평은 20x1년 2월 초 영업을 개시하여 2년간 제품보증 조건으로 건조기(대당 판매가격 ₩100)를 판매하고 있다. 20x1년 1,500대, 20x2년 4,000대의 건조기를 판매하였으며, 동종업계의 과거 경험에 따라 판매수량 대비 평균 3%의 보증요청이 있을 것으로 추정되고 보증비용은 대당 평균 ₩20이 소요된다. 당사가 제공하는 보증은 확신유형의 보증이며 연도별 보증이행 현황은 다음과 같다.

구분	20x1년	20x2년
20x1년 판매분	5대	15대
20x2년 판매분	–	30대

20x2년 말 보증손실충당부채는? (단, 보증요청의 발생가능성이 높고 금액은 신뢰성 있게 측정되었다. 충당부채의 현재가치요소는 고려하지 않는다)

① ₩800   ② ₩1,000

③ ₩1,200   ④ ₩1,800

⑤ ₩2,300

31 원가관리기법에 관한 설명으로 옳은 것은?

① 제약이론을 원가관리에 적용한 재료처리량공헌이익(throughput contribution)은 매출액에서 기본원가를 차감하여 계산한다.

② 수명주기원가계산에서는 공장자동화가 이루어지면서 제조이전단계보다는 제조단계에서의 원가절감 여지가 매우 높아졌다고 본다.

③ 목표원가계산은 표준원가와 마찬가지로 제조과정에서의 원가절감을 강조한다.

④ 균형성과표는 전략의 구체화와 의사소통에 초점이 맞춰진 제도이다.

⑤ 품질원가계산에서는 내부실패원가와 외부실패원가를 통제원가라 하며, 예방 및 평가활동을 통해 이를 절감할 수 있다.

32 (주)감평은 단일 제품을 대량생산하고 있으며, 가중평균법을 적용하여 종합원가계산을 하고 있다. 직접재료는 공정초에 전량 투입되고, 전환원가는 공정 전체에서 균등하게 발생한다. 당기 원가계산 자료는 다음과 같다.

• 기초재공품	3,000개 (완성도 80%)
• 당기착수수량	14,000개
• 당기완성품	13,000개
• 기말재공품	2,500개 (완성도 60%)

품질검사는 완성도 70%에서 이루어지며, 당기 중 검사를 통과한 합격품의 10%를 정상공손으로 간주한다. 직접재료원가와 전환원가의 완성품환산량 단위당 원가는 각각 ₩30과 ₩20이다. 완성품에 배부되는 정상공손원가는?

① ₩35,000   ② ₩44,000

③ ₩55,400   ④ ₩57,200

⑤ ₩66,000

33 (주)감평은 제품라인 A, B, C부문을 유지하고 있다. 20x1년 각 부문별 손익계산서는 다음과 같다.

	A부문	B부문	C부문	합계
매출액	₩200,000	₩300,000	₩500,000	₩1,000,000
변동원가	100,000	200,000	220,000	520,000
공헌이익	100,000	100,000	280,000	480,000
고정원가				
급여	30,000	50,000	80,000	160,000
광고선전비	10,000	60,000	70,000	140,000
기타 배부액	20,000	30,000	50,000	100,000
영업손익	₩40,000	(₩40,000)	₩80,000	₩80,000

(주)감평의 경영자는 B부문의 폐쇄를 결정하기 위하여 각 부문에 관한 자료를 수집한 결과 다음과 같이 나타났다.

- 급여는 회피불능원가이다.
- 광고선전은 각 부문별로 이루어지기 때문에 B부문을 폐쇄할 경우 B부문의 광고선전비는 더 이상 발생하지 않는다.
- 기타 배부액 총 ₩100,000은 각 부문의 매출액에 비례하여 배부한 원가이다.
- B부문을 폐쇄할 경우 C부문의 매출액이 20% 감소한다.

(주)감평이 B부문을 폐쇄할 경우 (주)감평 전체 이익의 감소액은? (단, 재고자산은 없다)

① ₩36,000　　　　　　　　　② ₩46,000
③ ₩66,000　　　　　　　　　④ ₩86,000
⑤ ₩96,000

34 (주)감평은 표준원가제도를 도입하고 있다. 변동제조간접원가의 배부기준은 직접노무시간이며, 제품 1개를 생산하는데 소요되는 표준직접노무시간은 2시간이다. 20x1년 3월 실제 발생한 직접노무시간은 10,400시간이고, 원가자료는 다음과 같다.

- 변동제조간접원가 실제 발생액　　　　　₩23,000
- 변동제조간접원가 능률차이　　　　　　2,000 (불리)
- 변동제조간접원가 총차이　　　　　　　1,000 (유리)

(주)감평의 20x1년 3월 실제 제품생산량은?

① 4,600개　　　　　　　　　② 4,800개
③ 5,000개　　　　　　　　　④ 5,200개
⑤ 5,400개

35 (주)감평의 생산량 관련범위 내에 해당하는 원가 자료는 다음과 같다. (   )에 들어갈 금액으로 옳지 <u>않은</u> 것은?

		생산량	
		2,000개	5,000개
총원가			
	변동원가	A ( )	?
	고정원가	B ( )	?
	소계	?	E ( )
단위당 원가			
	변동원가	C ( )	?
	고정원가	?	₩10
	소계	D ( )	₩30

① A : ₩40,000   ② B : ₩50,000
③ C : ₩20   ④ D : ₩45
⑤ E : ₩90,000

36 (주)감평은 제조간접원가를 기계작업시간 기준으로 예정배부하고 있다. 20x1년 실제 기계작업시간은?

• 제조간접원가(예산)	₩928,000
• 제조간접원가(실제)	960,000
• 제조간접원가 배부액	840,710
• 기계작업시간(예산)	80,000시간

① 70,059시간   ② 71,125시간
③ 72,475시간   ④ 73,039시간
⑤ 74,257시간

37 (주)감평이 20x2년 재무제표를 분석한 결과 전부원가계산보다 변동원가계산의 영업이익이 ₩30,000 더 많았다. 20x2년 기초재고수량은? (단, 20x1년과 20x2년의 생산·판매활동 자료는 동일하고, 선입선출법을 적용하며, 재공품은 없다)

당기 생산량	5,000개
기초재고수량	?
기말재고수량	500개
판매가격(개당)	₩1,500
변동제조간접원가(개당)	500
고정제조간접원가(총액)	750,000

① 580개   ② 620개

③ 660개   ④ 700개

⑤ 740개

38 (주)감평의 20x1년 매출 및 원가자료는 다음과 같다.

매출액	?
변동원가	₩700,000
공헌이익	500,000
고정원가	300,000
영업이익	₩200,000

20x2년에는 판매량이 20% 증가할 것으로 예상된다. (주)감평의 20x2년 예상영업이익은? (단, 판매량 이외의 다른 조건은 20x1년과 동일하다)

① ₩260,000   ② ₩280,000

③ ₩300,000   ④ ₩340,000

⑤ ₩380,000

39 (주)감평은 제품A와 제품B를 생산·판매하고 있다. 20x1년 (주)감평의 매출액과 영업이익은 각각 ₩15,000,000과 ₩3,000,000이며, 고정원가는 ₩2,250,000이다. 제품A와 제품B의 매출배합비율이 각각 25%와 75%이며, 제품A의 공헌이익률은 23%이다. 제품B의 공헌이익률은?

① 29.25%   ② 34.4%

③ 35%   ④ 37.4%

⑤ 39%

40 (주)감평은 평균영업용자산과 영업이익을 이용하여 투자수익률(ROI)과 잔여이익(RI)을 산출하고 있다. (주)감평의 20x1년 평균영업용자산은 ₩2,500,000이며, ROI는 10%이다. (주)감평의 20x1년 RI가 ₩25,000이라면 최저필수수익률은?

① 8%   ② 9%

③ 10%   ④ 11%

⑤ 12%

04 2020년 제31회 기출문제

> ※ 아래의 문제들에서 특별한 언급이 없는 한 기업의 보고기간(회계기간)은 매년 1월 1일부터 12월 31일까지이다. 또한, 기업은 주권상장법인으로 계속해서 한국채택국제회계기준(K-IFRS)을 적용해오고 있다고 가정하고, 답지항 중에서 물음에 가장 합당한 답을 고르시오. 단, 자료에서 제시한 모든 항목과 금액은 중요하며, 자료에서 제시한 것 이외의 사항은 고려하지 않고 답한다. 예를 들어, 법인세에 대한 언급이 없으면 법인세 효과는 고려하지 않는다.

01 재무보고를 위한 개념체계 중 재무정보의 질적특성에 관한 설명으로 옳지 <u>않은</u> 것은?

① 유용한 재무정보의 질적특성은 그 밖의 방법으로 제공되는 재무정보뿐만 아니라 재무제표에서 제공되는 재무정보에도 적용된다.

② 중요성은 기업 특유 관점의 목적적합성을 의미하므로 회계기준위원회는 중요성에 대한 획일적인 계량 임계치를 정하거나 특정한 상황에서 무엇이 중요한 것인지를 미리 결정하여야 한다.

③ 재무정보의 예측가치와 확인가치는 상호 연관되어 있다. 예측가치를 갖는 정보는 확인가치도 갖는 경우가 많다.

④ 재무보고의 목적을 달성하기 위해 근본적 질적특성 간 절충('trade-off')이 필요할 수도 있다.

⑤ 근본적 질적특성을 충족하면 어느 정도의 비교가능성은 달성될 수 있다.

02 재무제표 표시에 관한 설명으로 옳은 것은?

① 비용을 성격별로 분류하는 경우에는 적어도 매출원가를 다른 비용과 분리하여 공시해야 한다.

② 기타포괄손익의 항목(재분류조정 포함)과 관련한 법인세비용 금액은 포괄손익계산서에 직접 표시해야 하며 주석을 통한 공시는 허용하지 않는다.

③ 유동자산과 비유동자산을 구분하여 표시하는 경우라면 이연법인세자산을 유동자산으로 분류할 수 있다.

④ 한국채택국제회계기준에서 별도로 허용하지 않는 한, 중요하지 않은 항목이라도 유사 항목과 통합하여 표시해서는 안 된다.

⑤ 경영진은 재무제표를 작성할 때 계속기업으로서의 존속가능성을 평가해야 한다.

03 (주)감평은 20x1년 1월 1일 미국에 있는 건물(취득원가 $5,000, 내용연수 5년, 잔존가치 $0, 정액법 상각)을 취득하였다. (주)감평은 건물에 대하여 재평가모형을 적용하고 있으며, 20x1년 12월 31일 현재 동 건물의 공정가치는 $6,000로 장부금액과의 차이는 중요하다. (주)감평의 기능통화는 원화이며, 20x1년 1월 1일과 20x1년 12월 31일의 환율은 각각 ₩1,800/$과 ₩1,500/$이고, 20x1년의 평균환율은 ₩1,650/$이다. (주)감평이 20x1년 말 재무상태표에 인식해야 할 건물에 대한 재평가잉여금은?

① ₩1,500,000　　　　　　　　② ₩1,650,000

③ ₩1,800,000　　　　　　　　④ ₩3,000,000

⑤ ₩3,300,000

04 (주)감평은 20x1년 4월 1일에 만기가 20x1년 7월 31일인 액면금액 ₩1,200,000의 어음을 거래처로부터 수취하였다. (주)감평은 동 어음을 20x1년 6월 30일 은행에서 할인하였으며, 할인율은 연 12%이다. 동 어음이 무이자부인 어음일 경우(A)와 연 9%의 이자부어음일 경우(B) 각각에 대해 어음할인 시 (주)감평이 금융상품(받을어음)처분손실로 인식할 금액은? (단, 어음할인은 금융상품의 제거요건을 충족시킨다고 가정하며, 이자는 월할계산한다)

	(A)	(B)
①	₩0	₩3,360
②	₩0	₩12,000
③	₩12,000	₩3,360
④	₩12,000	₩9,000
⑤	₩12,000	₩12,000

05 (주)감평은 20x1년 초 임대수익을 얻고자 건물(취득원가 ₩1,000,000, 내용연수 5년, 잔존가치 ₩100,000, 정액법 상각)을 취득하고, 이를 투자부동산으로 분류하였다. 한편, 부동산 경기의 불황으로 20x1년 말 동 건물의 공정가치는 ₩800,000으로 하락하였다. 동 건물에 대하여 공정가치모형을 적용할 경우에 비해 원가모형을 적용할 경우 (주)감평의 20x1년도 당기순이익은 얼마나 증가 혹은 감소하는가? (단, 동 건물은 투자부동산의 분류요건을 충족하며, (주)감평은 동 건물을 향후 5년 이내 매각할 생각이 없다)

① ₩20,000 증가　　　　　　　② ₩20,000 감소

③ ₩0　　　　　　　　　　　　④ ₩180,000 증가

⑤ ₩180,000 감소

06 (주)감평은 20x1년 초 기계장치(취득원가 ₩1,600,000, 내용연수 4년, 잔존가치 ₩0, 정액법 상각)를 취득하였다. (주)감평은 기계장치에 대해 원가모형을 적용한다. 20x1년 말 동 기계장치에 손상징후가 존재하여 회수가능액을 결정하기 위해 다음과 같은 정보를 수집하였다.

- 20x1년 말 현재 기계장치를 처분할 경우, 처분금액은 ₩760,000이며 처분 관련 부대원가는 ₩70,000이 발생할 것으로 추정된다.
- (주)감평이 동 기계장치를 계속하여 사용할 경우, 20x2년 말부터 내용연수 종료시점까지 매년 말 ₩300,000 의 순현금유입과, 내용연수 종료시점에 ₩20,000의 기계 철거 관련 지출이 발생할 것으로 예상된다.
- 현재가치 측정에 사용할 할인율은 연 12%이다.

기간	단일금액 ₩1의 현재가치	정상연금 ₩1의 현재가치
	(할인율 = 12%)	(할인율 = 12%)
3	0.7118	2.4018

(주)감평이 20x1년 유형자산(기계장치) 손상차손으로 인식할 금액은? (단, 계산금액은 소수점 첫째 자리에서 반올림하며, 단수차이로 인한 오차가 있으면 가장 근사치를 선택한다)

① ₩465,194
② ₩470,000
③ ₩479,460
④ ₩493,696
⑤ ₩510,000

07 (주)감평은 20x1년 초 환경설비(취득원가 ₩5,000,000, 내용연수 5년, 잔존가치 ₩0, 정액법 상각)를 취득하였다. 동 환경설비는 관계법령에 의하여 내용연수가 종료되면 원상 복구해야 하며, 이러한 복구의 무는 충당부채의 인식요건을 충족한다. (주)감평은 취득시점에 내용연수 종료 후 복구원가로 지출될 금 액을 ₩200,000으로 추정하였으며, 현재가치계산에 사용될 적절한 할인율은 연 10%로 내용연수 종료시 점까지 변동이 없을 것으로 예상하였다. 하지만 (주)감평은 20x2년 초 환경설비의 내용연수 종료 후 복구원가로 지출될 금액이 ₩200,000에서 ₩300,000으로 증가할 것으로 예상하였으며, 현재가치계산 에 사용될 할인율도 연 10%에서 연 12%로 수정하였다. (주)감평이 환경설비와 관련된 비용을 자본화하 지 않는다고 할 때, 동 환경설비와 관련하여 20x2년도 포괄손익계산서에 인식할 비용은? (단, (주)감평 은 모든 유형자산에 대하여 원가모형을 적용하고 있으며, 계산금액은 소수점 첫째자리에서 반올림하고, 단수차이로 인한 오차가 있으면 가장 근사치를 선택한다)

기간	단일금액 ₩1의 현재가치	단일금액 ₩1의 현재가치
	(할인율 = 10%)	(할인율 = 12%)
4	0.6830	0.6355
5	0.6209	0.5674

① ₩1,024,837
② ₩1,037,254
③ ₩1,038,350
④ ₩1,047,716
⑤ ₩1,061,227

08 토지의 취득원가에 포함해야 할 항목을 모두 고른 것은?

> ㄱ. 토지 중개수수료 및 취득세
> ㄴ. 직전 소유자의 체납재산세를 대납한 경우, 체납재산세
> ㄷ. 회사가 유지, 관리하는 상하수도 공사비
> ㄹ. 내용연수가 영구적이지 않은 배수공사비용 및 조경공사비용
> ㅁ. 토지의 개발이익에 대한 개발부담금

① ㄱ, ㄴ, ㄷ   ② ㄱ, ㄴ, ㅁ
③ ㄱ, ㄷ, ㄹ   ④ ㄱ, ㄷ, ㅁ
⑤ ㄴ, ㄹ, ㅁ

09 상품매매기업인 (주)감평은 계속기록법과 실지재고조사법을 병행하고 있다. (주)감평의 20x1년 기초재고는 ₩10,000(단가 ₩100)이고, 당기매입액은 ₩30,000(단가 ₩100), 20x1년 말 현재 장부상 재고수량은 70개이다. (주)감평이 보유하고 있는 재고자산은 진부화로 인해 단위당 순실현가능가치가 ₩80으로 하락하였다. (주)감평이 포괄손익계산서에 매출원가로 ₩36,000을 인식하였다면, (주)감평의 20x1년 말 현재 실제재고수량은? (단, 재고자산감모손실과 재고자산평가손실은 모두 매출원가에 포함한다)

① 40개   ② 50개
③ 65개   ④ 70개
⑤ 80개

10 (주)감평은 신약개발을 위해 20x1년 중에 연구활동관련 ₩500,000, 개발활동관련 ₩800,000을 지출하였다. 개발활동에 소요된 ₩800,000 중 ₩300,000은 20x1년 3월 1일부터 동년 9월 30일까지 지출되었으며 나머지 금액은 10월 1일 이후에 지출되었다. (주)감평의 개발활동이 무형자산 인식기준을 충족한 것은 20x1년 10월 1일부터이며, (주)감평은 20x2년 초부터 20x2년 말까지 ₩400,000을 추가 지출하고 신약개발을 완료하였다. 무형자산으로 인식한 개발비는 20x3년 1월 1일부터 사용이 가능하며, 내용연수 4년, 잔존가치 ₩0, 정액법으로 상각하고, 원가모형을 적용한다. (주)감평의 20x3년 개발비 상각액은?

① ₩225,000   ② ₩250,000
③ ₩300,000   ④ ₩325,000
⑤ ₩350,000

11 (주)감평은 20x1년 초 상각후원가(AC)로 측정하는 금융부채에 해당하는 회사채(액면금액 ₩1,000,000, 액면이자율 연 10%, 만기 3년, 매년 말 이자지급)를 발행하였다. 회사채 발행시점의 시장이자율은 연 12%이나 유효이자율은 연 13%이다. (주)감평이 동 회사채 발행과 관련하여 직접적으로 부담한 거래원가는? (단, 계산금액은 소수점 첫째 자리에서 반올림하며, 단수차이로 인한 오차가 있으면 가장 근사치를 선택한다)

기간	단일금액 ₩1의 현재가치			정상연금 ₩1의 현재가치		
	10%	12%	13%	10%	12%	13%
3	0.7513	0.7118	0.6931	2.4868	2.4018	2.3612

① ₩22,760　　　　　　　　② ₩30,180

③ ₩48,020　　　　　　　　④ ₩52,130

⑤ ₩70,780

12 (주)감평은 확정급여제도를 채택하고 있으며, 20x1년 초 순확정급여부채는 ₩20,000이다. (주)감평의 20x1년도 확정급여제도와 관련된 자료는 다음과 같다.

- 순확정급여부채(자산) 계산시 적용한 할인율은 연 6%이다.
- 20x1년도 당기근무원가는 ₩85,000이고, 20x1년 말 퇴직종업원에게 ₩38,000의 현금이 사외적립자산에서 지급되었다.
- 20x1년 말 사외적립자산에 ₩60,000을 현금으로 출연하였다.
- 20x1년에 발생한 확정급여채무의 재측정요소(손실)는 ₩5,000이고, 사외적립자산의 재측정요소(이익)는 ₩2,200이다.

(주)감평이 20x1년 말 재무상태표에 순확정급여부채로 인식할 금액과 20x1년도 포괄손익계산서상 당기손익으로 인식할 퇴직급여 관련 비용은?

	순확정급여부채	퇴직급여 관련 비용
①	₩11,000	₩85,000
②	₩11,000	₩86,200
③	₩43,400	₩86,200
④	₩49,000	₩85,000
⑤	₩49,000	₩86,200

13 (주)감평은 20x1년 초 부여일로부터 3년의 용역제공을 조건으로 직원 50명에게 각각 주식선택권 10개를 부여하였으며, 부여일 현재 주식선택권의 단위당 공정가치는 ₩1,000으로 추정되었다. 주식선택권 1개로는 1주의 주식을 부여받을 수 있는 권리를 가득일로부터 3년간 행사가 가능하며, 총 35명의 종업원이 주식선택권을 가득하였다. 20x4년 초 주식선택권을 가득한 종업원 중 60%가 본인의 주식선택권 전량을 행사하였다면, (주)감평의 주식발행초과금은 얼마나 증가하는가? (단, (주)감평 주식의 주당 액면금액은 ₩5,000이고, 주식선택권의 개당 행사가격은 ₩7,000이다)

① ₩630,000

② ₩1,050,000

③ ₩1,230,000

④ ₩1,470,000

⑤ ₩1,680,000

14 (주)감평은 20x1년 1월 1일 제품을 판매하기로 (주)한국과 계약을 체결하였다. 동 제품에 대한 통제는 20x2년 말에 (주)한국으로 이전된다. 계약에 의하면 (주)한국은 ㉠ 계약을 체결할 때 ₩100,000을 지급하거나 ㉡ 제품을 통제하는 20x2년 말에 ₩125,440을 지급하는 방법 중 하나를 선택할 수 있다. 이 중 (주)한국은 ㉠을 선택함으로써 계약체결일에 현금 ₩100,000을 (주)감평에게 지급하였다. (주)감평은 자산 이전시점과 고객의 지급시점 사이의 기간을 고려하여 유의적인 금융요소가 포함되어 있다고 판단하고 있으며, (주)한국과 별도 금융거래를 한다면 사용하게 될 증분차입이자율 연 10%를 적절한 할인율로 판단한다. 동 거래와 관련하여 (주)감평이 20x1년 말 재무상태표에 계상할 계약부채의 장부금액(A)과 20x2년도 포괄손익계산서에 인식할 매출수익(B)은?

	(A)	(B)
①	₩100,000	₩100,000
②	₩110,000	₩121,000
③	₩110,000	₩125,440
④	₩112,000	₩121,000
⑤	₩112,000	₩125,440

15 (주)감평의 20x1년 말 예상되는 자산과 부채는 각각 ₩100,000과 ₩80,000으로 부채비율(총부채 ÷ 주주지분) 400%가 예상된다. (주)감평은 부채비율을 낮추기 위해 다음 대안들을 검토하고 있다. 다음 설명 중 옳지 <u>않은</u> 것은? (단, (주)감평은 모든 유형자산에 대하여 재평가모형을 적용하고 있다)

> • 대안 I : 토지A 처분(장부금액 ₩30,000, 토지재평가잉여금 ₩1,000, 처분손실 ₩5,000 예상) 후 처분대금으로 차입금 상환
> • 대안 II : 유상증자(₩25,000) 후 증자금액으로 차입금 상환
> • 대안 III : 토지B에 대한 재평가 실시(재평가이익 ₩25,000 예상)

① 토지A 처분대금으로 차입금을 상환하더라도 부채비율은 오히려 증가한다.
② 토지A를 처분만 하고 차입금을 상환하지 않으면 부채비율은 오히려 증가한다.
③ 유상증자 대금으로 차입금을 상환하면 부채비율은 감소한다.
④ 유상증자만 하고 차입금을 상환하지 않더라도 부채비율은 감소한다.
⑤ 토지B에 대한 재평가를 실시하면 부채비율은 감소한다.

16 (주)감평은 20x1년 초 액면가 ₩5,000인 보통주 200주를 주당 ₩15,000에 발행하여 설립되었다. 다음은 (주)감평의 20x1년 중 자본거래이다.

> • 20x1년 10월 1일 주가 안정을 위해 보통주 100주를 주당 ₩10,000에 취득
> • 20x1년 당기순이익 ₩1,000,000

경영진은 20x2년 초 부채비율(총부채 ÷ 주주지분) 200%를 160%로 낮추기 위한 방안을 실행하였다. 20x2년 초 실행된 방안으로 옳은 것은?

① 자기주식 50주를 소각
② 자기주식 50주를 주당 ₩15,000에 처분
③ 보통주 50주를 주당 ₩10,000에 유상증자
④ 이익잉여금 ₩750,000을 재원으로 주식배당
⑤ 주식발행초과금 ₩750,000을 재원으로 무상증자

17 (주)감평은 20x1년 초 지방자치단체로부터 무이자조건의 자금 ₩100,000을 차입(20x4년 말 전액 일시 상환)하여 기계장치(취득원가 ₩100,000, 내용연수 4년, 잔존가치 ₩0, 정액법 상각)를 취득하는 데 전부 사용하였다. 20x1년 말 기계장치 장부금액은? (단, (주)감평이 20x1년 초 금전대차 거래에서 부담할 시장이자율은 연 8%이고, 정부보조금을 자산의 취득원가에서 차감하는 원가(자산)차감법을 사용한다)

기간	단일금액 ₩1의 현재가치
	(할인율 = 8%)
4	0.7350

① ₩48,500
② ₩54,380
③ ₩55,125
④ ₩75,000
⑤ ₩81,625

---

18 (주)감평은 20x1년 초 기계장치(취득원가 ₩1,000,000, 내용연수 5년, 잔존가치 ₩0, 정액법 상각)를 취득하여 원가모형을 적용하고 있다. 20x2년 초 (주)감평은 동 기계장치에 대해 자산인식기준을 충족하는 후속원가 ₩325,000을 지출하였다. 이로 인해 내용연수가 2년 연장(20x2년 초 기준 잔존내용연수 6년)되고 잔존가치는 ₩75,000 증가할 것으로 추정하였으며, 감가상각방법은 이중체감법(상각률은 정액법 상각률의 2배)으로 변경하였다. (주)감평은 동 기계장치를 20x3년 초 현금을 받고 처분하였으며, 처분이익은 ₩10,000이다. 기계장치 처분 시 수취한 현금은?

① ₩610,000
② ₩628,750
③ ₩676,667
④ ₩760,000
⑤ ₩785,000

---

19 (주)감평은 20x1년 1월 1일 (주)한국리스로부터 기계장치(기초자산)를 리스하는 계약을 체결하였다. 계약상 리스기간은 20x1년 1월 1일부터 4년, 내재이자율은 연 10%, 고정리스료는 매년 말 일정금액을 지급한다. (주)한국리스의 기계장치 취득금액은 ₩1,000,000으로 리스개시일의 공정가치이다. (주)감평은 리스개설과 관련하여 법률비용 ₩75,000을 지급하였으며, 리스기간 종료시점에 (주)감평은 매수선택권을 ₩400,000에 행사할 것이 리스약정일 현재 상당히 확실하다. 리스거래와 관련하여 (주)감평이 매년 말 지급해야 할 고정리스료는? (단, 계산금액은 소수점 첫째 자리에서 반올림하고, 단수차이로 인한 오차가 있으면 가장 근사치를 선택한다)

기간	단일금액 ₩1의 현재가치	정상연금 ₩1의 현재가치
	(할인율 = 10%)	(할인율 = 10%)
4	0.6830	3.1699
5	0.6209	3.7908

① ₩198,280
② ₩200,000
③ ₩208,437
④ ₩229,282
⑤ ₩250,000

20 다음은 (주)감평의 수익 관련 자료이다.

- (주)감평은 20x1년 초 (주)한국에게 원가 ₩50,000의 상품을 판매하고 대금은 매년 말 ₩40,000씩 총 3회에 걸쳐 현금을 수취하기로 하였다.
- (주)감평은 20x1년 12월 1일 (주)대한에게 원가 ₩50,000의 상품을 ₩120,000에 현금 판매하였다. 판매계약에는 20x2년 1월 31일 이전에 (주)대한이 요구할 경우 (주)감평이 판매한 제품을 ₩125,000에 재매입해야 하는 풋옵션이 포함된다. 20x1년 12월 1일에 (주)감평은 재매입일 기준 제품의 예상 시장가치는 ₩125,000 미만이며, 풋옵션이 행사될 유인은 유의적일 것으로 판단하였으나, 20x2년 1월 31일까지 풋옵션은 행사되지 않은 채 소멸하였다.

(주)감평이 20x2년에 인식해야 할 총수익은? (단, 20x1년 초 (주)한국의 신용특성을 반영한 이자율은 5%이고, 계산금액은 소수점 첫째 자리에서 반올림하며, 단수차이로 인한 오차가 있으면 가장 근사치를 선택한다)

기간	단일금액 ₩1의 현재가치	정상연금 ₩1의 현재가치
	(할인율 = 5%)	(할인율 = 5%)
3	0.8638	2.7232

① ₩0
② 120,000
③ ₩125,000
④ ₩128,719
⑤ ₩130,718

21 (주)감평의 20x1년도 현금흐름표상 영업에서 창출된 현금(영업으로부터 창출된 현금)은 ₩100,000이다. 다음 자료를 이용하여 계산한 (주)감평의 20x1년 법인세비용차감전순이익 및 영업활동순현금흐름은? (단, 이자지급 및 법인세 납부는 영업활동으로 분류한다)

• 매출채권손상차손	₩500	• 매출채권(순액) 증가	₩4,800
• 감가상각비	1,500	• 재고자산(순액) 감소	2,500
• 이자비용	2,700	• 매입채무 증가	3,500
• 사채상환이익	700	• 미지급이자 증가	1,000
• 법인세비용	4,000	• 미지급법인세 감소	2,000

	법인세비용차감전순이익	영업활동순현금흐름
①	₩94,800	₩92,300
②	₩95,300	₩92,300
③	₩96,800	₩95,700
④	₩97,300	₩95,700
⑤	₩98,000	₩107,700

22 다음은 20x1년 초 설립한 (주)감평의 법인세 관련 자료이다.

> • 20x1년 세무조정사항
> - 감가상각비한도초과액 : ₩125,000
> - 접대비한도초과액 : 60,000
> - 정기예금 미수이자 : 25,000
> • 20x1년 법인세비용차감전순이익 : ₩490,000
> • 연도별 법인세율은 20%로 일정하다.
> • 이연법인세자산(부채)의 실현가능성은 거의 확실하다.

20x1년 법인세비용은?

① ₩85,000

② ₩98,000

③ ₩105,000

④ ₩110,000

⑤ ₩122,000

23 20x1년 1월 1일 설립한 (주)감평의 20x1년 보통주(주당 액면금액 ₩5,000) 변동현황은 다음과 같다.

구분	내용	보통주 증감
1월 1일	유통보통주식수	10,000주 증가
4월 1일	무상증자	2,000주 증가
7월 1일	유상증자	1,800주 증가
10월 1일	자기주식 취득	1,800주 감소

20x1년 7월 1일 주당 ₩5,000에 유상증자가 이루어졌으며, 유상증자 직전 주당공정가치는 ₩18,000이다. 20x1년 기본주당순이익이 ₩900일 때, 당기순이익은? (단, 우선주는 없고, 가중평균유통보통주식수는 월할계산한다)

① ₩10,755,000

② ₩10,800,000

③ ₩11,205,000

④ ₩11,766,600

⑤ ₩12,273,750

24 (주)감평은 (주)한국과 다음과 같은 기계장치를 상호 교환하였다.

구분	(주)감평	(주)한국
취득원가	₩800,000	₩600,000
감가상각누계액	340,000	100,000
공정가치	450,000	480,000

교환과정에서 (주)감평은 (주)한국에게 현금을 지급하고, 기계장치 취득원가 ₩470,000, 처분손실 ₩10,000을 인식하였다. 교환과정에서 (주)감평이 지급한 현금은? (단, 교환거래에 상업적 실질이 있고 각 기계장치의 공정가치는 신뢰성 있게 측정된다)

① ₩10,000
② ₩20,000
③ ₩30,000
④ ₩40,000
⑤ ₩50,000

25 다음은 (주)감평이 20x1년 1월 1일 액면발행한 전환사채와 관련된 자료이다.

- 액면금액 : ₩100,000
- 20x1년 1월 1일 전환권조정 : ₩11,414
- 20x1년 12월 31일 전환권조정 상각액 : ₩3,087
- 전환가격 : ₩1,000(보통주 주당 액면금액 ₩500)
- 상환할증금 : 만기에 액면금액의 105.348%

20x2년 1월 1일 전환사채 액면금액의 60%에 해당하는 전환사채가 보통주로 전환될 때, 증가하는 주식발행초과금은? (단, 전환사채 발행시점에서 인식한 자본요소(전환권대가) 중 전환된 부분은 주식발행초과금으로 대체하며, 계산금액은 소수점 첫째 자리에서 반올림하며, 단수차이로 인한 오차가 있으면 가장 근사치를 선택한다)

① ₩25,853
② ₩28,213
③ ₩28,644
④ ₩31,853
⑤ ₩36,849

26 다음은 20x1년 설립된 (주)감평의 재고자산(상품) 관련 자료이다.

- 당기매입액 : ₩2,000,000
- 취득원가로 파악한 장부상 기말재고액 : ₩250,000

기말상품	실지재고	단위당 원가	단위당 순실현가능가치
A	800개	₩100	₩120
B	250개	180	150
C	400개	250	200

(주)감평의 20x1년 재고자산감모손실은? (단, 재고자산평가손실과 재고자산감모손실은 매출원가에 포함한다)

① ₩0
② ₩9,000
③ ₩25,000
④ ₩27,500
⑤ ₩52,500

27 (주)감평은 20x1년 1월 1일 기계장치(내용연수 5년, 잔존가치 ₩0, 정액법 상각)를 ₩1,000,000에 취득하여 사용개시 하였다. (주)감평은 동 기계장치에 재평가모형을 적용하며 20x2년 말 손상차손 ₩12,500을 인식하였다. 다음은 기계장치에 대한 재평가 및 손상 관련 자료이다.

구분	공정가치	순공정가치	사용가치
20x1년 말	₩850,000	₩800,000	₩900,000
20x2년 말	₩610,000	₩568,000	?

20x2년 말 기계장치의 사용가치는?

① ₩522,500
② ₩550,000
③ ₩568,000
④ ₩575,000
⑤ ₩597,500

28 상품매매기업인 (주)감평은 20x1년 초 건물(취득원가 ₩10,000,000, 내용연수 10년, 잔존가치 ₩0, 정액법 상각)을 취득하면서 다음과 같은 조건의 공채를 액면금액으로 부수 취득하였다.

> • 액면금액 : ₩2,000,000
> • 발행일 : 20x1년 1월 1일, 만기 3년
> • 액면이자율 : 연 4%(매년 말 이자지급)
> • 유효이자율 : 연 8%

(주)감평이 동 채권을 상각후원가 측정(AC) 금융자산으로 분류할 경우, 건물과 상각후원가 측정(AC) 금융자산 관련 거래가 20x1년 당기순이익에 미치는 영향은? (단, 건물에 대해 원가모형을 적용하고, 계산금액은 소수점 첫째 자리에서 반올림하며, 단수차이로 인한 오차가 있으면 가장 근사치를 선택한다)

기간	단일금액 ₩1의 현재가치		정상연금 ₩1의 현재가치	
	4%	8%	4%	8%
3	0.8890	0.7938	2.7751	2.5771

① ₩143,501 증가
② ₩856,499 감소
③ ₩877,122 감소
④ ₩920,000 감소
⑤ ₩940,623 감소

29 상품매매기업인 (주)감평은 20x0년 말 취득한 건물(취득원가 ₩2,400,000, 내용연수 10년, 잔존가치 ₩0, 정액법 상각)을 유형자산으로 분류하여 즉시 사용개시 하고, 동 건물에 대해 재평가모형을 적용하기로 하였다. 20x1년 10월 1일 (주)감평은 동 건물을 투자부동산으로 계정 대체하고 공정가치모형을 적용하기로 하였다. 시점별 건물의 공정가치는 다음과 같다.

20x0년 말	20x1년 10월 1일	20x1년 말
₩2,400,000	₩2,300,000	₩2,050,000

동 건물 관련 회계처리가 20x1년 당기순이익과 기타포괄이익에 미치는 영향은 각각 얼마인가? (단, 재평가잉여금은 이익잉여금으로 대체하지 않으며, 감가상각은 월할계산한다)

	당기순이익	기타포괄이익
①	₩180,000 감소	₩80,000 증가
②	₩180,000 감소	₩350,000 증가
③	₩430,000 감소	₩80,000 증가
④	₩430,000 감소	₩350,000 증가
⑤	₩430,000 감소	₩430,000 감소

30 20x1년 1월 1일 (주)감평은 (주)한국이 동 일자에 발행한 사채(액면금액 ₩1,000,000, 액면이자율 연 4%, 이자는 매년 말 지급)를 ₩896,884에 취득하였다. 취득 당시 유효이자율은 연 8%이다. 20x1년 말 동 사채의 이자수취 후 공정가치는 ₩925,000이며, 20x2년 초 ₩940,000에 처분하였다. (주)감평의 동 사채 관련 회계처리에 관한 설명으로 옳지 <u>않은</u> 것은? (단, 계산금액은 소수점 첫째 자리에서 반올림 하며, 단수차이로 인한 오차가 있으면 가장 근사치를 선택한다)

① 당기손익 - 공정가치(FVPL) 측정 금융자산으로 분류하였을 경우, 20x1년 당기순이익은 ₩68,116 증가 한다.

② 상각후원가(AC) 측정 금융자산으로 분류하였을 경우, 20x1년 당기순이익은 ₩71,751 증가한다.

③ 기타포괄손익 - 공정가치(FVOCI) 측정 금융자산으로 분류하였을 경우, 20x1년 당기순이익은 ₩71,751 증가한다.

④ 상각후원가(AC) 측정 금융자산으로 분류하였을 경우, 20x2년 당기순이익은 ₩11,365 증가한다.

⑤ 기타포괄손익 - 공정가치(FVOCI) 측정 금융자산으로 분류하였을 경우, 20x2년 당기순이익은 ₩15,000 증가한다.

31 (주)감평의 20x1년 기초 및 기말 재고자산은 다음과 같다.

구분	기초	기말
직접재료	₩10,000	₩15,000
재공품	40,000	50,000
제품	40,000	55,000

(주)감평은 20x1년 중 직접재료 ₩35,000을 매입하였고, 직접노무원가 ₩45,000을 지급하였으며, 제조 간접원가 ₩40,000이 발생하였다. (주)감평의 20x1년 당기제품제조원가는? (단, 20x1년 초 직접노무원 가 선급금액은 ₩15,000이고 20x1년 말 직접노무원가 미지급금액은 ₩20,000이다)

① ₩110,000
② ₩120,000
③ ₩125,000
④ ₩140,000
⑤ ₩150,000

32 (주)감평은 두 개의 제조부문(P_1, P_2)과 두 개의 보조부문(S_1, S_2)을 두고 있다. 각 부문간의 용역수수관계는 다음과 같다.

제공부문 \ 사용부문	보조부문		제조부문	
	S_1	S_2	P_1	P_2
S_1	–	50%	20%	?
S_2	20%	–	?	?
부문발생원가	₩270,000	₩450,000	₩250,000	₩280,000

(주)감평은 보조부문의 원가를 상호배분법으로 배분하고 있다. 보조부문의 원가를 배분한 후의 제조부문 P_1의 총원가가 ₩590,000이라면, 보조부문 S_2가 제조부문 P_1에 제공한 용역제공비율은?

① 20% ② 25%

③ 30% ④ 35%

⑤ 40%

33 (주)감평은 단일공정을 통해 단일제품을 생산하고 있으며, 선입선출법에 의한 종합원가계산을 적용하고 있다. 직접재료는 공정 초에 전량 투입되고, 가공원가는 공정 전반에 걸쳐 균등하게 발생한다. (주)감평의 20x1년 기초재공품은 10,000단위(가공원가 완성도 40%), 당기착수량은 30,000단위, 기말재공품은 8,000단위(가공원가 완성도 50%)이다. 기초재공품의 직접재료원가는 ₩170,000이고, 가공원가는 ₩72,000이며, 당기투입된 직접재료원가와 가공원가는 각각 ₩450,000과 ₩576,000이다. 다음 설명 중 옳은 것은? (단, 공손 및 감손은 발생하지 않는다)

① 기말재공품원가는 ₩192,000이다.

② 가공원가의 완성품환산량은 28,000단위이다.

③ 완성품원가는 ₩834,000이다.

④ 직접재료원가의 완성품환산량은 22,000단위이다.

⑤ 직접재료원가와 가공원가에 대한 완성품환산량 단위당원가는 각각 ₩20.7과 ₩20.3이다.

34 (주)감평은 동일한 원재료를 결합공정에 투입하여 세 종류의 결합제품 A, B, C를 생산·판매하고 있다. 결합제품 A, B, C는 분리점에서 판매될 수 있으며, 추가가공을 거친 후 판매될 수도 있다. (주)감평의 20x1년 결합제품에 관한 자료는 다음과 같다.

제품	생산량	분리점에서의 단위당 판매가격	추가가공원가	추가가공 후 단위당 판매가격
A	400단위	₩120	₩150,000	₩450
B	450단위	150	80,000	380
C	250단위	380	70,000	640

결합제품 A, B, C의 추가가공 여부에 관한 설명으로 옳은 것을 모두 고른 것은? (단, 기초 및 기말 재고자산은 없으며, 생산된 제품은 모두 판매된다)

ㄱ. 결합제품 A, B, C를 추가가공 하는 경우, 단위당 판매가격이 높아지기 때문에 모든 제품을 추가가공 해야 한다.
ㄴ. 제품 A는 추가가공을 하는 경우, 증분수익은 ₩132,000이고 증분비용은 ₩150,000이므로 분리점에서 즉시 판매하는 것이 유리하다.
ㄷ. 제품 B는 추가가공을 하는 경우, 증분이익이 ₩23,500이므로 추가가공을 거친 후에 판매해야 한다.
ㄹ. 제품 C는 추가가공을 하는 경우, 증분수익 ₩65,000이 발생하므로 추가가공을 해야 한다.
ㅁ. 결합제품에 대한 추가가공 여부를 판단하는 경우, 분리점까지 발생한 결합원가를 반드시 고려해야 한다.

① ㄱ, ㄴ
② ㄴ, ㄷ
③ ㄱ, ㄴ, ㄷ
④ ㄴ, ㄷ, ㄹ
⑤ ㄷ, ㄹ, ㅁ

35 (주)감평은 표준원가계산제도를 채택하고 있다. 20x1년 직접노무원가와 관련된 자료가 다음과 같을 경우, 20x1년 실제 직접노무시간은?

• 실제생산량	25,000단위
• 직접노무원가 실제임률	시간당 ₩10
• 직접노무원가 표준임률	시간당 ₩12
• 표준 직접노무시간	단위당 2시간
• 직접노무원가 임률차이	₩110,000 (유리)
• 직접노무원가 능률차이	₩60,000 (불리)

① 42,500시간
② 45,000시간
③ 50,000시간
④ 52,500시간
⑤ 55,000시간

36 (주)감평의 전부원가계산에 의한 영업이익은 ₩374,000이고, 변동원가계산에 의한 영업이익은 ₩352,000이며, 전부원가계산에 의한 기말제품재고액은 ₩78,000이다. 전부원가계산에 의한 기초제품재고액이 변동원가계산에 의한 기초제품재고액보다 ₩20,000이 많은 경우, 변동원가계산에 의한 기말제품재고액은? (단, 기초 및 기말 재공품은 없으며, 물량 및 원가흐름은 선입선출법을 가정한다)

① ₩36,000
② ₩42,000
③ ₩56,000
④ ₩58,000
⑤ ₩100,000

37 (주)감평은 단일 제품 A를 생산·판매하고 있다. 제품 A의 단위당 판매가격은 ₩2,000, 단위당 변동비는 ₩1,400, 총고정비는 ₩90,000이다. (주)감평이 세후목표이익 ₩42,000을 달성하기 위한 매출액과, 이 경우의 안전한계는? (단, 법인세율은 30%이다)

	매출액	안전한계
①	₩300,000	₩100,000
②	₩440,000	₩140,000
③	₩440,000	₩200,000
④	₩500,000	₩140,000
⑤	₩500,000	₩200,000

38 (주)감평의 20x1년 4월 초 현금잔액은 ₩450,000이며, 3월과 4월의 매입과 매출은 다음과 같다.

구분	매입액	매출액
3월	₩600,000	₩800,000
4월	500,000	700,000

매출은 모두 외상으로 이루어지며, 매출채권은 판매한 달에 80%, 그 다음 달에 20%가 현금으로 회수된다. 모든 매입 역시 외상으로 이루어지고, 매입채무는 매입액의 60%를 구입한 달에, 나머지 40%는 그 다음 달에 현금으로 지급한다. (주)감평은 모든 비용을 발생하는 즉시 현금으로 지급하고 있으며, 4월 중에 급여 ₩20,000, 임차료 ₩10,000, 감가상각비 ₩15,000이 발생하였다. (주)감평의 4월 말 현금잔액은?

① ₩540,000
② ₩585,000
③ ₩600,000
④ ₩630,000
⑤ ₩720,000

39 (주)감평은 최근 신제품을 개발하여 최초 10단위의 제품을 생산하는데 총 150시간의 노무시간을 소요하였으며, 직접노무시간당 ₩1,200의 직접노무원가가 발생하였다. (주)감평은 해당 신제품 생산의 경우, 90%의 누적평균시간 학습곡선모형이 적용될 것으로 예상하고 있다. 최초 10단위 생산 후, 추가로 30단위를 생산하는 데 발생할 것으로 예상되는 직접노무원가는?

① ₩180,000
② ₩259,200
③ ₩324,000
④ ₩403,200
⑤ ₩583,200

40 레저용 요트를 전문적으로 생산·판매하고 있는 (주)감평은 매년 해당 요트의 주요 부품인 자동제어센서 2,000단위를 자가제조하고 있으며, 관련 원가자료는 다음과 같다.

구분	총원가	단위당원가
직접재료원가	₩700,000	₩350
직접노무원가	500,000	250
변동제조간접원가	300,000	150
고정제조간접원가	800,000	400
합계	₩2,300,000	₩1,150

(주)감평은 최근 외부업체로부터 자동제어센서 2,000단위 전량을 단위당 ₩900에 공급하겠다는 제안을 받았다. (주)감평이 동 제안을 수락할 경우, 기존설비를 임대하여 연간 ₩200,000의 수익을 창출할 수 있으며, 고정제조간접원가의 20%를 회피할 수 있다. (주)감평이 외부업체로부터 해당 부품을 공급받을 경우, 연간 영업이익에 미치는 영향은?

① ₩0
② ₩60,000 감소
③ ₩60,000 증가
④ ₩140,000 감소
⑤ ₩140,000 증가

05 2019년 제30회 기출문제

※ 아래의 문제들에서 특별한 언급이 없는 한 기업의 보고기간(회계기간)은 매년 1월 1일부터 12월 31일까지이다.
또한, 기업은 주권상장법인으로 계속해서 한국채택국제회계기준(K-IFRS)을 적용해오고 있다고 가정하고, 답지항
중에서 물음에 가장 합당한 답을 고르시오. 단, 자료에서 제시한 모든 항목과 금액은 중요하며, 자료에서 제시한
것 이외의 사항은 고려하지 않고 답한다. 예를 들어, 법인세에 대한 언급이 없으면 법인세 효과는 고려하지 않는다.

01 투자부동산에 관한 설명으로 옳지 않은 것은?

① 미래에 투자부동산으로 사용하기 위하여 건설 또는 개발 중인 부동산은 투자부동산에 해당한다.

② 소유 투자부동산은 최초 인식시점에 원가로 측정하며, 거래원가는 최초 측정치에 포함한다.

③ 통상적인 영업과정에서 판매하기 위한 부동산이나 이를 위하여 건설 또는 개발 중인 부동산은 투자부동산에 해당하지 않는다.

④ 투자부동산을 개발하지 않고 처분하기로 결정하는 경우에는 재고자산으로 재분류한다.

⑤ 투자부동산에 대하여 공정가치모형을 선택한 경우, 투자부동산의 공정가치 변동으로 발생하는 손익은 발생한 기간의 당기손익에 반영한다.

02 (주)감평과 (주)한국은 사용 중인 유형자산을 상호 교환하여 취득하였다. 두 회사가 보유하고 있는 유형자산에 대한 자료는 다음과 같으며, 교환 시 (주)감평이 (주)한국에 추가로 현금 ₩200,000을 지급하였다. 이들 자산간 교환취득을 상업적 실질이 있다고 가정할 경우, (주)감평이 인식할 유형자산 취득원가(A)와 (주)한국이 인식할 유형자산 처분이익(B)은? (단, 두 자산의 공정가치는 신뢰성 있게 측정할 수 있으며, 각 회사의 입장에서 취득한 자산의 공정가치가 더 명백하다는 증거는 없다)

구분	(주)감평	(주)한국
취득원가	₩2,250,000	₩1,500,000
감가상각누계액	1,250,000	600,000
공정가치	950,000	1,150,000

	(A)	(B)		(A)	(B)
①	₩950,000	₩250,000	②	₩950,000	₩450,000
③	₩1,050,000	₩450,000	④	₩1,150,000	₩250,000
⑤	₩1,150,000	₩450,000			

03 (주)감평은 20x1년 초 기계장치(취득원가 ₩100,000, 내용연수 5년, 잔존가치 ₩0)를 취득하여 정액법으로 감가상각하고 있다. 20x1년 말 기계장치의 공정가치가 ₩100,000인 경우, 재평가모형 적용 시 인식할 재평가잉여금은?

① ₩20,000   ② ₩30,000

③ ₩40,000   ④ ₩50,000

⑤ ₩60,000

04 (주)감평은 20x1년 초 기계장치(취득원가 ₩6,000,000, 내용연수 5년, 잔존가치 ₩0)를 취득하여 정액법으로 감가상각하고 있다. 20x1년 말 이 기계장치에 손상징후가 존재하여 회수가능액을 추정한 결과 회수가능액이 ₩2,232,000으로 추정되었다. (주)감평은 동 금액과 장부금액 간의 차이가 중요한 것으로 판단하여 손상차손을 인식하였다. 한편, 20x2년 말 기계장치의 회수가능액이 ₩4,000,000으로 회복된 것으로 추정될 경우, (주)감평이 20x2년 말 인식할 손상차손환입액은? (단, 기계장치에 대하여 원가모형을 적용한다)

① ₩1,574,000   ② ₩1,926,000

③ ₩2,138,000   ④ ₩2,326,000

⑤ ₩2,568,000

05 무형자산의 회계처리에 관한 설명으로 옳은 것을 모두 고른 것은?

> ㄱ. 내용연수가 비한정적인 무형자산은 상각하지 않고, 무형자산의 손상을 시사하는 징후가 있을 경우에 한하여 손상검사를 수행해야 한다.
> ㄴ. 무형자산을 창출하기 위한 내부 프로젝트를 연구단계와 개발단계로 구분할 수 없는 경우에는 그 프로젝트에서 발생한 지출은 모두 연구단계에서 발생한 것으로 본다.
> ㄷ. 브랜드, 제호, 출판표제, 고객목록 및 이와 실질이 유사한 항목은 그것을 외부에서 창출하였는지 또는 내부적으로 창출하였는지에 관계없이 취득이나 완성 후의 지출은 발생시점에 무형자산의 원가로 인식한다.
> ㄹ. 내용연수가 유한한 무형자산의 잔존가치는 적어도 매 회계연도 말에는 검토하고, 잔존가치의 변동은 회계추정의 변경으로 처리한다.
> ㅁ. 무형자산은 처분하는 때 또는 사용이나 처분으로부터 미래경제적효익이 기대되지 않을 때 재무상태표에서 제거한다.

① ㄱ, ㄴ, ㄷ   ② ㄱ, ㄷ, ㄹ

③ ㄱ, ㄹ, ㅁ   ④ ㄴ, ㄷ, ㅁ

⑤ ㄴ, ㄹ, ㅁ

06

(주)감평은 고객에게 상품을 판매하고 약속어음(액면금액 ₩5,000,000, 만기 6개월, 표시이자율 연 6%)을 받았다. (주)감평은 동 어음을 3개월간 보유한 후 은행에 할인하면서 은행으로부터 ₩4,995,500을 받았다. 동 어음에 대한 은행의 연간 할인율은? (단, 이자는 월할계산한다)

① 8%
② 10%
③ 12%
④ 14%
⑤ 16%

07

유형자산의 취득원가에 포함되는 것을 모두 고른 것은?

> ㄱ. 영업활동의 전부 또는 일부를 재배치하는 과정에서 발생하는 원가
> ㄴ. 유형자산의 매입 또는 건설과 직접 관련되어 발생한 종업원 급여
> ㄷ. 관세 및 환급불가능한 취득 관련 세금
> ㄹ. 새로운 상품이나 용역을 소개하는 데 소요되는 원가
> ㅁ. 설치장소를 준비하는 원가

① ㄱ, ㄴ, ㄷ
② ㄱ, ㄴ, ㄹ
③ ㄴ, ㄷ, ㄹ
④ ㄴ, ㄷ, ㅁ
⑤ ㄷ, ㄹ, ㅁ

08

(주)감평은 20x1년 초 기계장치(취득원가 ₩50,000, 내용연수 4년, 잔존가치 ₩0)를 취득하여 연수합계법으로 감가상각하고 있다. (주)감평은 20x1년 말 동 자산에 손상징후가 존재하여 회수가능액을 추정하였다. 그 결과 기계장치의 처분공정가치는 ₩25,000, 처분부대원가는 ₩3,000, 그리고 사용가치는 ₩23,000으로 확인되었다. (주)감평이 원가모형을 채택할 때, 동 기계장치와 관련하여 20x1년도에 인식할 손상차손은?

① ₩4,000
② ₩5,000
③ ₩6,000
④ ₩7,000
⑤ ₩8,000

09 (주)감평은 20x1년 초 토지, 건물 및 기계장치를 일괄하여 ₩20,000,000에 취득하였다. 취득일 현재 토지, 건물 및 기계장치의 판매회사 장부상 금액은 각각 ₩12,000,000, ₩3,000,000, ₩10,000,000이 며, 토지, 건물 및 기계장치의 공정가치 비율은 7 : 1 : 2이다. (주)감평이 인식할 기계장치의 취득원가는?

① ₩4,000,000   ② ₩5,000,000

③ ₩6,000,000   ④ ₩7,000,000

⑤ ₩8,000,000

10 건강식품을 생산하는 (주)감평은 (주)대한에 판매를 위탁하고 있다. (주)감평은 20x1년 초 단위당 판매가 격이 ₩2,000(단위당 원가 ₩1,400)인 건강식품 100단위를 (주)대한에 발송하였으며, 운반비 ₩8,000 을 운송업체에 현금으로 지급하였다. 한편, (주)대한은 (주)감평으로부터 수탁한 건강식품 중 60%를 20x1년도에 판매하였다. (주)감평은 판매금액의 5%를 (주)대한에 수수료로 지급한다. 이 거래로 20x1년 도에 (주)대한이 인식할 수익(A)과 (주)감평이 인식할 매출원가(B)는?

	(A)	(B)
①	₩6,000	₩84,000
②	₩6,000	₩88,800
③	₩6,240	₩84,000
④	₩6,240	₩88,800
⑤	₩8,000	₩84,000

11 (주)감평은 20x1년 중 (주)한국이 주문한 맞춤형 특수기계를 ₩10,000에 제작하는 계약을 체결하였다. 20x1년에 발생한 제작원가는 ₩2,000이고, 추정 총원가는 ₩8,000이다. 20x2년에 설계변경이 있었고, 이로 인한 원가상승을 반영하여 계약금액을 ₩12,000으로 변경하였다. 20x2년에 발생한 제작원가는 ₩4,000이고, 추정 총원가는 ₩10,000이다. 이 기계는 20x3년 3월 31일에 완성되었다. 원가기준 투입 법으로 진행률을 측정할 때, (주)감평이 동 계약과 관련하여 20x2년도에 인식할 이익은?

① ₩300   ② ₩400

③ ₩500   ④ ₩600

⑤ ₩700

다음은 (주)감평의 20x1년 세무조정사항 등 법인세 계산 자료이다. (주)감평의 20x1년도 법인세비용은?

- 접대비 한도초과액은 ₩24,000이다.
- 감가상각비 한도초과액은 ₩10,000이다.
- 20x1년 초 전기이월 이연법인세자산은 ₩7,500이고, 이연법인세부채는 없다.
- 20x1년도 법인세비용차감전순이익은 ₩150,000이고, 이후에도 매년 이 수준으로 실현될 가능성이 높다.
- 과세소득에 적용될 세율은 25%이고, 향후에도 변동이 없다.

① ₩37,500 ② ₩40,500
③ ₩43,500 ④ ₩45,500
⑤ ₩48,500

13 (주)감평은 리스이용자로 사무실용 건물을 20x1년 초부터 4년간 리스하는 계약(연간리스료 매년 말 ₩90,000 지급)을 체결하였다. (주)감평은 리스개시일인 20x1년 초에 리스부채로 ₩311,859을 인식하였다. 한편, 2년이 경과된 20x3년 초 (주)감평은 리스회사와 매년 말 연간 리스료 ₩70,000을 지급하기로 합의하였다. 20x3년 초 리스변경을 반영한 후 (주)감평의 리스부채 장부금액은? (단, 리스의 내재이자율은 쉽게 산정할 수 없으나, 리스개시일과 20x3년 초 리스이용자인 (주)감평의 증분차입이자율은 각각 연 6%와 연 8%이다)

기간	정상연금 ₩1의 현재가치	
	6%	8%
1	0.9434	0.9259
2	1.8334	1.7833
3	2.6730	2.5771
4	3.4651	3.3121

① ₩124,831 ② ₩128,338
③ ₩159,456 ④ ₩231,847
⑤ ₩242,557

14 (주)감평의 20x1년도 회계오류 수정 전 법인세비용차감전순이익은 ₩500,000이다. 오류수정과 관련된 자료는 다음과 같다.

구분	20x0년	20x1년
기말재고자산 과대(과소)계상	₩12,000 과소	₩5,000 과대
선급비용을 당기비용으로 처리	₩4,000	₩3,000

회계오류 수정 후 (주)감평의 20x1년도 법인세비용차감전순이익은?

① ₩476,000 ② ₩482,000

③ ₩486,000 ④ ₩488,000

⑤ ₩492,000

15 당기순손익과 총포괄손익 간의 차이를 발생시키는 항목으로 옳은 것을 모두 고른 것은?

> ㄱ. 감자차익
> ㄴ. 주식선택권
> ㄷ. 확정급여제도의 재측정요소
> ㄹ. 이익준비금
> ㅁ. 해외사업장의 재무제표 환산으로 인한 손익

① ㄱ, ㄴ ② ㄱ, ㅁ

③ ㄴ, ㄷ ④ ㄴ, ㄹ

⑤ ㄷ, ㅁ

16 (주)감평은 20x1년 12월 31일자로 종료되는 회계연도 재무제표의 이사회 승인을 앞두고 있다. 아래의 각 상호 독립된 사건은 재무제표에 반영되어 있지 않지만 보고기간 말 이후 발생한 것이다. '수정을 요하는 보고기간 후 사건'을 모두 고른 것은? (단, 주석으로 공시되는 금액은 제외한다)

> ㄱ. 관계회사의 금융기관 차입에 대해 ₩30,000의 지급보증 약정을 체결하였다.
> ㄴ. 생산공장에 화재가 발생하여 ₩50,000의 생산설비가 파손되었다.
> ㄷ. 20x1년 말 현재 피고로 계류중이던 손해배상소송에서 ₩10,000의 손해배상 확정판결을 받았다.
> ㄹ. 내부규정에 의해 20x1년 말 지급하여야 할 상여금 지급액이 ₩25,000으로 확정되었다.

① ㄱ, ㄴ ② ㄱ, ㄷ

③ ㄴ, ㄹ ④ ㄷ, ㄹ

⑤ ㄴ, ㄷ, ㄹ

17 (주)감평은 (주)대한을 합병하고 합병대가로 ₩30,000,000의 현금을 지급하였다. 합병 시점 (주)대한의 재무상태표상 자산총액은 ₩20,000,000이고 부채총액은 ₩11,000,000이다. (주)대한의 재무상태표상 장부금액은 토지를 제외하고는 공정가치와 같다. 토지는 장부상 ₩10,000,000으로 기록되어 있으나, 합병 시점에 공정가치는 ₩18,000,000인 것으로 평가되었다. 이 합병으로 (주)감평이 인식할 영업권은?

① ₩9,000,000   ② ₩10,000,000

③ ₩13,000,000   ④ ₩21,000,000

⑤ ₩23,000,000

18 재무제표 요소의 측정에 관한 설명으로 옳지 <u>않은</u> 것은?

① 재무제표를 작성할 때 기업이 가장 보편적으로 채택하고 있는 재무제표 요소의 측정기준은 역사적 원가이다.
② 재무제표를 작성할 때 합리적 추정을 사용해야 하는데 이는 신뢰성을 훼손하게 된다.
③ 부채에 현행원가 개념을 적용하면 현재시점에서 그 의무를 이행하는 데 필요한 현금이나 현금성자산의 할인하지 아니한 금액으로 평가한다.
④ 자산에 대하여 손상차손회계를 적용할 때 고려하는 사용가치는 그 자산의 공정가치와 다르다.
⑤ 재무제표 요소의 측정은 재무상태표와 포괄손익계산서에 인식되고 평가되어야 할 재무제표 요소의 화폐금액을 결정하는 과정으로 특정 측정기준의 선택과정을 포함한다.

19 재무보고를 위한 개념체계에 관한 설명으로 옳은 것은?

① 부채는 과거 거래의 결과로 발생한 것으로 미래에 기업실체가 부담할 의무로서 현재 그 의무를 이행한다.
② 미래경제적효익의 유입 가능성이 높거나 그 항목의 원가를 신뢰성 있게 측정할 수 있으면 재무제표에 자산으로 인식한다.
③ 비용은 경제적 효익이 유출, 소비됨으로써 자산이 증가하거나 부채가 감소할 가능성이 높고 그 금액을 신뢰성 있게 측정할 수 있을 때 인식한다.
④ 자산의 사용정도를 체계적이고 합리적인 방법으로 배분하는 감가상각비는 관련 수익과의 관련성이 직접적으로 파악, 결정되는 비용이다.
⑤ 표현충실성을 위한 서술에 오류가 없다는 것은 현상의 기술에 오류나 누락이 없고, 보고 정보를 생산하는 데 사용되는 절차의 선택과 적용에 절차상의 오류가 없음을 의미한다.

20 (주)감평은 20x1년 1월 1일 액면금액 ₩1,000,000(만기 3년, 표시이자율 연 6%, 매년 말 이자지급)의 사채를 발행하였으며, 사채의 발행 당시 유효이자율은 연 8%였다. (주)감평은 20x2년 6월 30일 사채를 조기상환하였다. 조기상환 시 발생한 사채상환손실은 ₩32,000이다. (주)감평이 유효이자율법을 적용할 때, 상환일까지의 경과이자를 포함한 사채조기상환금액은? (단, 이자비용은 월계산하고, 계산금액은 소수점 첫째 자리에서 반올림하며, 단수차이로 인한 오차가 있으면 가장 근사치를 선택한다)

기간	단일금액 ₩1의 현재가치		정상연금 ₩1의 현재가치	
	6%	8%	6%	8%
1	0.9434	0.9259	0.9434	0.9259
2	0.8900	0.8574	1.8334	1.7833
3	0.8396	0.7938	2.6730	2.5771

① ₩970,872

③ ₩1,004,872

⑤ ₩1,073,444

② ₩996,300

④ ₩1,034,872

21 (주)감평은 20x1년 1월 1일에 액면금액 ₩500,000의 전환사채를 다음과 같은 조건으로 액면발행하였다.

- 표시이자율 : 연 6%(매년 말 지급)
- 전환사채 발행당시 일반사채의 시장이자율 : 연 10%
- 만기일 : 20x3년 12월 31일

전환사채의 만기 상환조건이 액면상환조건인 경우의 전환권대가(A)와 할증상환조건(보장수익률 8%, 상환할증금 ₩32,464)인 경우의 전환권대가(B)는? (단, 계산금액은 소수점 첫째 자리에서 반올림하고, 단수차이로 인한 오차가 있으면 가장 근사치를 선택한다)

기간	단일금액 ₩1의 현재가치		정상연금 ₩1의 현재가치	
	8%	10%	8%	10%
3	0.7938	0.7513	2.5771	2.4869

	(A)	(B)
①	₩24,878	₩488
②	₩25,787	₩17
③	₩25,787	₩25,353
④	₩49,743	₩25,353
⑤	₩49,743	₩17

22 금융상품에 관한 설명으로 옳은 것은?

① 당기손익 – 공정가치로 측정되는 '지분상품에 대한 특정 투자'에 대해서는 후속적인 공정가치 변동은 최초 인식시점이라 하더라도 기타포괄손익으로 표시하도록 선택할 수 없다.

② 측정이나 인식의 불일치, 즉 회계불일치의 상황이 아닌 경우 금융자산은 금융자산의 관리를 위한 사업모형과 금융자산의 계약상 현금흐름의 특성 모두에 근거하여 상각후원가, 기타포괄손익 – 공정가치, 당기손익 – 공정가치로 측정되도록 분류한다.

③ 금융자산 전체나 일부의 회수를 합리적으로 예상할 수 없는 경우에도 해당 금융자산의 총 장부금액을 직접 줄일 수는 없다.

④ 기타포괄손익 – 공정가치 측정 금융자산의 기대신용손실을 조정하기 위한 기대신용손실액(손상차손)은 당기손실로 인식하고, 기대신용손실환입액(손상차손환입)은 기타포괄손익으로 인식한다.

⑤ 금융자산을 상각후원가 측정범주에서 기타포괄손익 – 공정가치 측정 범주로 재분류하는 경우 재분류일의 공정가치로 측정하며, 재분류 전 상각후원가와 공정가치 차이에 따른 손익은 당기손익으로 인식한다.

23 (주)감평은 재고자산 평가방법으로 소매재고법을 적용하고 있다. 20x1년도 재고자산 관련 자료가 다음과 같은 경우, 평균원가법에 의한 20x1년 말 재고자산은?

	원가	판매가
기초재고액	₩143,000	₩169,000
당기매입액	1,138,800	1,586,000
매가인상액		390,000
인상취소액		150,000
매가인하액		110,000
당기매출액		1,430,000

① ₩211,000
② ₩237,000
③ ₩309,400
④ ₩455,000
⑤ ₩485,400

24 (주)감평의 당기 매출총이익률은 30%이고, 기초재고자산원가는 ₩2,000,000, 당기순매입원가는 ₩6,000,000, 순매출액은 ₩10,000,000일 때, 기말재고자산원가는?

① ₩500,000
② ₩1,000,000
③ ₩3,000,000
④ ₩5,000,000
⑤ ₩7,000,000

25 (주)감평은 20x1년 12월 31일 주거래은행으로부터 당좌예금잔액증명서상 잔액이 ₩7,810,000이라는 통지를 받았으나, 회사의 12월 31일 현재 총계정원장상 당좌예금 잔액과 불일치하였다. (주)감평이 이러한 불일치의 원인을 조사한 결과 다음과 같은 사항을 발견하였다. 이들 자료를 활용하여 (주)감평의 수정 전 당좌예금계정 잔액(A)과 수정 후 재무상태표에 당좌예금으로 계상할 금액(B)은?

• (주)감평이 발행하고 인출 기록한 수표 ₩2,100,000이 은행에서 아직 지급되지 않았다.
• 매출거래처로부터 받아 예금한 수표 ₩1,500,000이 부도 처리되었으나, (주)감평의 장부에 기록되지 않았다.
• 주거래은행에 추심의뢰한 받을어음 ₩500,0000이 (주)감평의 당좌예금 계좌로 입금 처리되었으나, 통보받지 못하였다.
• 지난 달 주거래은행에 현금 ₩190,000을 당좌예입하면서 회계직원의 실수로 장부상 ₩910,000으로 잘못 기장된 것이 확인되었다.

	(A)	(B)
①	₩5,990,000	₩5,210,000
②	₩5,990,000	₩5,710,000
③	₩7,430,000	₩5,710,000
④	₩7,430,000	₩6,430,000
⑤	₩9,530,000	₩7,310,000

26 (주)감평의 20x1년 12월 31일 현재 재무상태는 다음과 같다.

• 자산총계	₩880,000	• 비유동부채	₩540,000
• 매출채권	120,000	• 자본총계	100,000
• 재고자산	240,000		
• 비유동자산	520,000		

만약 (주)감평이 현금 ₩50,000을 단기차입한다고 가정하면 이러한 거래가 당좌비율(A)과 유동비율(B)에 미치는 영향은?

	(A)	(B)
①	영향 없음	영향 없음
②	감소	증가
③	감소	감소
④	증가	증가
⑤	증가	감소

27 (주)감평의 20x1년도 발행주식 변동내역은 다음과 같다.

일자	내역	보통주	우선주
1월 1일	발행주식수	6,400주	5,000주
4월 1일	유상증자	2,000주	–
7월 1일	무상증자 20%	1,680주	–
12월 31일		10,080주	5,000주

4월 1일 유상증자한 보통주 1주당 발행금액은 ₩1,600이고, 권리락 직전일의 주당 공정가치는 ₩2,000이다. 우선주 1주당 배당금은 ₩60이고, 20x1년도 당기순이익은 ₩1,353,360이다. 20x1년도 기본주당순이익은? (단, 가중평균유통보통주식수 계산은 월할계산한다)

① ₩110
② ₩120
③ ₩130
④ ₩140
⑤ ₩150

28 (주)감평의 20x1년도 포괄손익계산서상 당기순이익은 ₩800,000으로 보고되었다. 다음 자료에 의해 간접법으로 구한 20x1년도 영업활동 현금흐름은?

• 토지(장부금액 ₩3,000,000) 처분금액	₩3,100,000
• 매출채권(총액) 증가	165,000
• 매출채권손실충당금 증가	5,000
• 매입채무 증가	80,000
• 매출채권손상차손	20,000
• 감가상각비	120,000
• 개발비 지출	180,000

① ₩740,000
② ₩760,000
③ ₩840,000
④ ₩900,000
⑤ ₩920,000

29 (주)감평의 20x1년도 이자비용 ₩30,000에는 사채할인발행차금 상각액 ₩3,000이 포함되어 있다. 미지급이자비용의 기초잔액과 기말잔액은 각각 ₩3,800과 ₩5,200이고, 선급이자비용의 기초잔액과 기말잔액은 각각 ₩2,000과 ₩2,700이다. (주)감평의 20x1년도 현금이자지급액은?

① ₩24,900
② ₩26,300
③ ₩29,100
④ ₩30,900
⑤ ₩35,100

30 20x1년 초 설립된 (주)감평의 20x3년 말 자본계정은 다음과 같으며, 설립 후 현재까지 자본금 변동은 없었다. 그동안 배당가능이익의 부족으로 어떠한 형태의 배당도 없었으나, 20x3년 말 배당재원의 확보로 20x4년 3월 10일 정기 주주총회에서 ₩7,500,000의 현금배당을 선언할 예정이다. (주)감평이 우선주에 배분할 배당금은?

구분	액면금액	발행주식수	자본금총계	비고
보통주자본금	₩5,000	12,000주	₩60,000,000	배당률 3%
우선주자본금	₩10,000	3,000주	₩30,000,000	배당률 5%, 누적적, 완전참가적

① ₩2,900,000 ② ₩3,900,000
③ ₩4,500,000 ④ ₩4,740,000
⑤ ₩4,900,000

31 단일제품을 생산하는 (주)감평은 매출원가의 20%를 이익으로 가산하여 제품을 판매하고 있다. 당기의 생산 및 판매 자료가 다음과 같다면, (주)감평의 당기 직접재료매입액과 영업이익은?

• 재고자산

	기초재고	기말재고
직접재료	₩17,000	₩13,000
재공품	20,000	15,000
제 품	18,000	23,000

• 기본(기초)원가	₩85,000
• 가공(전환)원가	98,000
• 매출액	180,000
• 판매관리비	10,000

	직접재료매입액	영업이익
①	₩46,000	₩15,000
②	₩48,000	₩15,000
③	₩48,000	₩20,000
④	₩52,000	₩20,000
⑤	₩52,000	₩26,000

32 (주)감평은 정상원가계산을 사용하고 있으며, 직접노무시간을 기준으로 제조간접원가를 예정배부하고 있다. (주)감평의 20x1년도 연간 제조간접원가 예산은 ₩600,000이고, 실제 발생한 제조간접원가는 ₩650,000이다. 20x1년도 연간 예정조업도는 20,000시간이고, 실제 직접노무시간은 18,000시간이다. (주)감평은 제조간접원가 배부차이를 전액 매출원가에서 조정하고 있다. 20x1년도 제조간접원가 배부차이 조정전 매출총이익이 ₩400,000이라면, 포괄손익계산서에 인식할 매출총이익은?

① ₩290,000

② ₩360,000

③ ₩400,000

④ ₩450,000

⑤ ₩510,000

33 (주)감평은 동일한 원재료를 투입하여 제품X, 제품Y, 제품Z를 생산한다. (주)감평은 결합원가를 분리점에서의 상대적 판매가치를 기준으로 결합제품에 배부한다. 결합제품 및 추가가공과 관련된 자료는 다음과 같다.

구분	제품X	제품Y	제품Z	합계
생산량	150단위	200단위	100단위	450단위
결합원가	₩15,000	?	?	?
분리점에서의 단위당 판매가격	₩200	₩100	₩500	
추가가공원가	₩3,500	₩5,000	₩7,500	₩16,000
추가가공 후 단위당 판매가격	₩220	₩150	₩600	

(주)감평은 각 제품을 분리점에서 판매할 수도 있고, 분리점 이후에 추가가공을 하여 판매할 수도 있다. (주)감평이 위 결합제품을 전부 판매할 경우, 예상되는 최대 매출총이익은? (단, 결합공정 및 추가가공과정에서 재공품 및 공손은 없다)

① ₩25,000

② ₩57,000

③ ₩57,500

④ ₩82,000

⑤ ₩120,000

34 (주)감평은 활동기준원가계산방법에 의하여 제품의 원가를 계산하고 있다. 다음은 (주)감평의 연간 활동 제조간접원가 예산자료와 작업 *203의 원가동인에 관한 자료이다.

- 연간 활동제조간접원가 예산자료

활동	활동별 제조간접원가	원가동인	원가동인수량
생산준비	₩200,000	생산준비시간	1,250시간
재료처리	₩300,000	재료처리횟수	1,000회
기계작업	₩500,000	기계작업시간	50,000시간
품질관리	₩400,000	품질관리횟수	10,000회

- 작업 *203의 원가동인 자료

작업	생산준비시간	재료처리횟수	기계작업시간	품질관리횟수
*203	60시간	50회	4,500시간	500회

작업 *203의 제조원가가 ₩300,000이라면, 작업 *203의 기본(기초)원가는?

① ₩210,400

② ₩220,000

③ ₩225,400

④ ₩230,400

⑤ ₩255,400

35 20x1년 초 영업을 개시한 (주)감평의 20x1년도와 20x2년도의 생산 및 판매와 관련된 자료는 다음과 같다.

구분	20x1년	20x2년
생산량	5,000개	10,000개
판매량	4,000개	10,000개
직접재료원가	₩500,000	₩1,000,000
직접노무원가	₩600,000	₩1,200,000
변동제조간접원가	₩400,000	₩800,000
고정제조간접원가	₩200,000	₩250,000
변동판매관리비	₩200,000	₩400,000
고정판매관리비	₩300,000	₩350,000

(주)감평의 20x2년도 전부원가계산에 의한 영업이익이 ₩100,000일 때, 변동원가계산에 의한 영업이익은? (단, 재공품은 없으며 원가흐름은 선입선출법을 가정한다)

① ₩85,000

② ₩115,000

③ ₩120,000

④ ₩135,000

⑤ ₩140,000

36 표준원가계산에 관한 설명으로 옳은 것을 모두 고른 것은?

> ㄱ. 표준원가계산제도는 전부원가계산에서 적용할 수 있으나 변동원가계산에서는 적용할 수 없다.
> ㄴ. 표준원가계산제도는 종합원가계산제도에 적용이 가능하다.
> ㄷ. 직접재료원가 가격차이를 구입시점에서 분리하든 사용시점에서 분리하든 직접재료원가 능률차이는 동일하다.
> ㄹ. 고정제조간접원가의 예산차이는 실제투입량 변동예산과 실제산출량 변동예산의 차이를 의미한다.

① ㄱ, ㄴ   ② ㄱ, ㄷ
③ ㄴ, ㄷ   ④ ㄴ, ㄹ
⑤ ㄷ, ㄹ

37 (주)감평은 단일제품 8,000단위를 생산 및 판매하고 있다. 제품의 단위당 판매가격은 ₩500, 단위당 변동원가는 ₩300이다. (주)감평은 (주)한국으로부터 단위당 ₩450에 1,500단위의 특별주문을 받았다. 이 특별주문을 수락하는 경우, 별도의 포장 작업이 추가로 필요하여 단위당 변동원가가 ₩20 증가하게 된다. (주)감평의 연간 최대생산능력이 9,000단위라면, 이 특별주문을 수락하는 경우, 증분손익은?

① 손실 ₩105,000   ② 손실 ₩75,000
③ 손실 ₩55,000   ④ 이익 ₩95,000
⑤ 이익 ₩195,000

38 (주)감평의 총변동원가가 ₩240,000, 총고정원가가 ₩60,000, 공헌이익률이 40%이며, 법인세율은 20%이다. 이에 관한 설명으로 옳지 <u>않은</u> 것은? (단, 기초재고와 기말재고는 동일하다)

① 매출액은 ₩400,000이다.
② 안전한계율은 62.5%이다.
③ 영업레버리지도는 1.2이다.
④ 세후 영업이익은 ₩80,000이다.
⑤ 손익분기점 매출액은 ₩150,000이다.

39 (주)감평은 단위당 판매가격이 ₩300이고, 단위당 변동원가가 ₩180인 단일제품을 생산 및 판매하고 있다. (주)감평의 최대조업도는 5,000단위이고, 고정원가는 조업도 수준에 따라 변동하며 이와 관련된 자료는 다음과 같다.

연간 조업도	고정원가
0 ~ 2,000단위	₩300,000
2,001 ~ 4,000단위	450,000
4,001 ~ 5,000단위	540,000

(주)감평이 달성할 수 있는 최대 영업이익은?

① ₩12,000　　　　　　　　　② ₩15,000

③ ₩24,000　　　　　　　　　④ ₩30,000

⑤ ₩60,000

40 20x1년 초 영업을 개시한 상품매매기업인 (주)감평의 20x1년 1분기 월별 매출액 예산은 다음과 같다.

구분	1월	2월	3월
매출액	₩2,220,000	₩2,520,000	₩2,820,000

(주)감평은 매출원가의 20%를 이익으로 가산하여 상품을 판매하고, 월말재고로 그 다음 달 매출원가의 40%를 보유하는 재고정책을 실시하고 있다. (주)감평의 매월 상품매입 중 50%는 현금매입이고, 50%는 외상매입이다. 외상매입대금 중 80%는 매입한 달의 1개월 후에, 20%는 매입한 달의 2개월 후에 지급된다. 상품매입과 관련하여 (주)감평의 20x1년 2월 예상되는 현금지출액은? (단, 매입에누리, 매입환출, 매입할인 등은 발생하지 않는다)

① ₩1,076,000　　　　　　　　② ₩1,100,000

③ ₩1,345,000　　　　　　　　④ ₩2,176,000

⑤ ₩2,445,000

06 2018년 제29회 기출문제

> ※ 아래의 문제들에서 특별한 언급이 없는 한 기업의 보고기간(회계기간)은 매년 1월 1일부터 12월 31일까지이다. 또한, 기업은 주권상장법인으로 계속해서 한국채택국제회계기준(K-IFRS)을 적용해오고 있다고 가정하고, 답지항 중에서 물음에 가장 합당한 답을 고르시오. 단, 자료에서 제시한 모든 항목과 금액은 중요하며, 자료에서 제시한 것 이외의 사항은 고려하지 않고 답한다. 예를 들어, 법인세에 대한 언급이 없으면 법인세 효과는 고려하지 않는다.

01 재무보고를 위한 개념체계에서 유용한 재무정보의 질적 특성에 관한 설명으로 옳은 것은?

① 재무정보가 예측가치를 갖기 위해서 그 자체가 예측치 또는 예상치일 필요는 없다.

② 계량화된 정보가 검증가능하기 위해서 단일 점추정치이어야 한다.

③ 완벽하게 표현충실성을 위해서는 서술은 완전하고, 검증가능하며, 오류가 없어야 한다.

④ 재무정보에 예측가치가 있다면 그 재무정보는 나타내고자 하는 현상을 충실하게 표현한다.

⑤ 재고자산평가손실의 인식은 보수주의 원칙이 적용된 것이며, 보수주의는 표현 충실성의 한 측면으로 포함할 수 있다.

02 20x1년 말 현재 (주)감평의 외부감사 전 재무상태표 상 재고자산은 ₩1,000,000이다. (주)감평은 실지재고조사법을 사용하여 창고에 있는 상품만을 기말재고로 보고하였다. 회계감사 중 공인회계사는 (주)감평의 기말 재고자산과 관련하여 다음 사항을 알게 되었다.

> • 20x1년 12월 27일 FOB 선적지 조건으로 (주)한국에게 판매한 상품(원가 ₩300,000)이 20x1년 말 현재 운송 중에 있다.
> • 수탁자에게 20x1년 중에 적송한 상품(원가 ₩100,000) 중 40%가 20x1년 말 현재 판매완료되었다.
> • 고객에게 20x1년 중에 인도한 시송품의 원가는 ₩200,000이며, 이 중20x1년 말까지 매입의사표시를 해 온 금액이 ₩130,000이다.
> • 20x1년 12월 29일 FOB 도착지 조건으로 (주)민국으로부터 매입한 상품(원가 ₩200,000)이 20x1년 말 현재 운송 중에 있다.

위의 내용을 반영하여 작성된 20x1년 말 재무상태표 상 재고자산은?

① ₩1,010,000

② ₩1,110,000

③ ₩1,130,000

④ ₩1,330,000

⑤ ₩1,430,000

03 (주)감평은 20x1년 초 기계장치를 ₩100,000에 취득하고 재평가모형을 적용하기로 하였다. 기계장치의 내용연수는 5년, 잔존가치는 ₩0이며 정액법으로 감가상각 한다. 다음은 연도별 기계장치의 공정가치와 회수가능액이다.

	20x1년 말	20x2년 말
공정가치	₩88,000	₩60,000
회수가능액	90,000	48,000

(주)감평은 20x2년 말에 기계장치에 대해서 손상이 발생하였다고 판단하였다. 기계장치와 관련하여 20x2년도 포괄손익계산서 상 당기순이익과 기타포괄이익에 미치는 영향은 각각 얼마인가? (단, 기계장치를 사용함에 따라 재평가잉여금의 일부를 이익 잉여금으로 대체하지 않는다)

	당기순이익에 미치는 영향	기타포괄이익에 미치는 영향
①	₩10,000 감소	₩2,000 증가
②	₩10,000 감소	₩8,000 감소
③	₩32,000 감소	₩2,000 감소
④	₩32,000 감소	₩2,000 증가
⑤	₩32,000 감소	₩8,000 감소

04 다음은 (주)감평의 20x1년도 재고자산 거래와 관련된 자료이다.

일자	적요	수량	단가
1월 1일	기초재고	100개	₩90
3월 9일	매입	200개	150
5월 16일	매출	150개	–
8월 20일	매입	50개	200
10월 25일	매입	50개	220
11월 28일	매출	200개	–

다음 설명 중 옳지 않은 것은?

① 실지재고조사법을 적용하여 선입선출법을 사용할 경우 기말재고자산 금액은 ₩11,000이다.

② 실지재고조사법을 적용하여 가중평균법을 사용할 경우 매출원가는 ₩52,500이다.

③ 선입선출법을 사용할 경우보다 가중평균법을 사용할 때 당기순이익이 더 작다.

④ 가중평균법을 사용할 경우, 실지재고조사법을 적용하였을 때보다 계속기록법을 적용하였을 때 당기순이익이 더 크다.

⑤ 선입선출법을 사용할 경우, 계속기록법을 적용하였을 때보다 실지재고조사법을 적용하였을 때 매출원가가 더 크다.

05 (주)감평은 20x1년 초 ₩100,000인 건물(내용연수 10년, 잔존가치 ₩0, 정액법 상각)을 취득하였다. (주)감평은 동 건물에 대하여 재평가모형을 적용하며, 20x1년 말과 20x2년 말 현재 건물의 공정가치는 각각 ₩99,000과 ₩75,000이다. 동 건물 관련 회계처리가 (주)감평의 20x2년도 당기순이익에 미치는 영향은? (단, 건물을 사용함에 따라 재평가잉여금의 일부를 이익잉여금으로 대체하지 않는다)

① ₩11,000 감소   ② ₩15,000 감소

③ ₩20,000 감소   ④ ₩24,000 감소

⑤ ₩29,000 감소

06 재무보고를 위한 개념체계에서 재무제표 요소에 관한 설명으로 옳지 <u>않은</u> 것은?

① 자산이 갖는 미래경제적효익은 대체적인 제조과정의 도입으로 생산원가가 절감되는 경우와 같이 현금 유출을 감소시키는 능력일 수도 있다.

② 자산의 존재를 판단하기 위해서 물리적 형태가 필수적인 것은 아니다.

③ 경제적 효익에 대한 통제력은 법률적 권리의 결과이므로 법률적 통제가 있어야 자산의 정의를 충족시킬 수 있다.

④ 기업은 일반적으로 구매나 생산을 통하여 자산을 획득하지만 다른 거래나 사건도 자산을 창출할 수 있다.

⑤ 보증기간이 명백히 경과한 후에 발생하는 제품하자에 대해서도 수리해 주기로 방침을 정한 경우에 이미 판매된 제품과 관련하여 지출될 것으로 예상되는 금액은 부채이다.

07 (주)감평은 20x1년 초 공장건물을 신축하기 시작하여 20x1년 말에 완공하였다. 다음은 공장건물의 신축을 위한 (주)감평의 지출액과 특정차입금 및 일반차입금에 대한 자료이다.

구분	연평균금액	이자비용
공장건물에 대한 지출액	₩320,000	–
특정차입금	160,000	₩18,400
일반차입금	100,000	12,000

20x1년 공장건물과 관련하여 자본화할 차입원가는? (단, 이자비용은 20x1년 중에 발생한 금액이며, 공장건물은 차입원가를 자본화하는 적격자산에 해당된다)

① ₩12,000   ② ₩18,400

③ ₩30,400   ④ ₩31,200

⑤ ₩37,600

08 (주)감평은 20x8년 3월 1일 사용중이던 기계장치를 (주)대한의 신형 기계장치와 교환하면서 ₩4,000의 현금을 추가로 지급하였다. (주)감평이 사용하던 기계장치는 20x5년에 ₩41,000에 취득한 것으로 교환 당시 감가상각누계액은 ₩23,000이고 공정가치는 ₩21,000이다. 한편, 교환시점 (주)대한의 신형 기계장치의 공정가치는 ₩26,000이다. 동 교환거래가 상업적 실질이 있으며 (주)감평의 사용중이던 기계장치의 공정가치가 더 명백한 경우 (주)감평이 교환거래로 인해 인식할 처분손익은?

① 이익 ₩3,000

② 이익 ₩4,000

③ 손실 ₩3,000

④ 손실 ₩4,000

⑤ 이익 ₩1,000

09 (주)감평은 본사 사옥을 신축하기 위하여 토지를 취득하였는데 이 토지에는 철거예정인 창고가 있었다. 다음 자료를 고려할 때, 토지의 취득원가는?

• 토지 구입대금	₩1,000,000
• 사옥 신축 개시 이전까지 토지 임대를 통한 수익	25,000
• 토지 취득세 및 등기수수료	70,000
• 창고 철거비	10,000
• 창고 철거 시 발생한 폐자재 처분 수입	5,000
• 본사 사옥 설계비	30,000
• 본사 사옥 공사대금	800,000

① ₩1,050,000

② ₩1,075,000

③ ₩1,080,000

④ ₩1,100,000

⑤ ₩1,105,000

10 다음 설명 중 옳은 것을 모두 고른 것은?

> ㄱ. 특정 유형자산을 재평가할 때, 해당 자산이 포함되는 유형자산 분류 전체를 재평가한다.
> ㄴ. 자가사용부동산을 공정가치로 평가하는 투자부동산으로 대체하는 시점까지 그 부동산을 감가상각하고, 발생한 손상차손을 인식한다.
> ㄷ. 무형자산으로 인식되기 위해서는 식별가능성, 자원에 대한 통제 및 미래경제적효익의 존재 중 최소 하나 이상의 조건을 충족하여야 한다.
> ㄹ. 무형자산을 창출하기 위한 내부 프로젝트를 연구단계와 개발단계로 구분할 수 없는 경우에는 그 프로젝트 에서 발생한 지출은 모두 개발단계에서 발생한 것으로 본다.

① ㄱ, ㄴ ② ㄱ, ㄷ
③ ㄴ, ㄹ ④ ㄷ, ㄹ
⑤ ㄱ, ㄴ, ㄷ

11 (주)감평은 20x1년 1월 1일 (주)한국이 동 일자에 발행한 액면금액 ₩1,000,000, 표시이자율 연 10%(이 자는 매년 말 지급)의 3년 만기의 사채를 ₩951,963에 취득하였다. 동 사채의 취득시 유효이자율은 연 12%이었으며, (주)감평은 동 사채를 상각후원가로 측정하는 금융자산으로 분류하였다. 동 사채의 20x1 년 12월 31일 공정가치는 ₩975,123이었으며, (주)감평은 20x2년 7월 31일에 경과이자를 포함하여 ₩980,000에 전부 처분하였다. 동 사채 관련 회계처리가 (주)감평의 20x2년도 당기순이익에 미치는 영향은? (단, 단수차이로 인한 오차가 있으면 가장 근사치를 선택한다)

① ₩13,801 증가 ② ₩14,842 감소
③ ₩4,877 증가 ④ ₩34,508 감소
⑤ ₩48,310 증가

12 다음은 (주)감평이 채택하고 있는 확정급여제도와 관련한 자료이다.

• 확정급여채무 계산 시 적용하는 할인율	연 5%
• 기초 확정급여채무의 현재가치	₩700,000
• 기초 사외적립자산의 공정가치	600,000
• 당기근무원가	73,000
• 사외적립자산에 대한 기여금 출연(기말 납부)	90,000
• 퇴직급여 지급액(사외적립자산에서 기말 지급)	68,000
• 기말 사외적립자산의 공정가치	670,000
• 기말 재무상태표에 표시된 순확정급여부채	100,000

(주)감평의 확정급여제도 적용이 포괄손익계산서의 당기순이익과 기타포괄 이익에 미치는 영향은 각각 얼마인가?

	당기순이익에 미치는 영향	기타포괄이익에 미치는 영향
①	₩108,000 감소	₩48,000 감소
②	₩108,000 감소	₩48,000 증가
③	₩108,000 감소	₩12,000 감소
④	₩78,000 감소	₩12,000 증가
⑤	₩78,000 감소	₩12,000 감소

13 (주)감평은 20x1년 1월 1일 다음과 같은 조건의 전환사채(만기 3년)를 액면발행하였다. 20x3년 1월 1일에 액면금액의 40%에 해당하는 전환사채가 보통주로 전환될 때 인식되는 주식발행초과금은? (단, 전환권대가는 전환시 주식발행초과금으로 대체되며, 단수차이로 인한 오차가 있으면 가장 근사치를 선택한다)

- 액면금액 : ₩1,000,000
- 표시이자율 : 연 5%
- 이자지급시점 : 매년 12월 31일
- 일반사채의 시장이자율 : 연 12%
- 전환가격 : ₩2,000(보통주 주당 액면금액 ₩1,000)
- 상환할증금 : 만기상환시 액면금액의 119.86%로 일시상환

기간	단일금액 ₩1의 현재가치		정상연금 ₩1의 현재가치	
	5%	12%	5%	12%
1	0.9524	0.8929	0.9524	0.8929
2	0.9070	0.7972	1.8594	1.6901
3	0.8638	0.7118	2.7233	2.4018

① ₩166,499
③ ₩245,939
⑤ ₩326,747

② ₩177,198
④ ₩256,638

14 다음은 (주)감평의 20x1년도 현금흐름표를 작성하기 위한 자료이다.

(1) 20x1년도 포괄손익계산서 자료
- 당기순이익 : ₩100,000
- 대손상각비 : ₩5,000(매출채권에서 발생)
- 감가상각비 : ₩20,000
- 유형자산처분이익 : ₩7,000
- 사채상환손실 : ₩8,000

(2) 20x1년 말 재무상태표 자료
- 20x1년 기초금액 대비 기말금액의 증감은 다음과 같다.

자산		부채	
계정과목	증가(감소)	계정과목	증가(감소)
재고자산	(₩80,000)	매입채무	(₩4,000)
매출채권(순액)	50,000	미지급급여	6,000
유형자산(순액)	(120,000)	사채(순액)	(90,000)

(주)감평의 20x1년도 영업활동순현금흐름은?

① ₩89,000 ② ₩153,000
③ ₩158,000 ④ ₩160,000
⑤ ₩161,000

15 (주)감평의 20x1년도 희석주당이익은? (단, 전환우선주 전환 이외의 보통주식수의 변동은 없으며, 유통 보통주식수 계산시 월할계산한다. 또한 계산결과는 가장 근사치를 선택한다)

- 20x1년도 당기순이익 : ₩1,049,000
- 기초유통보통주식수 : 20,000주(주당 액면금액 ₩1,000)
- 기초유통우선주식수 : 5,000주(전환우선주, 주당 액면금액 ₩1,000, 전환비율 1 : 1)
- 전환우선주 : 회계연도 말까지 미전환된 부분에 대해서 액면금액의 8% 배당(전년도에는 배당가능이익이 부족하여 배당금을 지급하지 못하였으나, 20x1년도에는 전년도 배당금까지 포함하여 지급할 예정)
- 20x1년 5월 1일 : 전환우선주 900주가 보통주로 전환되고 나머지는 기말까지 미전환

① ₩30 ② ₩32
③ ₩35 ④ ₩37
⑤ ₩42

16 (주)감평은 20x1년 초 (주)대한을 합병하면서 이전대가로 현금 ₩1,500,000과 (주)감평이 보유한 토지 (장부금액 ₩200,000, 공정가치 ₩150,000)를 (주)대한의 주주에게 지급하였다. 합병일 현재 (주)대한의 식별가능한 자산의 공정가치는 ₩3,000,000, 부채의 공정가치는 ₩1,500,000이며, 주석으로 공시한 우발부채는 현재의무이며 신뢰성 있는 공정가치는 ₩100,000이다. 합병시 (주)감평이 인식할 영업권은?

① ₩150,000
② ₩200,000
③ ₩250,000
④ ₩350,000
⑤ ₩400,000

17 (주)감평은 20x1년 초에 부여일로부터 3년의 지속적인 용역제공을 조건으로 직원 100명에게 주식선택권을 1인당 10개씩 부여하였다. 20x1년 초 주식선택권의 단위당 공정가치는 ₩150이며, 주식선택권은 20x4년 초부터 행사할 수 있다. (주)감평의 연도별 실제 퇴직자 수 및 추가퇴직 예상자 수는 다음과 같다.

구분	실제 퇴직자 수	추가퇴직 예상자 수
20x1년 말	5명	15명
20x2년 말	8명	17명

(주)감평은 20x1년 말에 주식선택권의 행사가격을 높이는 조건변경을 하였으며, 이러한 조건변경으로 주식선택권의 단위당 공정가치가 ₩30 감소하였다. 20x2년도 인식할 보상비용은?

① ₩16,000
② ₩30,000
③ ₩40,000
④ ₩56,000
⑤ ₩70,000

18 충당부채, 우발부채 및 우발자산에 관한 설명으로 옳지 않은 것은?

① 충당부채는 현재의무이고 이를 이행하기 위하여 경제적 효익이 있는 자원을 유출할 가능성이 높고 해당 금액을 신뢰성 있게 추정할 수 있으므로 부채로 인식한다.
② 제품보증이나 이와 비슷한 계약 등 비슷한 의무가 다수 있는 경우에 의무 이행에 필요한 자원의 유출 가능성은 해당 의무 전체를 고려하여 판단한다.
③ 재무제표는 미래 시점의 예상 재무상태가 아니라 보고기간 말의 재무상태를 표시하는 것이므로, 미래 영업에서 생길 원가는 충당부채로 인식한다.
④ 손실부담계약은 계약상 의무의 이행에 필요한 회피 불가능 원가가 그 계약에서 받을 것으로 예상되는 경제적 효익을 초과하는 계약을 말한다.
⑤ 우발자산은 과거사건으로 생겼으나, 기업이 전적으로 통제할 수는 없는 하나 이상의 불확실한 미래 사건의 발생 여부로만 그 존재 유무를 확인할 수 있는 잠재적 자산을 말한다.

19 (주)감평은 20x1년 초 업무용 건물을 ₩2,000,000에 취득하였다. 구입당시에 동 건물의 내용연수는 5년이고 잔존가치는 ₩200,000으로 추정되었다. (주)감평은 감가상각방법으로서 연수합계법을 사용하여 왔으나 20x3년 초에 정액법으로 변경하고, 동일 시점에 잔존가치를 ₩20,000으로 변경하였다. 20x3년도 포괄손익계산서 상 감가상각비는?

① ₩144,000   ② ₩300,000

③ ₩360,000   ④ ₩396,000

⑤ ₩400,000

20 다음은 20x1년 초 설립한 (주)감평의 20x1년도 법인세와 관련된 내용이다.

20x1년 과세소득 산출내역	
법인세비용차감전순이익	₩1,000,000
세무조정항목 :	
감가상각비 한도초과액	250,000
접대비한도초과액	50,000
과세소득	₩1,300,000

• 감가상각비 한도초과액은 20x2년에 전액 소멸한다.
• 차감할 일시적차이가 사용될 수 있는 미래 과세소득의 발생가능성은 높다.
• 연도별 법인세율은 20%로 일정하다.

20x1년도에 인식할 법인세비용은?

① ₩200,000   ② ₩210,000

③ ₩260,000   ④ ₩310,000

⑤ ₩320,000

21 (주)감평의 20x1년 초 유통보통주식수는 1,000주(주당 액면금액 ₩1,000), 유통우선주식수는 200주(주당 액면금액 ₩1,000)이다. 20x1년 9월 1일에 (주)감평은 보통주 1,000주의 유상증자를 실시하였는데, 발행금액은 주당 ₩1,200이고 유상증자 직전 주당 공정가치는 ₩2,000이다. 20x1년도 당기순이익은 ₩280,000이며, 우선주(비누적적, 비참가적)의 배당률은 5%이다. 20x1년도 기본주당이익은? (단, 유상증자대금은 20x1년 9월 1일 전액 납입완료 되었으며, 유통보통주식수 계산시 월할계산한다)

① ₩135   ② ₩140

③ ₩168.75   ④ ₩180

⑤ ₩202.5

22 (주)감평은 20x1년 1월 1일에 액면금액 ₩1,000,000(표시이자율 연 8%, 매년 말 이자지급, 만기 3년)의 사채를 발행하였다. 발행당시 시장이자율은 연 13%이다. 20x1년 12월 31일 현재 동 사채의 장부금액은 ₩916,594이다. 동 사채와 관련하여 (주)감평이 20x3년도 인식할 이자비용은? (단, 단수차이로 인한 오차가 있으면 가장 근사치를 선택한다)

① ₩103,116   ② ₩107,026

③ ₩119,157   ④ ₩124,248

⑤ ₩132,245

23 (주)감평은 20x1년 초 투자 목적으로 건물을 ₩2,000,000에 취득하여 공정가치 모형을 적용하였다. 건물의 공정가치 변동이 다음과 같을 때, (주)감평의 20x2년도 당기순이익에 미치는 영향은? (단, 필요할 경우 건물에 대해 내용 연수 8년, 잔존가치 ₩0, 정액법으로 감가상각 한다)

구분	20x1년 말	20x2년 말
공정가치	₩1,900,000	₩1,800,000

① 영향 없음   ② ₩100,000 감소

③ ₩200,000 감소   ④ ₩350,000 감소

⑤ ₩450,000 감소

24 (주)감평은 20x7년 초 기계장치를 ₩5,000(내용연수 5년, 잔존가치 ₩0, 정액법 상각)에 취득하였다. 20x7년 말과 20x8년 말 기계장치에 대한 공정가치는 각각 ₩7,000과 ₩5,000이다. (주)감평은 동 기계장치에 대해 공정가치로 재평가하고 있으며, 기계장치를 사용함에 따라 재평가잉여금 중 실현된 부분을 이익잉여금으로 직접 대체하는 정책을 채택하고 있다. 20x8년에 재평가잉여금 중 이익잉여금으로 대체되는 금액은?

① ₩500   ② ₩750

③ ₩1,500   ④ ₩1,750

⑤ ₩2,500

25 생물자산에 관한 설명으로 옳지 <u>않은</u> 것은?

① 생물자산의 순공정가치를 산정할 때에 추정 매각부대원가를 차감하기 때문에 생물자산의 최초 인식시점에 손실이 발생할 수 있다.

② 수확시점의 수확물은 어떠한 경우에도 순공정가치로 측정한다.

③ 최초 인식후 생물자산의 순공정가치 변동으로 발생하는 평가손익은 발생한 기간의 당기손익에 반영한다.

④ 순공정가치로 측정하는 생물자산과 관련된 정부보조금에 다른 조건이 없는 경우에는 이를 수취할 수 있게 되는 시점에 기타포괄손익으로 인식한다.

⑤ 생물자산을 최초로 인식하는 시점에 시장 공시가격을 구할 수 없고, 대체적인 공정가치측정치가 명백히 신뢰성 없게 결정되는 경우에는 원가에서 감가상각누계액과 손상차손누계액을 차감한 금액으로 측정한다.

26 (주)감평은 선입선출법에 의한 저가기준을 적용하여 소매재고법으로 재고자산을 평가하고 있다. 20x8년도 상품재고 거래와 관련된 자료가 다음과 같은 경우 (주)감평의 20x8년도 매출원가는?

구분	원가	매가
기초재고자산	₩162,000	₩183,400
당기매입액	1,220,000	1,265,000
인상액		260,000
인하액		101,000
인하취소액		11,000
당기매출액		960,000

① ₩526,720
② ₩532,600
③ ₩849,390
④ ₩855,280
⑤ ₩952,400

27 재고자산에 관한 설명으로 옳지 <u>않은</u> 것은?

① 재료원가, 노무원가 및 기타 제조원가 중 비정상적으로 낭비된 부분은 재고자산의 취득원가에 포함시키지 않고 발생기간의 비용으로 인식한다.

② 제작기간이 단기간인 재고자산은 차입원가를 자본화 할 수 있는 적격자산에 해당되지 아니한다.

③ 매입거래처로부터 매입수량이나 매입금액의 일정률만큼 리베이트를 수령할 경우 이를 수익으로 인식하지 않고 재고자산 매입원가에서 차감한다.

④ 기말 재고자산은 취득원가와 순실현가능가치 중 낮은 금액으로 측정한다.

⑤ 가격변동이익이나 중개이익을 목적으로 옥수수, 구리, 석유 등의 상품을 취득하여 단기간 내에 매도하는 기업은 순공정가치의 변동을 기타포괄손익으로 인식한다.

28 (주)감평은 20x3년도부터 재고자산 평가방법을 선입선출법에서 가중평균법으로 변경하였다. 이러한 회계정책의 변경은 한국채택국제회계기준에서 제시하는 조건을 충족하며, (주)감평은 이러한 변경에 대한 소급효과를 모두 결정할 수 있다. 다음은 (주)감평의 재고자산 평가방법별 기말재고와 선입선출법에 의한 당기순이익이다.

	20x1년	20x2년	20x3년
기말 재고자산 :			
선입선출법	₩1,100	₩1,400	₩2,000
가중평균법	1,250	1,600	1,700
당기순이익	₩21,000	₩21,500	₩24,000

회계변경 후 20x3년도 당기순이익은? (단, 20x3년도 장부는 마감 전이다)

① ₩23,500
② ₩23,700
③ ₩24,000
④ ₩24,300
⑤ ₩24,500

29 (주)감평은 20x3년 초 건물을 ₩41,500에 취득(내용연수 10년, 잔존가치 ₩1,500, 정액법 상각)하여 사용하고 있으며, 20x5년 중 손상이 발생하여 20x5년 말 회수가능액은 ₩22,500으로 추정되었다. 20x6 년 말 건물의 회수가능액은 ₩26,000인 것으로 추정되었다. 동 건물에 대해 원가모형을 적용하는 경우 다음 설명 중 옳지 않은 것은?

① 20x5년 말 손상을 인식하기 전의 건물의 장부금액은 ₩29,500이다.

② 20x5년 건물의 손상차손은 ₩7,000이다.

③ 20x6년 건물의 감가상각비는 ₩3,000이다.

④ 20x6년 말 손상이 회복된 이후 건물의 장부금액은 ₩25,500이다.

⑤ 20x6년 건물의 손상차손환입액은 ₩6,500이다.

30 (주)감평은 20x1년 초에 하수처리장치를 ₩20,000,000에 구입하여 즉시 가동하였으며, 하수처리장치의 내용연수는 3년이고 잔존가치는 없으며 정액법으로 감가상각 한다. 하수처리장치는 내용연수 종료 직후 주변 환경을 원상회복하는 조건으로 허가받아 취득한 것이며, 내용연수 종료시점의 원상회복비용은 ₩1,000,000으로 추정된다. (주)감평의 내재이자율 및 복구충당부채의 할인율이 연 8%일 때, 20x1년 도 감가상각비는? (단, 계산결과는 가장 근사치를 선택한다)

기간	단일금액 ₩1의 현재가치	정상연금 ₩1의 현재가치
	8%	8%
3	0.79383	2.57710

① ₩6,666,666

② ₩6,931,277

③ ₩7,000,000

④ ₩7,460,497

⑤ ₩7,525,700

31 제조기업인 (주)감평이 변동원가계산방법에 의하여 제품원가를 계산할 때 제품원가에 포함되는 항목을 모두 고른 것은?

ㄱ. 직접재료원가
ㄴ. 직접노무원가
ㄷ. 본사건물 감가상각비
ㄹ. 월정액 공장임차료

① ㄱ, ㄴ

② ㄱ, ㄹ

③ ㄴ, ㄷ

④ ㄴ, ㄹ

⑤ ㄱ, ㄷ, ㄹ

32 원가가산 가격결정방법에 의해서 판매가격을 결정하는 경우 (   )에 들어갈 금액으로 옳은 것은? (단, 영업이익은 총원가의 30%이고, 판매비와관리비는 제조원가의 50%이다)

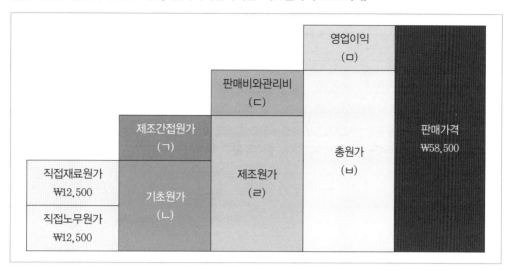

	(ㄱ)	(ㄴ)	(ㄷ)	(ㄹ)	(ㅁ)	(ㅂ)
①	₩ 5,000	₩25,000	₩15,000	₩30,000	₩13,500	₩45,000
②	₩ 5,000	₩25,000	₩17,500	₩35,000	₩10,500	₩48,000
③	₩10,000	₩25,000	₩15,000	₩30,000	₩13,500	₩45,000
④	₩10,000	₩25,000	₩17,500	₩35,000	₩10,500	₩48,000
⑤	₩10,000	₩25,000	₩17,500	₩30,000	₩10,500	₩48,000

33 실제개별원가계산제도를 사용하는 (주)감평의 20x1년도 연간 실제 원가는 다음과 같다.

• 직접재료원가	₩4,000,000
• 직접노무원가	₩5,000,000
• 제조간접원가	₩1,000,000

(주)감평은 20x1년 중 작업지시서 *901을 수행하였는데 이 작업에 320시간의 직접노무시간이 투입되었다. (주)감평은 제조간접원가를 직접노무시간을 기준으로 실제배부율을 사용하여 각 작업에 배부한다. 20x1년도 실제 총직접노무시간은 2,500시간이다. (주)감평이 작업지시서 *901에 배부하여야 할 제조간접원가는?

① ₩98,000   ② ₩109,000

③ ₩128,000   ④ ₩160,000

⑤ ₩175,000

34 (주)감평은 수선부문과 동력부문의 두 개의 보조부문과 도색부문과 조립부문의 두 개의 제조부문으로 구성되어 있다. (주)감평은 상호배부법을 사용하여 보조 부문의 원가를 제조부문에 배부한다. 20x1년도 보조부문의 용역제공은 다음과 같다.

제공부문	보조부문		제조부문	
	수선	동력	도색	조립
수선(시간)	–	400	1,000	600
동력(kwh)	2,000	–	4,000	4,000

20x1년도 보조부문인 수선부문과 동력부문으로부터 도색부문에 배부된 금액은 ₩100,000이고, 조립부문에 배부된 금액은 ₩80,000이었다. 동력부문의 배부 전 원가는?

① ₩75,000

② ₩80,000

③ ₩100,000

④ ₩105,000

⑤ ₩125,000

35 다음은 (주)감평의 20x1년도 매출관련 자료이다.

• 매출액	₩282,000
• 총변동원가	₩147,000
• 총고정원가	₩ 30,000
• 판매량	3,000단위

20x2년도에 광고비 ₩10,000을 추가로 지출한다면, 판매량이 300단위 증가할 확률이 60%이고, 200단위 증가할 확률이 40%로 될 것으로 예상된다. 이 때 증가될 것으로 기대되는 이익은? (단, 20x2년도 단위당 판매가격, 단위당 변동원가, 광고비를 제외한 총고정원가는 20x1년도와 동일하다고 가정한다)

① ₩700

② ₩800

③ ₩1,200

④ ₩1,700

⑤ ₩2,700

36 정상원가계산을 사용하는 (주)감평은 단일제품을 제조·판매하는 기업이다. 20x1년도의 고정제조간접원가 총예산액 및 실제 발생액은 ₩720,000이었다. 20x1년 제품의 생산 및 판매량은 다음과 같고, 기초 및 기말 재공품은 없다.

• 기초재고	40,000단위
• 생산량	140,000단위
• 판매량	160,000단위

고정제조간접원가배부율은 120,000단위를 기준으로 산정하며, 이 배부율은 매년 동일하게 적용된다. 한편, 제조원가의 원가차이는 전액 매출원가에서 조정한다. 변동원가계산에 의한 영업이익이 ₩800,000인 경우, 전부원가계산에 의한 영업이익은?

① ₩680,000   ② ₩700,000

③ ₩750,000   ④ ₩830,000

⑤ ₩920,000

37 다음은 활동기준원가계산을 사용하는 제조기업인 (주)감평의 20x1년도 연간활동원가 예산자료이다. 20x1년에 회사는 제품 A를 1,000단위 생산하였는데 제품 A의 생산을 위한 활동원가는 ₩830,000으로 집계되었다. 제품 A의 생산을 위해서 20x1년에 80회의 재료이동과 300시간의 직접노동시간이 소요되었다. (주)감평이 제품 A를 생산하는 과정에서 발생한 기계작업시간은?

활동	활동원가	원가동인	원가동인총수량
재료이동	₩4,000,000	이동횟수	1,000회
성형	₩3,000,000	제품생산량	15,000단위
도색	₩1,500,000	직접노동시간	7,500시간
조립	₩1,000,000	기계작업시간	2,000시간

① 400시간   ② 500시간

③ 600시간   ④ 700시간

⑤ 800시간

38 (주)감평은 세 종류의 제품 A, B, C를 독점 생산 및 판매하고 있다. 제품생산을 위해 사용되는 공통설비의 연간 사용시간은 총 40,000시간으로 제한되어 있다. 20x1년도 예상 자료는 다음과 같다. 다음 설명 중 옳은 것은?

구분	제품 A	제품 B	제품 C
단위당 판매가격	₩500	₩750	₩1,000
단위당 변동원가	₩150	₩300	₩600
단위당 공통설비사용시간	5시간	10시간	8시간
연간 최대 시장수요량	2,000단위	3,000단위	2,000단위

① 제품단위당 공헌이익이 가장 작은 제품은 C이다.
② 공헌이익을 최대화하기 위해 생산할 제품 C의 설비 사용시간은 12,000시간이다.
③ 공헌이익을 최대화하기 위해 생산할 총제품수량은 5,000단위이다.
④ 공헌이익을 최대화하기 위해서는 제품 C, 제품 B, 제품 A의 순서로 생산한 후 판매해야 한다.
⑤ 획득할 수 있는 최대공헌이익은 ₩2,130,000이다.

39 (주)감평은 종합원가계산제도를 채택하고 단일제품을 생산하고 있다. 재료는 공정이 시작되는 시점에서 전량 투입되며, 가공(전환)원가는 공정 전체에 걸쳐 균등하게 발생한다. 가중평균법과 선입선출법에 의한 가공(전환)원가의 완성품환산량은 각각 108,000단위와 87,000단위이다. 기초재공품의 수량이 70,000단위라면 기초재공품 가공(전환)원가의 완성도는?

① 10%   ② 15%
③ 20%   ④ 25%
⑤ 30%

40 다음 자료를 이용하여 계산한 매출원가는?

• 기초재공품	₩60,000	• 직접재료원가	₩45,000
• 기초제품	₩45,000	• 직접노무원가	₩35,000
• 기말재공품	₩30,000	• 제조간접원가	₩26,000
• 기말제품	₩60,000		

① ₩121,000   ② ₩126,000
③ ₩131,000   ④ ₩136,000
⑤ ₩141,000

07 2017년 제28회 기출문제

※ 아래의 문제들에서 특별한 언급이 없는 한 기업의 보고기간(회계기간)은 매년 1월 1일부터 12월 31일까지이다. 또한, 기업은 주권상장법인으로 계속해서 한국 채택국제회계기준(K-IFRS)을 적용해오고 있다고 가정하고, 답지항 중에서 물음에 가장 합당한 답을 고르시오. 단, 자료에서 제시한 모든 항목과 금액은 중요하며, 자료에서 제시한 것 이외의 사항은 고려하지 않고 답한다. 예를 들어, 법인세에 대한 언급이 없으면 법인세 효과는 고려하지 않는다.

01 유형자산의 교환거래시 취득원가에 관한 설명으로 옳지 <u>않은</u> 것은?

① 교환거래의 상업적 실질이 결여된 경우에는 제공한 자산의 장부금액을 취득원가로 인식한다.
② 취득한 자산과 제공한 자산의 공정가치를 모두 신뢰성 있게 측정할 수 없는 경우에는 취득한 자산의 장부금액을 취득원가로 인식한다.
③ 유형자산을 다른 비화폐성자산과 교환하여 취득하는 경우 제공한 자산의 공정가치를 신뢰성 있게 측정할 수 있다면 취득한 자산의 공정가치가 더 명백한 경우를 제외하고는 취득원가는 제공한 자산의 공정가치로 측정한다.
④ 취득한 자산의 공정가치가 제공한 자산의 공정가치보다 더 명백하다면 취득한 자산의 공정가치를 취득원가로 한다.
⑤ 제공한 자산의 공정가치를 취득원가로 인식하는 경우 현금을 수령하였다면 이를 취득원가에서 차감하고, 현금을 지급하였다면 취득원가에 가산한다.

02 수익인식에 관한 설명으로 옳지 <u>않은</u> 것은?

① 재화의 결함에 대하여 정상적인 품질보증범위를 초과하여 판매자가 책임을 지더라도 재화가 구매자에게 인도되었다면 수익으로 인식한다.
② 설치조건부 판매에서 계약의 중요한 부분을 차지하는 설치가 아직 완료되지 않은 경우에는 당해 거래를 판매로 보지 아니하며, 수익을 인식하지 아니한다.
③ 위탁판매의 경우 위탁자는 수탁자가 제3자에게 재화를 판매한 시점에 수익을 인식한다.
④ 주문형 소프트웨어의 개발수수료는 진행기준에 따라 수익을 인식한다.
⑤ 판매대금의 회수가 구매자의 재판매에 의해 결정되는 경우에는 당해 거래를 판매로 보지 아니하며, 수익을 인식하지 아니한다.

03 (주)감평은 20x1년 4월 1일에 거래처에 상품을 판매하고 그 대가로 이자부 약속어음(3개월 만기, 표시이자율 연 5%, 액면금액 ₩300,000)을 수취하였다. 동 어음을 1개월 보유하다가 주거래은행에서 연 8% 이자율로 할인할 경우, 어음할인액과 금융자산처분손실은? (단, 어음할인은 금융자산 제거요건을 충족함)

	할인액	처분손실
①	₩4,000	₩1,550
②	₩4,000	₩2,500
③	₩4,000	₩4,000
④	₩4,050	₩1,550
⑤	₩4,050	₩2,500

04 (주)감평은 (주)리스가 20x1년 1월 1일에 취득한 기계장치(공정가치 ₩390,000)에 대하여 금융리스계약(리스기간 3년, 연간리스료 ₩150,000 매년 말 지급, (주)감평이 지급한 리스개설직접원가 ₩7,648)을 20x1년 1월 1일에 체결하고 즉시 사용하였다. 리스기간 종료시 예상잔존가치 ₩50,000 중 ₩20,000을 (주)감평이 보증하기로 하였다. 동 금융리스에 적용되는 내재이자율이 연 12%라면, (주)감평이 20x1년도에 인식할 감가상각비는? (단, 리스자산은 정액법으로 감가상각한다)

기간	단일금액 ₩1의 현재가치	정상연금 ₩1의 현재가치
	12%	12%
1	0.8929	0.8929
2	0.7972	1.6901
3	0.7118	2.4018

① ₩102,432   ② ₩108,168
③ ₩110,718   ④ ₩118,168
⑤ ₩120,718

05 보고기간후사건에 관한 설명으로 옳지 <u>않은</u> 것은?

① 보고기간 후부터 재무제표 발행승인일 전 사이에 배당을 선언한 경우에는 보고 기간말에 부채로 인식한다.
② 보고기간말 이전에 구입한 자산의 취득원가나 매각한 자산의 대가를 보고기간 후에 결정하는 경우는 수정을 요하는 보고기간후사건이다.
③ 보고기간말과 재무제표 발행승인일 사이에 투자자산의 공정가치의 하락은 수정을 요하지 않는 보고기간후사건이다.
④ 보고기간 후에 발생한 화재로 인한 주요 생산 설비의 파손은 수정을 요하지 않는 보고기간후사건이다.
⑤ 경영진이 보고기간 후에, 기업을 청산하거나 경영활동을 중단할 의도를 가지고 있다고 판단하는 경우에는 계속기업의 기준에 따라 재무제표를 작성해서는 아니 된다.

06 (주)감평은 20x1년부터 20x3년까지 배당가능이익의 부족으로 배당금을 지급하지 못하였으나, 20x4년도에는 영업의 호전으로 ₩220,000을 현금배당 할 계획이다. (주)감평의 20x4년 12월 31일 발행주식수가 보통주 200주(주당 액면 금액 ₩3,000, 배당률 4%)와 우선주 100주(비누적적, 완전참가적 우선주, 주당 액면금액 ₩2,000, 배당률 7%)인 경우, 보통주배당금으로 배분해야 할 금액은?

① ₩120,000
② ₩136,500
③ ₩140,000
④ ₩160,500
⑤ ₩182,000

07 20x1년 초 (주)감평은 정부보조금 ₩500,000을 받아 연구소 건물(내용연수 5년, 잔존가치 ₩0, 정액법 상각)을 ₩1,000,000에 취득하고 다음과 같이 회계처리를 하였다.

(차) 건물	1,000,000	(대) 현금	1,000,000

위 거래와 관련하여 정부보조금 및 감가상각에 대한 회계처리가 누락되었다. 이를 장부마감 이전에 반영하여 재무제표에 표시할 경우, 20x1년 말 재무제표에 미치는 영향으로 옳은 것은? (단, 정부보조금은 자산에서 차감하는 방법으로 회계처리한다)

① 20x1년말 총자산금액에는 영향이 없음
② 20x1년도 당기순이익은 ₩100,000 감소
③ 20x1년말 총부채 금액은 ₩400,000 증가
④ 20x1년말 감가상각누계액은 ₩200,000 감소
⑤ 20x1년말 건물 장부금액은 ₩200,000 감소

08 다음 20x1년 말 (주)감평의 자료에서 재무상태표에 표시될 충당부채 금액은? (단, 현재가치 계산은 고려하지 않는다)

- 20x1년 초에 취득한 공장건물은 정부와의 협약에 의해 내용연수가 종료되면 부속 토지를 원상으로 회복시켜야 하는데, 그 복구비용은 ₩500,000이 발생될 것으로 추정된다.
- 20x1년 말에 새로운 회계시스템의 도입으로 종업원들에 대한 교육훈련이 20x2년에 진행될 예정이며, 교육훈련비용으로 ₩300,000의 지출이 예상된다.
- 20x1년 초에 구입한 기계장치는 3년마다 한 번씩 대대적인 수리가 필요한데, 3년 후 ₩600,000의 수리비용이 발생될 것으로 추정된다.

① ₩0
② ₩500,000
③ ₩600,000
④ ₩800,000
⑤ ₩1,100,000

09 다음은 (주)감평의 20x1년 현금흐름표 작성을 위한 자료이다.

• 감가상각비	₩40,000	• 미지급이자 증가액	₩5,000
• 유형자산처분손실	20,000	• 매출채권 증가액	15,000
• 이자비용	25,000	• 재고자산 감소액	4,000
• 법인세비용	30,000	• 매입채무 감소액	6,000
• 미지급법인세 감소액	5,000	• 당기순이익	147,000

(주)감평은 간접법으로 현금흐름표를 작성하며, 이자지급 및 법인세납부를 영업활동으로 분류한다. 20x1년 (주)감평이 현금흐름표에 보고해야 할 영업활동 순현금흐름은?

① ₩160,000

② ₩165,000

③ ₩190,000

④ ₩195,000

⑤ ₩215,000

10 (주)감평은 20x1년 1월 1일에 설립되었다. 20x1년도 (주)감평의 법인세비용 차감전순이익은 ₩1,000,000이며, 법인세율은 20%이고, 법인세와 관련된 세무조정사항은 다음과 같다.

- 감가상각비 한도초과액은 ₩50,000이고, 동 초과액 중 ₩30,000은 20x2년에, ₩20,000은 20x3년에 소멸될 것으로 예상된다.
- 접대비한도초과액은 ₩80,000이다.
- 20x1년말에 정기예금(20x2년 만기)에 대한 미수이자는 ₩100,000이다.

20x1년 중 법인세법의 개정으로 20x2년부터 적용되는 법인세율은 25%이며, 향후 (주)감평의 과세소득은 계속적으로 ₩1,000,000이 될 것으로 예상된다. (주)감평이 20x1년도 포괄손익계산서에 인식할 법인세비용과 20x1년말 재무상태표에 표시할 이연법인세자산(또는 부채)은? (단, 이연법인세자산과 이연법인세부채는 상계하여 표시한다)

	법인세비용	이연법인세
①	₩218,500	₩12,500(부채)
②	₩206,000	₩12,500(자산)
③	₩206,000	₩12,500(부채)
④	₩218,500	₩37,500(자산)
⑤	₩218,500	₩37,500(부채)

11 (주)감평은 20x1년 초에 도급금액 ₩1,000,000인 건설공사를 수주하고, 20x3년 말에 공사를 완공하였다. 이와 관련된 원가자료는 다음과 같다. (주)감평이 20x1년도 포괄손익계산서에 인식할 공사손익과 20x1년말 재무상태표에 표시할 미청구공사(또는 초과청구공사) 금액은? (단, 진행률은 발생누적계약원가를 추정총계약원가로 나눈 비율로 계산한다)

구분	20x1년	20x2년	20x3년
실제발생 공사원가	₩320,000	₩200,000	₩250,000
연도 말 예상 추가원가	480,000	280,000	–
계약대금 청구액	350,000	350,000	300,000

	공사이익(손실)	미청구공사(초과청구공사)
①	₩80,000	₩ 50,000
②	₩60,000	₩ 30,000
③	₩60,000	₩(30,000)
④	₩80,000	₩(50,000)
⑤	₩80,000	₩ 30,000

12 (주)대한은 20x1년 1월 1일에 건물을 ₩20,000,000에 취득하여 사용하고 있다(내용연수 5년, 잔존가치 ₩0, 정액법 상각). (주)대한은 20x2년 말에 재평가모형을 최초 적용하였으며, 장부금액과 감가상각누계액을 비례하여 수정하는 방법으로 회계처리하고 있다. 20x2년 말 건물의 재평가 전 장부금액은 ₩12,000,000이고, 공정가치는 ₩18,000,000이다. 다음 중 옳지 않은 것은? (단, 재평가잉여금은 이익잉여금으로 대체하지 않는다)

① (주)대한은 20x2년에 감가상각비로 ₩4,000,000을 보고한다.

② 재평가 이후 (주)대한의 20x2년 말 재무상태표에 표시되는 건물의 장부금액은 ₩18,000,000이다.

③ (주)대한은 20x2년 말에 재무상태표에 ₩6,000,000을 기타포괄손익누계액으로 인식한다.

④ 자산재평가로 인한 장부금액 수정을 기존의 감가상각누계액을 제거하는 방법을 사용하면 건물의 장부금액 ₩18,000,000이 보고된다.

⑤ (주)대한이 20x1년에도 이 건물에 대한 재평가를 실시하여 재평가손실 ₩1,000,000을 인식하였다면, 20x2년에는 ₩5,000,000을 당기이익으로 인식한다.

13 (주)감평이 본사 건물 취득시점부터 취득 후 2년간 지출은 다음과 같다. 동 건물과 관련하여 (주)감평이 20x3년도 포괄손익계산서에 인식할 당기비용은? (단, 감가상각은 월할상각한다)

- 20x1.7.1. 건물 취득원가 ₩1,000,000(내용연수 4년, 잔존가치 ₩0, 연수합계법으로 감가상각)
- 20x2.1.1. 엘리베이터 교체 ₩200,000(자본적 지출에 해당, 추정 잔여 내용연수 4년으로 변경, 잔존가치는 변동없음)
- 20x3.1.1. 건물 도색 ₩50,000(수익적 지출에 해당, 내용연수와 잔존가치 변동없음, 정액법으로 감가상각방법 변경)

① ₩200,000
② ₩250,000
③ ₩300,000
④ ₩350,000
⑤ ₩400,000

14 상품매매기업인 (주)감평은 20x1년 1월 1일 특허권(내용연수 5년, 잔존가치 ₩0)과 상표권(비한정적 내용연수, 잔존가치 ₩0)을 각각 ₩100,000과 ₩200,000에 취득하였다. (주)감평은 무형자산에 대해 원가모형을 적용하며, 정액법에 의한 월할상각을 한다. 특허권과 상표권 회수가능액 자료가 다음과 같을 때, 20x2년도 포괄손익계산서에 인식할 당기비용은? (단, 20x2년 말 모든 무형자산의 회수가능액 감소는 손상징후에 해당된다)

구분	특허권	상표권
20x1년 말 회수가능액	₩90,000	₩200,000
20x2년 말 회수가능액	35,000	120,000

① ₩45,000
② ₩105,000
③ ₩120,000
④ ₩125,000
⑤ ₩145,000

15 (주)감평은 20x1년 1월 1일 토지와 토지 위에 있는 건물A를 일괄하여 ₩40,000에 취득(토지와 건물A의 공정가치 비율은 4 : 1)하였다. 취득당시 건물A의 잔여 내용연수는 5년이고 잔존가치는 없으며 정액법으로 감가상각한다. 20x2년 1월 1일 더 이상 건물A를 사용할 수 없어 철거하고 새로운 건물B의 신축을 시작하였다. 건물A의 철거비용은 ₩1,500이며, 철거시 수거한 고철 등을 매각하여 ₩500을 수령하였다. 건물신축과 관련하여 20x2년에 ₩20,000의 건설비가 발생하였으며, 건물B(내용연수 10년, 잔존가치 ₩0, 정액법 감가상각)는 20x2년 10월 1일 완공 후 즉시 사용하였다. 20x1년 12월 31일 건물A의 장부금액과 20x2년 12월 31일 건물B의 장부금액은? (단, 감가상각은 월할계산한다)

	건물 A	건물 B
①	₩6,400	₩19,500
②	₩6,400	₩18,000
③	₩6,400	₩25,900
④	₩8,000	₩19,500
⑤	₩8,000	₩26,900

16 자동차부품 제조업을 영위하고 하고 있는 (주)감평은 20x1년 초 임대수익 목적으로 건물(취득원가 ₩1,000,000, 잔여 내용연수 5년, 잔존가치 ₩0, 정액법 감가상각)을 취득하였다. 한편, 20x1년 말 동 건물의 공정가치는 ₩1,200,000이다. 다음 설명 중 옳지 <u>않은</u> 것은? (단, 해당 건물은 매각예정으로 분류되어 있지 않다)

① 원가모형을 적용할 경우, 20x1년 감가상각비는 ₩200,000이다.
② 공정가치모형을 적용할 경우, 20x1년 감가상각비는 ₩200,000이다.
③ 공정가치모형을 적용할 경우, 20x1년 평가이익은 ₩200,000이다.
④ 공정가치모형을 적용할 경우, 20x1년 당기순이익은 ₩200,000만큼 증가한다.
⑤ 공정가치모형을 적용할 경우, 20x1년 기타포괄손익에 미치는 영향은 ₩0이다.

17 유형자산의 감가상각에 관한 설명으로 옳지 <u>않은</u> 것은?

① 건물이 위치한 토지의 가치가 증가할 경우 건물의 감가상각대상금액이 증가한다.
② 유형자산을 수선하고 유지하는 활동을 하더라도 감가상각의 필요성이 부인되는 것은 아니다.
③ 유형자산의 사용정도에 따라 감가상각을 하는 경우에는 생산활동이 이루어지지 않을 때 감가상각액을 인식하지 않을 수 있다.
④ 유형자산의 잔존가치는 해당 자산의 장부금액과 같거나 큰 금액으로 증가할 수도 있다.
⑤ 유형자산의 공정가치가 장부금액을 초과하더라도 잔존가치가 장부금액을 초과하지 않는 한 감가상각액을 계속 인식한다.

18 재무제표 표시에 관한 설명으로 옳은 것은?

① 비용을 기능별로 분류하는 것이 성격별 분리보다 더욱 목적적합한 정보를 제공하므로, 비용은 기능별로 분류한다.

② 재무상태표에 표시되는 자산과 부채는 반드시 유동자산과 비유동자산, 유동부채와 비유동부채로 구분하여 표시하여야 한다.

③ 영업이익에 포함되지 않은 항목 중 기업의 영업성과를 반영하는 그 밖의 수익 항목이 있다면 조정영업이익으로 포괄손익계산서 본문에 표시하여야 한다.

④ 재무제표에는 중요하지 않아 구분하여 표시하지 않은 항목이라도 주석에서는 구분 표시해야 할 만큼 충분히 중요할 수 있다.

⑤ 부적절한 회계정책은 이에 대하여 공시나 주석 또는 보충자료를 통해 설명할 수 있다면 정당화 될 수 있다.

19 (주)감평은 20x1년 1월 1일에 설립되었다. 다음 20x1년 자료를 이용하여 계산한 기말자산은?

• 기초자산	₩1,000
• 당기 중 유상증자	500
• 기초부채	620
• 영업수익	2,500
• 기말부채	740
• 영업비용	2,320

① ₩1,060　　　　　　　　　　　② ₩1,200

③ ₩1,300　　　　　　　　　　　④ ₩1,700

⑤ ₩1,800

20 회계정책, 회계추정의 변경 및 오류에 관한 설명으로 옳은 것은?

① 측정기준의 변경은 회계정책의 변경이 아니라 회계추정의 변경에 해당한다.

② 회계추정의 변경효과를 전진적으로 인식하는 것은 추정의 변경을 그것이 발생한 시점 이후부터 거래, 기타 사건 및 상황에 적용하는 것을 말한다.

③ 과거에 발생한 거래와 실질이 다른 거래, 기타 사건 또는 상황에 대하여 다른회계정책을 적용하는 경우에도 회계정책의 변경에 해당한다.

④ 과거기간의 금액을 수정하는 경우 과거기간에 인식, 측정, 공시된 금액을 추정함에 있어 사후에 인지된 사실을 이용할 수 있다.

⑤ 회계정책의 변경과 회계추정의 변경을 구분하는 것이 어려운 경우에는 이를 회계 정책의 변경으로 본다.

21 유용한 재무정보의 질적 특성에 관한 설명으로 옳지 <u>않은</u> 것은?

① 재무정보가 유용하기 위해서는 목적적합해야 하고 나타내고자 하는 바를 충실하게 표현해야 한다.

② 보강적 질적 특성을 적용하는 것은 어떤 규정된 순서를 따르지 않는 반복적인 과정이므로 때로는 하나의 보강적 질적 특성이 다른 질적 특성의 극대화를 위해 감소되어야 할 수도 있다.

③ 회계기준위원회는 중요성에 대한 획일적인 계량 임계치를 정하거나 특정한 상황에서 무엇이 중요한 것인지를 미리 결정할 수 있다.

④ 중요성은 개별 기업 재무보고서 관점에서 해당 정보와 관련된 항목의 성격이나 규모 또는 이 둘 모두에 근거하여 해당 기업에 특유한 측면의 목적적합성을 의미한다.

⑤ 근본적 질적 특성을 충족하면 어느 정도의 비교가능성은 달성될 수 있을 것이다.

22 (주)감평은 20x1년 1월 1일에 공장건물을 신축하여 20x2년 9월 30일에 완공하였다. 공장건물 신축 관련 자료가 다음과 같을 때, (주)감평이 20x1년도에 자본화할 차입원가는?

(1) 공사비 지출

일자	금액
20x1.1.1.	₩600,000
20x1.7.1.	500,000
20x2.3.1.	500,000

(2) 차입금 현황

종류	차입금액	차입기간	연이자율
특정차입금	₩300,000	20x1.4.1. - 20x1.12.31.	3%
일반차입금A	500,000	20x1.7.1. - 20x2.12.31.	4%
일반차입금B	1,000,000	20x1.10.1. - 20x3.12.31.	5%

① ₩29,250

② ₩31,500

③ ₩34,875

④ ₩37,125

⑤ ₩40,125

23 (주)감평은 20x1년 1월 1일에 사채를 발행하여 매년 말 액면이자를 지급하고 유효이자율법에 의하여 상각한다. 20x2년 말 이자와 관련된 회계처리는 다음과 같다.

(차) 이자비용	6,000	(대) 사채할인발행차금		3,000
		현 금		3,000

위 거래가 반영된 20x2년 말 사채의 장부금액이 ₩43,000으로 표시되었다면, 사채의 유효이자율은?
(단, 사채의 만기는 20x3년 12월 31일이다)

① 연 11%   ② 연 12%

③ 연 13%   ④ 연 14%

⑤ 연 15%

24 (주)감평은 20x1년 1월 1일에 다음 조건의 전환사채를 발행하였다.

- 액면금액 : ₩2,000,000
- 표시이자율 : 연 7%
- 일반사채의 시장이자율 : 연 12%
- 이자지급일 : 매년 12월 31일
- 상환조건 : 20x3년 12월 31일에 액면금액의 110.5%로 일시상환
- 전환가격 : ₩3,000(보통주 주당 액면금액 ₩1,000)

만일 위 전환사채에 상환할증금 지급조건이 없었다면, 상환할증금 지급조건이 있는 경우에 비해 포괄손익계산서에 표시되는 20x1년 이자비용은 얼마나 감소하는가? (단, 현재가치는 다음과 같으며 계산결과는 가장 근사치를 선택한다)

기간	단일금액 ₩1의 현재가치		정상연금 ₩1의 현재가치	
	7%	12%	7%	12%
1	0.9346	0.8929	0.9346	0.8929
2	0.8734	0.7972	1.8080	1.6901
3	0.8163	0.7118	2.6243	2.4018

① ₩17,938   ② ₩10,320

③ ₩21,215   ④ ₩23,457

⑤ ₩211,182

25 (주)감평은 20x1년 1월 1일에 (주)민국을 흡수합병하였다. 합병시점에 (주)감평과 (주)민국의 식별가능한 자산과 부채의 장부금액 및 공정가치는 다음과 같다. (주)감평이 합병대가로 보통주(액면금액 ₩3,000, 공정가치 ₩3,500)를 (주)민국에 발행교부하였을 경우, 영업권으로 인식할 금액은?

구분	(주)감평		(주)민국	
	장부금액	공정가치	장부금액	공정가치
유동자산	₩2,000	₩1,900	₩1,800	₩1,300
유형자산	3,000	2,700	2,100	1,600
특허권	300	0	100	200
유동부채	400	400	200	200
장기차입금	600	600	600	660

① ₩760
② ₩960
③ ₩1,260
④ ₩1,360
⑤ ₩1,460

26 (주)감평의 20x1년 재고자산 관련 자료는 다음과 같다. 재고자산 가격결정 방법으로 선입선출 – 소매재고법을 적용할 경우 기말재고액(원가)은? (단, 단수차이는 가장 근사치를 선택한다)

구분	매가	원가
기초재고자산	₩1,000,000	₩800,000
당기매입액	4,900,000	3,000,000
매출액	4,000,000	
인상액	500,000	
인하액	300,000	
인상취소액	200,000	
인하취소액	100,000	

① ₩1,125,806
② ₩1,153,846
③ ₩1,200,000
④ ₩1,266,667
⑤ ₩1,288,136

27 (주)감평은 20x1년 1월 1일에 건물을 ₩5,000,000에 취득(내용연수 10년, 잔존가치 ₩0, 정액법 감가상각)하였다. 20x1년 말 및 20x2년 말 기준 원가모형을 적용하는 건물의 순공정가치는 각각 ₩3,600,000과 ₩3,900,000이고, 사용가치는 각각 ₩3,000,000과 ₩4,300,000이다. (주)감평은 건물의 회수가능액과 장부금액의 차이가 중요하고 손상징후가 있는 것으로 판단하여 손상차손(손상차손환입)을 인식하였다. 관련 설명으로 옳지 <u>않은</u> 것은?

① 20x2년도에 감가상각비로 ₩400,000을 인식한다.
② 20x1년 말 재무상태표에 표시되는 건물 장부금액은 ₩3,600,000이다.
③ 20x2년 말 재무상태표에 표시되는 건물 장부금액은 ₩4,000,000이다.
④ 20x1년도에 손상차손으로 ₩900,000을 인식한다.
⑤ 20x2년도에 손상차손환입으로 ₩1,100,000을 인식한다.

28 (주)감평의 20x1년 초 상품재고는 ₩30,000이며, 당기매출액과 당기상품매입액은 각각 ₩100,000과 ₩84,000이다. (주)감평의 원가에 대한 이익률이 25%인 경우, 20x1년 재고자산회전율은? (단, 재고자산회전율 계산시 평균상품재고와 매출원가를 사용한다)

① 0.4회   ② 1.5회
③ 2.0회   ④ 2.5회
⑤ 3.0회

29 (주)감평은 20x1년 초에 1주당 액면금액 ₩5,000인 보통주 140주를 액면발행하여 설립하였으며, 20x1년 말 이익잉여금이 ₩300,000이었다. 20x2년 중 발생한 자기주식 관련 거래는 다음과 같으며 그 외 거래는 없다. (주)감평은 소각하는 자기주식의 원가를 선입선출법으로 측정하고 있다. 20x2년 말 자본총계는?

- 3월 1일 자기주식 20주를 1주당 ₩4,900에 취득하였다.
- 3월 5일 자기주식 40주를 1주당 ₩5,300에 취득하였다.
- 4월 1일 자기주식 10주를 소각하였다.
- 4월 6일 자기주식 30주를 소각하였다.

① ₩390,000   ② ₩690,000
③ ₩790,000   ④ ₩840,000
⑤ ₩966,000

30 충당부채와 우발부채에 관한 설명으로 옳지 않은 것은?

① 제3자와 연대하여 의무를 지는 경우에는 이행할 전체의무 중 제3자가 이행할 것으로 예상되는 부분을 우발부채로 인식한다.

② 충당부채로 인식되기 위해서는 과거사건의 결과로 현재의무가 존재하여야 한다.

③ 충당부채를 현재가치로 평가할 때 할인율은 부채의 특유한 위험과 화폐의 시간가치에 대한 현행 시장의 평가를 반영한 세전 이율을 적용한다.

④ 충당부채와 관련하여 포괄손익계산서에 인식한 비용은 제3자의 변제와 관련하여 인식한 금액과 상계하여 표시할 수 있다.

⑤ 과거에 우발부채로 처리하였다면 이후 충당부채의 인식조건을 충족하더라도 재무제표의 신뢰성 제고를 위해서 충당부채로 인식하지 않는다.

31 (주)대한은 제1공정에서 주산물 A, B와 부산물 C를 생산한다. 주산물 A와 부산물 C는 즉시 판매될 수 있으나, 주산물 B는 제2공정에서 추가가공을 거쳐판매된다. 20x1년에 제1공정과 제2공정에서 발생된 제조원가는 각각 ₩150,000과 ₩60,000이었고, 제품별 최종 판매가치 및 판매비는 다음과 같다.

구분	최종 판매가치	판매비
A	₩100,000	₩2,000
B	180,000	3,000
C	2,000	600

(주)대한은 주산물의 매출총이익률이 모두 동일하게 되도록 제조원가를 배부하며, 부산물은 판매시점에 최초로 인식한다. 주산물 A의 총제조원가는? (단, 기초 및 기말 재고자산은 없다)

① ₩74,500 ② ₩75,000

③ ₩76,000 ④ ₩77,500

⑤ ₩78,000

32 표준원가계산제도를 채택하고 있는 (주)대한의 20x1년도 직접노무원가와 관련된 자료는 다음과 같다. 20x1년도의 실제생산량은?

• 실제직접노무시간	101,500시간
• 직접노무원가 실제발생액	₩385,700
• 직접노무원가 능률차이	₩14,000 (유리)
• 직접노무원가 임률차이	₩20,300 (유리)
• 단위당 표준직접노무시간	2시간

① 51,000단위   ② 51,500단위

③ 52,000단위   ④ 52,500단위

⑤ 53,000단위

33 다음은 (주)대한의 20x1년도 예산자료이다.

구분	A제품	B제품	C제품
판매수량	1,000단위	500단위	1,500단위
단위당 판매가격	₩150	₩100	₩200
공헌이익률	20%	30%	25%

연간 고정원가 총액은 ₩156,000이다. (주)대한의 20x1년도 예상 매출액이 ₩700,000이라면, 회사전체의 예상 영업이익은? (단, 매출배합은 불변)

① ₩10,000   ② ₩10,400

③ ₩11,200   ④ ₩12,000

⑤ ₩12,400

34 (주)대한은 펌프사업부와 밸브사업부를 이익중심점으로 운영하고 있다. 밸브사업부는 X제품을 생산하며, X제품의 단위당 판매가격과 단위당 변동원가는 각각 ₩100과 ₩40이고, 단위당 고정원가는 ₩20이다. 펌프사업부는 연초에 Y제품을 개발했으며, Y제품을 생산하는데 필요한 A부품은 외부업체로부터 단위당 ₩70에 구입할 수 있다. 펌프사업부는 A부품 500단위를 밸브사업부로부터 대체받는 것을 고려하고 있다. 밸브사업부가 A부품 500단위를 생산 및 대체하기 위해서는 단위당 변동제조원가 ₩30과 단위당 운송비 ₩7이 발생하며, 기존시장에서 X제품의 판매량을 200단위만큼 감소시켜야 한다. 밸브사업부가 대체거래를 수락할 수 있는 A부품의 단위당 최소 대체가격은?

① ₩53   ② ₩58

③ ₩61   ④ ₩65

⑤ ₩70

35 (주)대한은 X, Y, Z 제품을 생산·판매하고 있으며, 20x1년도 제품별 예산손익 계산서는 다음과 같다.

구분		X제품	Y제품	Z제품
매출액		₩100,000	₩200,000	₩150,000
매출원가 :	변동원가	40,000	80,000	60,000
	고정원가	30,000	70,000	50,000
매출총이익		₩30,000	₩50,000	₩40,000
판매관리비 :	변동원가	20,000	10,000	10,000
	고정원가	20,000	20,000	20,000
영업이익(손실)		(₩10,000)	₩20,000	₩10,000

(주)대한의 경영자는 영업손실을 초래하고 있는 X제품의 생산을 중단하려고 한다. X제품의 생산을 중단하면, X제품의 변동원가를 절감하고, 매출원가에 포함된 고정원가의 40%와 판매관리비에 포함된 고정원가의 60%를 회피할 수 있다. 또한, 생산중단에 따른 여유생산능력을 임대하여 ₩10,000의 임대수익을 얻을 수 있다. X제품의 생산을 중단할 경우, 20x1년도 회사 전체의 예산 영업이익은 얼마나 증가(또는 감소)하는가? (단, 기초 및 기말 재고자산은 없다)

① ₩4,000 감소
② ₩5,000 증가
③ ₩6,000 감소
④ ₩7,000 증가
⑤ ₩8,000 증가

36 (주)감평의 최근 6개월간 A제품 생산량 및 총원가 자료이다.

구분	생산량(단위)	총원가
1월	110,000	₩10,000,000
2월	50,000	7,000,000
3월	150,000	11,000,000
4월	70,000	7,500,000
5월	90,000	8,500,000
6월	80,000	8,000,000

원가추정은 고저점법(high-low method)을 이용한다. 7월에 A제품 100,000 단위를 생산하여 75,000 단위를 단위당 ₩100에 판매할 경우, 7월의 전부원가 계산에 의한 추정 영업이익은? (단, 7월에 A제품의 기말제품 이외에는 재고 자산이 없다)

① ₩362,500
② ₩416,000
③ ₩560,000
④ ₩652,500
⑤ ₩750,000

37 (주)감평은 선입선출법에 의한 종합원가계산을 채택하고 있다. 전환원가(가공원가)는 공정 전반에 걸쳐 균등하게 발생한다. 다음 자료를 활용할 때, 기말 재공품원가에 포함된 전환원가(가공원가)는? (단, 공손 및 감손은 발생하지 않는다)

- 기초재공품   1,000단위 (완성도 40%)
- 당기착수   4,000단위
- 당기완성   4,000단위
- 기말재공품   1,000단위 (완성도 40%)
- 당기발생 전환원가(가공원가)   ₩1,053,000

① ₩98,000   ② ₩100,300
③ ₩102,700   ④ ₩105,300
⑤ ₩115,500

38 (주)감평은 매입원가의 130%로 매출액을 책정한다. 모든 매입은 외상거래이다. 외상매입액 중 30%는 구매한 달에, 70%는 구매한 달의 다음 달에 현금으로 지급된다. (주)감평은 매월 말에 다음 달 예상 판매량의 25%를 안전재고로 보유한다. 20x1년도 예산자료 중 4월, 5월, 6월의 예상 매출액은 다음과 같다.

구분	4월	5월	6월
예상 매출액	₩1,300,000	₩3,900,000	₩2,600,000

20x1년 5월에 매입대금 지급으로 인한 예상 현금지출액은? (단, 4월, 5월, 6월의 판매단가 및 매입단가는 불변)

① ₩1,750,000   ② ₩1,875,000
③ ₩2,050,000   ④ ₩2,255,000
⑤ ₩2,500,000

39 (주)감평은 A제품을 생산·판매하고 있다. 20x1년에는 기존고객에게 9,000단위를 판매할 것으로 예상되며, A제품 관련 자료는 다음과 같다.

• 연간 최대생산량	10,000단위
• 단위당 판매가격	₩2,000
• 단위당 변동제조원가	₩1,000
• 단위당 변동판매비	₩200
• 연간 총고정제조원가	₩2,500,000

20x1년 중에 (주)감평은 새로운 고객인 (주)대한으로부터 A제품 2,000단위를 구매하겠다는 특별주문을 제안 받았다. 특별주문을 수락하면 기존고객에 대한 판매량 중 1,000단위를 감소시켜야 하며, 특별주문에 대해서는 단위당 변동판매비 ₩200이 발생하지 않는다. (주)감평이 특별주문으로부터 받아야 할 단위당 최소 판매가격은? (단, 특별주문은 일부분만 수락할 수 없음)

① ₩1,300
② ₩1,350
③ ₩1,400
④ ₩1,450
⑤ ₩1,500

40 (주)감평은 20x1년 1월 1일에 설립된 회사이다. 20x1년도 1월 및 2월의 원가자료는 다음과 같다.

구분	1월	2월
최대생산가능량	1,000단위	1,200단위
생산량	800단위	1,000단위
판매량	500단위	1,100단위
변동제조원가(총액)	₩40,000	₩50,000
고정제조간접원가(총액)	₩20,000	₩30,000
변동판매관리비(총액)	₩1,500	₩5,500
고정판매관리비(총액)	₩2,000	₩2,000

(주)감평은 실제원가계산을 적용하고 있으며, 원가흐름가정은 선입선출법이다. 20x1년 2월의 전부원가계산에 의한 영업이익이 ₩10,000이면, 2월의 변동원가 계산에 의한 영업이익은? (단, 기초 및 기말 재공품재고는 없다)

① ₩10,500
② ₩11,000
③ ₩11,500
④ ₩12,000
⑤ ₩12,500

08 2016년 제27회 기출문제

※ 아래의 문제들에서 특별한 언급이 없는 한 기업의 보고기간(회계기간)은 매년 1월 1일부터 12월 31일까지이다. 또한, 기업은 주권상장법인으로 계속해서 한국채택국제회계기준(K-IFRS)을 적용해오고 있다고 가정하고, 답지항 중에서 물음에 가장 합당한 답을 고르시오. 단, 자료에서 제시한 모든 항목과 금액은 중요하며, 자료에서 제시한 것 이외의 사항은 고려하지 않고 답한다. 예를 들어, 법인세에 대한 언급이 없으면 법인세 효과는 고려하지 않는다.

01 재무보고를 위한 개념체계 상 재무제표 요소의 정의 및 인식에 관한 설명으로 옳지 <u>않은</u> 것은?

① 이익의 측정과 직접 관련된 요소는 수익과 비용이다.

② 합리적인 추정을 할 수 없는 경우 해당 항목은 재무상태표나 포괄손익계산서에 인식될 수 없다.

③ 자산이 갖는 미래경제적효익이란 직접적으로 또는 간접으로 미래 현금 및 현금성 자산의 기업에의 유입에 기여하게 될 잠재력을 말한다.

④ 미래경제적효익의 유입과 유출에 대한 불확실성 정도의 평가는 재무제표를 작성할 때 이용가능한 증거에 기초하여야 한다.

⑤ 증여받은 재화는 관련된 지출이 없으므로 자산으로 인식할 수 없다.

02 (주)감평은 20x5년 초 액면금액 ₩1,000,000(액면이자율 연 4%, 매년 말 이자지급, 만기 3년)의 전환사채를 발행하였다. 사채 액면금액 ₩3,000당 보통주 (액면금액 ₩1,000) 1주로 전환할 수 있는 권리가 부여되어 있다. 만약 만기일까지 전환권이 행사되지 않을 경우 추가로 ₩198,600의 상환할증금을 지급한다. 이 사채는 액면금액인 ₩1,000,000에 발행되었으며 전환권이 없었다면 ₩949,213에 발행되었을 것이다(유효이자율 연 12%). 사채발행일 후 1년 된 시점인 20x6년 초에 액면금액의 60%에 해당하는 전환사채가 보통주로 전환되었다. 이러한 전환으로 인해 증가할 주식발행초과금은? (단, 전환사채 발행 시 인식한 전환권대가 중 전환된 부분은 주식발행초과금으로 대체하며, 단수 차이가 있으면 가장 근사치를 선택한다)

① ₩413,871

② ₩433,871

③ ₩444,071

④ ₩444,343

⑤ ₩464,658

03 20x1년 초에 설립된 (주)감평은 사옥 건설을 위하여 현금 ₩95,000을 지급하고 건물(공정가치 ₩10,000)이 있는 토지(공정가치 ₩90,000)를 구입하였다. 건물을 철거하면서 철거비용 ₩16,000을 지불하였다. 20x1년 말과 20x2년 말 토지의 공정가치는 각각 ₩120,000과 ₩85,000이고, 재평가모형을 적용하고 있다. 20x2년 포괄손익계산서에 당기비용으로 인식할 토지재평가손실은?

① ₩2,500   ② ₩18,000

③ ₩21,000   ④ ₩26,000

⑤ ₩35,000

04 (주)감평은 1주당 액면금액이 ₩1,000인 보통주 10,000주를 발행한 상태에서 20x6년 중 다음과 같은 자기주식 거래가 있었다. 회사는 재발행된 자기주식의 원가를 선입선출법으로 측정하며, 20x6년 9월 1일 현재 자기주식처분손실 ₩25,000이 있다.

> • 9월 1일 자기주식 500주를 1주당 ₩1,100에 취득하였다.
> • 9월 15일 자기주식 300주를 1주당 ₩1,200에 취득하였다.
> • 10월 1일 자기주식 400주를 1주당 ₩1,200에 재발행하였다.
> • 10월 9일 자기주식 300주를 1주당 ₩1,050에 재발행하였다.

자기주식 거래 결과 20x6년 말 자기주식처분손익은?

① 자기주식처분이익 ₩15,000

② 자기주식처분손실 ₩15,000

③ 자기주식처분이익 ₩20,000

④ 자기주식처분손실 ₩20,000

⑤ 자기주식처분손실 ₩25,000

05 투자부동산의 계정대체와 평가에 관한 설명으로 옳지 <u>않은</u> 것은?

① 투자부동산을 원가모형으로 평가하는 경우에는 투자부동산, 자가사용부동산, 재고자산 사이에 대체가 발생할 때에 대체 전 자산의 장부금액을 승계한다.

② 자가사용부동산을 공정가치로 평가하는 투자부동산으로 대체하는 경우, 사용목적 변경시점까지 그 부동산을 감가상각하고 발생한 손상차손을 인식한다.

③ 재고자산을 공정가치로 평가하는 투자부동산으로 대체하는 경우, 재고자산의 장부금액과 대체시점의 공정가치의 차액은 기타포괄손익으로 인식한다.

④ 공정가치로 평가하게 될 자가건설 투자부동산의 건설이나 개발이 완료되면 해당일의 공정가치와 기존 장부금액의 차액은 당기손익으로 인식한다.

⑤ 공정가치로 평가한 투자부동산을 자가사용부동산이나 재고자산으로 대체하는 경우, 후속적인 회계를 위한 간주원가는 사용목적 변경시점의 공정가치가 된다.

06 (주)감평의 20x2년 퇴직급여 관련 정보가 다음과 같을 때 이로 인해 20x2년도 기타포괄손익에 미치는 영향은? (단, 기여금의 출연과 퇴직금의 지급은 연도 말에 발생하였다고 가정한다)

• 기초 확정급여채무 현재가치	₩24,000
• 기초 사외적립자산 공정가치	20,000
• 당기 근무원가	3,600
• 기여금 출연	4,200
• 퇴직금 지급	2,300
• 기말 확정급여채무 현재가치	25,000
• 기말 사외적립자산 공정가치	22,000
• 확정급여채무 계산시 적용할 할인율	연 5%

① ₩1,500 감소
② ₩900 감소
③ ₩0
④ ₩600 증가
⑤ ₩2,400 증가

07 무형자산에 관한 설명으로 옳지 <u>않은</u> 것은?

① 내부적으로 창출한 영업권은 자산으로 인식하지 않는다.

② 사업결합으로 인식하는 영업권은 사업결합에서 획득하였지만 개별적으로 식별하여 별도로 인식하는 것이 불가능한 그 밖의 자산에서 발생하는 미래경제적효익을 나타내는 자산이다.

③ 무형자산을 창출하기 위한 내부 프로젝트를 연구단계와 개발단계로 구분할 수 없는 경우에는 그 프로젝트에서 발생한 지출은 모두 연구단계에서 발생한 것으로 본다.

④ 자산에서 발생하는 미래경제적효익이 기업에 유입될 가능성이 높고 자산의 원가를 신뢰성 있게 측정할 수 있는 경우에만 무형자산을 인식한다.

⑤ 경영자가 의도하는 방식으로 운용될 수 있으나 아직 사용하지 않고 있는 기간에 발생한 원가는 무형자산의 장부금액에 포함한다.

08 (주)감평은 20x1년 1월 1일에 공사계약(계약금액 ₩6,000)을 체결하였으며 20x3년 말에 완공될 예정이다. (주)감평은 진행기준에 따라 수익과 비용을 인식하며, 진행률은 추정총계약원가 대비 발생한 누적계약원가의 비율을 사용한다. 공사 관련 자료가 다음과 같을 때 20x2년의 공사계약손실은?

구분	20x1년	20x2년
발생한 누적계약원가	₩1,200	₩5,100
완성까지 추가계약원가 예상액	3,600	2,400
계약대금 회수액	1,300	2,500

① ₩1,300
② ₩1,320
③ ₩1,500
④ ₩1,620
⑤ ₩1,800

09 (주)감평은 기계장치를 (주)대한의 기계장치와 교환하였다. 교환시점에 두 회사가 소유하고 있던 기계장치의 장부금액과 공정가치는 다음과 같다.

구분	(주)감평	(주)대한
취득원가	₩1,000,000	₩1,200,000
감가상각누계액	300,000	600,000
공정가치	600,000	–

이 기계장치의 교환과 관련하여 (주)감평은 (주)대한으로부터 현금 ₩50,000을 추가로 수령하였다. (주)감평이 교환거래로 인식해야할 처분손익은? (단, 교환거래는 상업적 실질이 있다)

① 처분이익 ₩50,000
② 처분손실 ₩50,000
③ 처분이익 ₩100,000
④ 처분손실 ₩100,000
⑤ 처분손실 ₩150,000

10 (주)감평은 20x1년 1월 1일에 종업원 100명에게 각각 10개의 주식선택권을 부여하고 4년의 용역제공조건을 부과하였다. 부여시점의 주식선택권 공정가치는 개당 ₩100이다. (주)감평은 종업원 중 20명이 부여일로부터 4년 이내에 퇴사하여 주식선택권을 상실할 것으로 추정하였으나 20x1년 말까지 실제로 퇴사한 종업원은 없었다. 20x2년 말에는 가득기간 동안 30명이 퇴사할 것으로 추정을 변경하였으며 20x2년 말까지 실제 퇴사한 종업원은 없었다. 주식선택권의 부여와 관련하여 20x2년도에 인식할 보상비용은?

① ₩1,000
② ₩1,500
③ ₩1,750
④ ₩2,000
⑤ ₩2,500

11 재무제표 표시에 관한 설명으로 옳지 <u>않은</u> 것은?

① 계속기업의 가정이 적절한지의 여부를 평가할 때 경영진은 적어도 보고기간말로부터 향후 12개월 기간에 대하여 이용가능한 모든 정보를 고려한다.

② 기업이 재무상태표에 유동자산과 비유동자산, 그리고 유동부채와 비유동부채로 구분하여 표시하는 경우, 이연법인세자산(부채)은 유동자산(부채)으로 분류하지 아니한다.

③ 매입채무 그리고 종업원 및 그 밖의 영업원가에 대한 미지급비용과 같은 유동부채는 기업의 정상영업주기 내에 사용되는 운전자본의 일부이다. 이러한 항목은 보고기간 후 12개월 후에 결제일이 도래한다 하더라도 유동부채로 분류한다.

④ 보고기간 후 12개월 이내에 만기가 도래하는 경우에는, 기업이 기존의 대출계약조건에 따라 보고기간 후 적어도 12개월 이상 부채를 차환하거나 연장할 것으로 기대하고 있고, 그런 재량권이 있다고 하더라도, 유동부채로 분류한다.

⑤ 비용을 기능별로 분류하는 기업은 감가상각비, 기타 상각비와 종업원급여비용을 포함하여 비용의 성격에 대한 추가 정보를 공시한다.

12 다음은 (주)감평의 20x2년도 비교재무상태표의 일부분이다. (주)감평의 20x2년도 매출채권평균회수기간이 73일이고 재고자산회전율이 3회일 때 20x2년도 매출총이익은? (단, 재고자산회전율 계산시 매출원가를 사용하고, 평균재고자산과 평균매출채권은 기초와 기말의 평균값을 이용하며, 1년은 365일로 계산한다)

계정과목	20x2년 12월 31일	20x1년 12월 31일
매출채권	₩240,000	₩200,000
재고자산	180,000	140,000

① ₩460,000

② ₩580,000

③ ₩620,000

④ ₩660,000

⑤ ₩780,000

13 (주)감평은 20x1년 1월 1일 액면금액이 ₩1,000,000이고, 표시이자율 연 10%(이자는 매년 말 지급), 만기 3년인 사채를 시장이자율 연 8%로 발행하였다. (주)감평이 20x2년 1월 1일 동 사채를 ₩1,100,000에 조기상환할 경우, 사채의 조기상환손익은? (단, 단수차이가 있으면 가장 근사치를 선택한다)

기간	단일금액 ₩1의 현재가치		정상연금 ₩1의 현재가치	
	8%	10%	8%	10%
1	0.9259	0.9091	0.9259	0.9091
2	0.8573	0.8264	1.7833	1.7355
3	0.7938	0.7513	2.5771	2.4868

① ₩64,369 손실
② ₩64,369 이익
③ ₩134,732 손실
④ ₩134,732 이익
⑤ ₩0

14 (주)감평은 (주)대한리스회사와 20x1년 1월 1일 공정가치 ₩2,500,000의 기계장치에 대한 금융리스계약을 체결하였다. 리스기간은 3년이고 리스기간 종료시 리스자산을 반환한다. 리스료는 매년 말 ₩1,000,000을 지급하며, 리스기간 종료시 예상잔존가치 ₩200,000 중 ₩100,000을 보증하기로 하였다. 리스기간 개시일에 (주)감평이 인식하여야 할 금융리스부채는? (단, 동 금융리스에 적용되는 내재이자율은 연 8%이고, 단일금액 ₩1의 현가계수(3년, 8%)와 정상연금 ₩1의 현가계수(3년, 8%)는 각각 0.7938과 2.5771이다)

① ₩2,300,000
② ₩2,413,680
③ ₩2,500,000
④ ₩2,577,100
⑤ ₩2,656,480

15 (주)감평은 20x1년 기말재고자산을 ₩50,000만큼 과소계상하였고, 20x2년 기말재고자산을 ₩30,000만큼 과대계상하였음을 20x2년 말 장부마감 전에 발견하였다. 20x2년 오류수정 전 당기순이익이 ₩200,000이라면, 오류수정 후 당기순이익은?

① ₩120,000
② ₩170,000
③ ₩230,000
④ ₩250,000
⑤ ₩280,000

16 (주)감평은 재화의 생산을 위하여 기계장치를 취득하였으며, 관련 자료는 다음과 같다. 동 기계장치의 취득원가는?

• 구입가격(매입할인 미반영)	₩1,000,000
• 매입할인	15,000
• 설치장소 준비원가	25,000
• 정상작동여부 시험과정에서 발생한 원가	10,000
• 정상작동여부 시험과정에서 생산된 시제품 순매각금액	5,000
• 신제품을 소개하는데 소요되는 원가	3,000
• 신제품 영업을 위한 직원 교육훈련비	2,000
• 기계 구입과 직접적으로 관련되어 발생한 종업원 급여	2,000

① ₩1,015,000
② ₩1,017,000
③ ₩1,020,000
④ ₩1,022,000
⑤ ₩1,027,000

17 수익에 관한 설명으로 옳지 <u>않은</u> 것은?

① 용역제공거래의 성과를 신뢰성 있게 추정할 수 없는 경우에는 인식된 비용의 회수가능한 범위 내에서의 금액만을 수익으로 인식한다.

② 제품판매가격에 제품판매 후 제공할 용역에 대한 식별가능한 대가가 포함되어 있는 경우에는, 그 금액을 이연하여 용역수행기간에 걸쳐 수익으로 인식한다.

③ 재화를 판매하고 동시에 당해 재화를 나중에 재구매하기로 하는 별도의 약정을 체결함으로써 판매거래의 실질적 효과가 상쇄되는 경우에는 두 개의 거래를 하나의 거래로 보아 회계처리한다.

④ 판매대금의 회수가 구매자의 재판매에 의해 결정되는 경우에는 판매자가 소유에 따른 유의적인 위험을 부담하는 경우에 해당하므로, 당해 거래를 판매로 보지 아니하여 수익을 인식하지 아니한다.

⑤ 수익은 기업이 받았거나 받을 경제적효익의 총유입을 의미하므로, 기업이 받는 판매세, 특정재화나 용역과 관련된 세금, 부가가치세 금액도 수익에 포함된다.

18 공정가치 측정에 관한 설명으로 옳지 <u>않은</u> 것은?

① 공정가치 측정은 자산을 매도하거나 부채를 이전하는 거래가 주된 시장이나 가장 유리한 시장(주된 시장이 없는 경우)에서 이루어지는 것으로 가정한다.

② 부채의 공정가치는 불이행위험의 효과를 반영한다.

③ 자산이나 부채의 공정가치를 측정하기 위하여 사용되는 주된 시장의 가격에서 거래원가는 조정한다.

④ 요구불 특성을 가진 금융부채(예 : 요구불예금)의 공정가치는 요구하면 지급요구가 가능한 최초일부터 할인한 금액 이상이어야 한다.

⑤ 자산이나 부채의 공정가치는 자산을 매도하면서 수취하거나 부채를 이전하면서 지급하게 될 가격(유출가격)이다.

19 다음은 각각 독립적인 사건으로, '재무제표에 인식된 금액의 수정을 요하는 보고기간후사건'에 해당하는 것을 모두 고른 것은?

> ㄱ. 보고기간말에 존재하였던 현재의무가 보고기간 후에 소송사건의 확정에 의해 확인되는 경우
> ㄴ. 보고기간말과 재무제표 발행승인일 사이에 투자자산의 공정가치가 하락하는 경우
> ㄷ. 보고기간말 이전에 구입한 자산의 취득원가나 매각한 자산의 대가를 보고기간 후에 결정하는 경우

① ㄱ

② ㄴ

③ ㄴ, ㄷ

④ ㄱ, ㄷ

⑤ ㄱ, ㄴ, ㄷ

20 20x6년 1월 1일 (주)감평은 건물과 토지를 ₩2,000,000에 일괄구입하였다. 구입당시 건물과 토지의 공정가치는 각각 ₩960,000과 ₩1,440,000이었다. 건물의 내용연수는 7년, 잔존가치는 ₩100,000으로 추정하였으며 정액법으로 감가상각한다. 20x6년 12월 31일 건물과 토지에 관한 순공정가치와 사용가치는 다음과 같으며 회수가능액과 장부금액의 차이는 중요하고 손상징후가 있다고 판단된다.

	순공정가치	사용가치
건물	₩600,000	₩670,000
토지	1,150,000	1,000,000

(주)감평이 20x6년도에 인식해야 할 손상차손은?

① ₩0

② ₩80,000

③ ₩130,000

④ ₩230,000

⑤ ₩300,000

21 (주)감평은 20x6년 1월 1일 본사 건물을 새로 마련하기 위한 공사계약을 체결하였다. 본 건물은 적격자산에 해당되며 차입원가 자본화와 관련된 내용은 다음과 같다.

- 공사 착공일 : 20x6년 5월 1일
- 공사 완공일 : 20x6년 12월 31일
- 공사대금 지급
  - 20x6년 5월 1일 ₩1,200,000
  - 20x6년 9월 1일 ₩900,000
  - 20x6년 10월 1일 ₩500,000
- 차입금
  - 20x6년 2월 1일 본사 건물 공사와 관련하여 상환일이 20x7년 12월 31일인 ₩1,200,000(연 8%)을 차입
  - 20x6년 7월 1일 건물 공사 이외의 목적으로 상환일이 20x7년 6월 30일인 ₩800,000(연 10%)을 차입
  - 20x6년 10월 1일 건물 공사 이외의 목적으로 상환일이 20x8년 12월 31일인 ₩1,500,000(연 12%)을 차입
  - 20x6년 2월 1일 차입한 금액 중에서 ₩120,000을 20x6년 4월 1일부터 8월 31일까지 연 5% 수익률로 일시적 투자

20x6년 12월 31일 재무상태표에 계상되는 건물의 취득원가는? (단, 계산시 월할계산하며 단수차이가 있으면 가장 근사치를 선택한다)

① ₩2,671,214
② ₩2,685,613
③ ₩2,697,000
④ ₩2,702,123
⑤ ₩2,713,000

22 (주)감평의 20x6년 말 법인세와 관련된 자료는 다음과 같으며 차감할 일시적 차이의 실현가능성은 거의 확실하다.

- 조세특례제한법상 준비금전입액   ₩40,000
- 감가상각비 한도초과액   30,000
- 단기매매금융자산평가이익   10,000
- 법인세율   20%

(주)감평의 20x6년 말 이연법인세자산과 이연법인세부채 금액은? (단, 이연법인세자산과 이연법인세부채는 상계하지 않으며, 법인세율은 변하지 않는다고 가정한다)

	이연법인세자산	이연법인세부채
①	₩4,000	₩6,000
②	₩6,000	₩10,000
③	₩8,000	₩12,000
④	₩10,000	₩10,000
⑤	₩10,000	₩6,000

23 (주)감평은 20x6년 10월 1일 전환사채권자의 전환권 행사로 1,000주의 보통주를 발행하였다. 20x6년 말 주당이익 관련 자료가 다음과 같을 때 20x6년도 기본주당이익과 희석주당이익은? (단, 유통보통주식 수 계산시 월할계산하며 전환간주일 개념은 적용하지 않는다)

- 기초유통보통주식수 8,000주
- 당기순이익 ₩198,000
- 보통주 1주당 액면금액 ₩1,000
- 전환사채 액면금액은 ₩1,000,0000이며 전환가격은 1주당 ₩500
- 포괄손익계산서상 전환사채의 이자비용은 ₩15,000
- 법인세율 20%

	기본주당이익	희석주당이익
①	₩24	₩22
②	₩24	₩21
③	₩24	₩20
④	₩25	₩21
⑤	₩25	₩22

24 일반목적재무보고의 목적에 관한 설명으로 옳지 <u>않은</u> 것은?

① 현재 및 잠재적 투자자, 대여자 및 기타 채권자가 기업에 자원을 제공하는 것에 대한 의사결정을 할 때 유용한 보고기업 재무정보를 제공하는 것이다.

② 지분상품 및 채무상품을 매수, 매도 또는 보유하는 것에 대한 현재 및 잠재적 투자자의 의사결정은 그 금융상품 투자에서 그들이 기대하는 수익, 예를 들어, 배당, 원금 및 이자의 지급 또는 시장가격의 상승에 의존한다.

③ 경영진의 책임 이행에 대한 정보는 경영진의 행동에 대해 의결권을 가지거나 다른 방법으로 영향력을 행사하는 현재 투자자, 대여자 및 기타 채권자의 의사결정에도 유용하다.

④ 일반목적재무보고서는 보고기업의 가치를 보여주기 위해 고안된 것이다. 따라서 그 보고서는 현재 및 잠재적인 정보이용자가 보고기업의 가치를 추정하는데 도움이 되는 정보를 제공한다.

⑤ 보고기업의 경영진도 해당 기업에 대한 재무정보에 관심이 있다. 그러나 경영진은 그들이 필요로 하는 재무정보를 내부에서 구할 수 있기 때문에 일반목적재무보고서에 의존할 필요가 없다.

25 (주)감평은 20x1년 초에 해양구조물을 ₩4,000,000(내용연수 5년, 잔존가치 없음, 정액법 상각)에 취득하여 사용하고 있다. 동 해양구조물은 사용기간 종료시점에 원상복구해야 할 의무가 있으며, 종료시점의 원상복구예상금액은 ₩500,000으로 추정되었다. 원가모형을 적용할 경우 (주)감평이 동 해양구조물의 회계처리와 관련하여 20x1년도 포괄손익계산서에 비용으로 처리할 총 금액은? (단, 유효이자율은 연 10%이며 단일금액 ₩1의 현가계수(5년, 10%)는 0.6209이다)

① ₩800,000   ② ₩831,046

③ ₩862,092   ④ ₩893,135

⑤ ₩900,000

26 (주)감평은 상품에 관한 단위원가 결정방법으로 선입선출법을 이용하고 있으며 20x1년도 상품 관련 자료는 다음과 같다. 20x1년 말 재고실사결과 3개였으며 감모는 모두 정상적이다. 기말 현재 상품의 단위당 순실현가능가치가 ₩100일 때 (주)감평의 20x1년도 매출총이익은? (단, 정상적인 재고자산감모손실과 재고자산평가손실은 모두 매출원가에 포함한다)

항목	수량	단위당 취득원가	단위당 판매가격	금액
기초재고(1월 1일)	20개	₩120	–	₩2,400
매입(4월 8일)	30개	180	–	5,400
매출(5월 3일)	46개	–	₩300	13,800

① ₩6,300   ② ₩6,780

③ ₩7,020   ④ ₩7,260

⑤ ₩7,500

27 20x1년 1월 1일 (주)감평은 장부상 순자산가액이 ₩460,000인 (주)대한의 보통주 70%를 현금 ₩440,000에 취득하였다. 취득일 현재 (주)대한의 자산 및 부채에 관한 장부금액과 공정가치는 건물을 제외하고 모두 일치하였다. 건물의 장부금액과 공정가치는 각각 ₩70,000과 ₩150,000이고 잔여내용연수는 10년, 잔존가치는 없고 정액법으로 상각한다. (주)대한은 20x1년도 당기순이익으로 ₩120,000을 보고하였으며, 이를 제외하면 20x1년 자본의 변동은 없다. 20x1년 말 연결재무제표에 기록될 비지배지분은? (단, 비지배지분은 종속기업의 식별가능한 순자산의 공정가치에 비례하여 측정한다)

① ₩33,600   ② ₩138,000

③ ₩162,000   ④ ₩171,600

⑤ ₩195,600

28 (주)감평의 20x1년도 매출 및 매출채권 관련 자료는 다음과 같다. 20x1년 고객으로부터의 현금유입액은? (단, 매출은 전부 외상으로 이루어진다)

- 재무상태표 관련 자료

	20x1년 1월 1일	20x1년 12월 31일
매출채권	₩110,000	₩150,000
대손충당금	3,000	5,000

- 포괄손익계산서 관련 자료

매출액	₩860,000
대손상각비	6,000

① ₩812,000
② ₩816,000
③ ₩854,000
④ ₩890,000
⑤ ₩892,000

29 충당부채와 우발부채에 관한 설명으로 옳지 <u>않은</u> 것은?

① 충당부채를 인식하기 위해서는 당해 의무를 이행하기 위하여 경제적효익을 갖는 자원이 유출될 가능성이 매우 높아야 한다.
② 우발부채는 경제적효익을 갖는 자원의 유출을 초래할 현재의무가 있는지의 여부가 아직 확인되지 아니한 잠재적 의무이므로 부채로 인식하지 않는다.
③ 재무제표는 미래 시점의 예상 재무상태가 아니라 보고기간말의 재무상태를 표시하는 것이므로, 미래영업을 위하여 발생하게 될 원가에 대하여는 충당부채를 인식하지 않는다.
④ 충당부채로 인식되기 위해서는 과거사건으로 인한 의무가 기업의 미래행위(즉, 미래 사업행위)와 독립적이어야 한다.
⑤ 상업적 압력 때문에 공장에 특정 정화장치를 설치하기 위한 비용지출을 계획하고 있는 경우 공장운영방식을 바꾸는 등의 미래행위를 통하여 미래의 지출을 회피할 수 있으므로 당해 지출은 현재의무가 아니며 충당부채도 인식하지 아니한다.

30 (주)감평은 20x1년 4월 1일 건물신축을 위해 토지, 건물과 함께 기계장치를 일괄하여 ₩20,000,000(토지, 건물, 기계장치의 공정가치 비율은 5 : 3 : 2)에 취득하여 사용하고 있다. 기계장치의 잔여내용연수는 4년이고, 잔존가치는 없는 것으로 추정하였으며 연수합계법을 적용하여 감가상각한다. 기계장치와 관련하여 (주)감평이 20x1년에 인식할 감가상각비는? (단, 감가상각은 월할계산한다)

① ₩1,200,000   ② ₩1,500,000

③ ₩1,600,000   ④ ₩1,800,000

⑤ ₩2,000,000

31 (주)감평의 20x6년도 생산·판매자료가 다음과 같을 때 기본원가(prime cost)는?

- 재고자산

구분	기초	기말
원재료	₩10,000	₩12,000
재공품	50,000	60,000
제품	80,000	96,000

- 당기 원재료 매입 ₩40,000
- 당기 매출원가 ₩150,000
- 직접노무원가는 가공원가의 60%이며, 원재료는 직접재료로만 사용된다고 가정한다.

① ₩82,800   ② ₩105,200

③ ₩120,800   ④ ₩132,800

⑤ ₩138,000

32 다음은 A제품의 20x4년과 20x5년의 생산관련 자료이며, 총고정원가와 단위당 변동원가는 일정하였다.

구 분	생산량(개)	총제조원가(원)
20x4년	1,000	50,000,000
20x5년	2,000	70,000,000

20x6년도에는 전년도에 비해 총고정원가는 20% 증가하고 단위당 변동원가는 30% 감소한다면, 생산량이 3,000개일 때 총제조원가는?

① ₩62,000,000   ② ₩72,000,000

③ ₩78,000,000   ④ ₩86,000,000

⑤ ₩93,000,000

33 (주)감평은 활동기준원가계산에 의하여 간접원가를 배부하고 있다. 20x6년 중 고객 갑은 10회를 주문하였다. 20x6년도 간접원가 관련 자료가 다음과 같을 때, 고객 갑에게 배부될 간접원가 총액은?

(1) 연간 간접원가

구분	금액
급여	₩500,000
임대료	200,000
통신비	120,000
계	820,000

(2) 활동별 간접원가 배부비율

구분	주문처리	고객대응
급여	60%	40%
임대료	50%	50%
통신비	70%	30%

(3) 활동별 원가동인과 연간 활동량

활동	원가동인	활동량
주문처리	주문횟수	1,600회
고객대응	고객수	120명

① ₩3,025
② ₩3,235
③ ₩5,125
④ ₩5,265
⑤ ₩5,825

34 (주)감평은 20x6년도에 설립되었고, 당해연도에 A제품 25,000단위를 생산하여 20,000단위를 판매하였다. (주)감평의 20x6년도 A제품 관련 자료가 다음과 같을 때, 전부원가계산과 변동원가계산에 의한 20x6년도 기말재고자산의 차이는?

• 단위당 판매가격	₩250
• 단위당 변동제조원가	130
• 단위당 변동판매관리비	30
• 총고정제조원가	1,000,000
• 총고정판매비와관리비	500,000

① ₩50,000
② ₩200,000
③ ₩250,000
④ ₩350,000
⑤ ₩400,000

35 다음은 (주)감평의 20x6년도 예산자료이다. 손익분기점을 달성하기 위한 A제품의 예산판매수량은? (단, 매출배합은 변하지 않는다고 가정한다)

구 분	A제품	B제품
총매출액	₩2,100,000	₩2,900,000
총변동원가	1,470,000	1,740,000
총고정원가	1,074,000	
판매량	600개	400개

① 240개   ② 300개
③ 360개   ④ 420개
⑤ 480개

36 (주)감평은 A, B 두 개의 사업부만 두고 있다. 투자수익률과 잔여이익을 이용하여 사업부를 평가할 때 관련 설명으로 옳은 것은? (단, 최저필수수익률은 6%라고 가정한다)

구 분	A사업부	B사업부
투자금액	₩250,000,000	₩300,000,000
감가상각비	25,000,000	28,000,000
영업이익	20,000,000	22,500,000

① A사업부와 B사업부의 성과는 동일하다.
② A사업부가 투자수익률로 평가하든 잔여이익으로 평가하든 더 우수하다.
③ B사업부가 투자수익률로 평가하든 잔여이익으로 평가하든 더 우수하다.
④ 투자수익률로 평가하는 경우 B사업부, 잔여이익으로 평가하는 경우 A사업부가 각각 더 우수하다.
⑤ 투자수익률로 평가하는 경우 A사업부, 잔여이익으로 평가하는 경우 B사업부가 각각 더 우수하다.

37 (주)감평은 당기부터 단일의 공정을 거쳐 주산물 A, B, C와 부산물 X를 생산하고 있고 당기발생 결합원가는 ₩9,900이다. 결합원가의 배부는 순실현가치법을 사용하며, 부산물의 평가는 생산기준법(순실현가치법)을 적용한다. 주산물 C의 기말재고자산은?

구분	최종 생산량(개)	최종 판매량(개)	최종 단위당 판매가격(원)	추가 가공원가(원)
A	9	8	100	0
B	27	10	150	450
C	50	20	35	250
X	40	1	10	0

① ₩800

② ₩1,300

③ ₩1,575

④ ₩1,975

⑤ ₩2,375

38 (주)감평은 표준원가계산을 적용하고 있으며, 직접노무시간을 기준으로 제조간접원가를 배부하고 있다. 고정제조간접원가 조업도차이는?

• 당기 실제 발생 총제조간접원가	₩700,000
• 실제 직접노무시간	70,000시간
• 기준조업도	80,000시간
• 실제 직접노무시간에서의 제조간접원가 변동예산	₩770,000
• 기준조업도에서의 제조간접원가 예산	₩820,000
• 당기 실제 발생 직접노무원가	₩200,000
• 직접노무원가 임률차이	₩25,000 (불리)
• 직접노무원가 능률차이	₩15,000 (유리)
• 표준 직접노무원가	시간당 ₩2.5

① ₩21,000(유리)

② ₩21,000(불리)

③ ₩31,500(유리)

④ ₩31,500(불리)

⑤ ₩52,500(유리)

39 (주)감평의 20x6년도 제품에 관한 자료가 다음과 같을 때 안전한계율은?

• 단위당 판매가격	₩5,000
• 공헌이익률	35%
• 총고정원가	₩140,000
• 법인세율	30%
• 세후이익	₩208,250

① 68%　　　　　　　　　　② 70%

③ 72%　　　　　　　　　　④ 74%

⑤ 76%

40 (주)감평은 A제품을 주문생산하고 있다. 월간 최대 생산가능수량은 10,000개이며, 현재 7,500개를 생산·판매하고 있다. A제품의 개당 판매가격은 ₩150이며, 현재 조업도 수준하의 원가정보는 다음과 같다.

구분	금액
직접재료원가	₩262,500
직접노무원가	300,000
배치(batch) 수준의 변동원가	75,000
고정제조간접원가	275,000
고정광고비	175,000
계	1,087,500

배치 수준의 변동원가는 공정초기화비용(set-up cost), 품질검사비 등을 포함하고 있으며, 1배치에 50개의 A제품을 생산할 수 있다. 최근 (주)감평은 (주)대한으로부터 A제품 2,500개를 개당 ₩120에 구매하겠다는 특별주문을 제안받았다. 이 특별주문을 수락하게 되면 배치를 조정하여 배치당 100개의 A제품을 생산하는 형식으로 변경해야 하고(배치변경에 따른 추가비용은 없음), 기존 고객들에게 개당 ₩10의 할인혜택을 부여해야 한다. 특별주문을 수락한다면 이익에 미치는 영향은?

① ₩25,000 이익　　　　　② ₩50,000 이익

③ ₩25,000 손실　　　　　④ ₩50,000 손실

⑤ ₩75,000 손실

PART 02

정답 및 해설

2023년 제34회 정답 및 해설

01	02	03	04	05	06	07	08	09	10	11	12	13	14	15	16	17	18	19	20
①	①	⑤	③	④	①	②	②	①	②	⑤	④	②	②	④	③	④	③	①	③

21	22	23	24	25	26	27	28	29	30	31	32	33	34	35	36	37	38	39	40
④	④	②	③	③	⑤	②	③	④	④	②	⑤	③	④	④	⑤	②	⑤	①	⑤

01 난도 ★　　　　　　　　　　　　　　　　　　　　답 ①

▌정답해설▌

서술형 정보가 당기 재무제표를 이해하는 데 목적적합하면 서술형 정보도 포함하여 비교정보를 표시한다.

02 난도 ★★　　　　　　　　　　　　　　　　　　답 ①

▌정답해설▌

무형자산은 유형자산과 마찬가지로 매각예정으로 분류되는 날과 자산이 제거되는 날 중 이른 날에 상각을 중지한다.

> **더 알아보기**
>
> 자산이 사용가능한 때 상각의 개시가 이루어지고, 완전히 상각한 경우에는 상각을 중지한다.

03 난도 ★　　　　　　　　　　　　　　　　　　　　답 ⑤

▌정답해설▌

금융리스로 제공하는 부동산이나 처분예정인 자가사용부동산은 투자부동산으로 분류되지 않는다.

04 난도 ★★　　　　　　　　　　　　　　　　　　답 ③

▌정답해설▌

20x2년 주식선택권 = 50개 × ₩10 × (70명 − 6명 − 8명 − 5명) × 2년/3년 = ₩17,000

05 난도 ★

답 ④

┃정답해설┃

개념체계는 회계기준위원회가 관련 업무를 통해 축적한 경험을 토대로 수시로 개정될 수 있다. 그러나, 개념체계가 개정되었다고 자동으로 회계기준이 개정되는 것은 아니다. 회계기준을 개정하기로 결정이 나면 회계기준위원회는 정규절차에 따라 의제에 프로젝트를 추가하고 해당 회계기준에 대한 개정안을 개발할 것이다.

06 난도 ★★

답 ①

┃정답해설┃

- ₩162 = (₩900,000 − 우선주 배당금) ÷ 5,425주[주1]

  따라서, 우선주배당금 = ₩900,000 − ₩162 × 5,425주 = ₩21,150

> **주1** 가중평균유통보통주식수 = [(5,000주 × 1.1 × 5) + (5,500주 × 4) + (5,200주 × 3)] ÷ 12 = 5,425주

더 알아보기

기본주당이익 = (보통주 당기순이익 − 우선주 배당금) ÷ 가중평균유통보통주식수

07 난도 ★

답 ②

┃정답해설┃

ㄱ. 오류가 없다는 것은 현상의 기술에 오류나 누락이 없고, 보고 정보를 생산하는데 사용되는 절차의 선택과 적용 시 절차상 오류가 없음을 의미한다.

ㄷ. 회계기준위원회는 중요성에 대한 획일적인 계량 임계치를 정하거나 특정한 상황에서 무엇이 중요한 것인지를 미리 결정할 수 없다.

08 난도 ★★

답 ②

┃오답해설┃

① 가득급여 : 종업원의 미래 계속 근무와 관계없이 퇴직급여제도에 따라 받을 권리가 있는 급여를 말한다.

③ 급여지급에 이용가능한 순자산 : 제도의 자산에서 약정퇴직급여의 보험수리적 현재가치를 제외한 부채를 차감한 잔액을 의미한다.

④ 확정기여제도 : 종업원에게 지급할 퇴직급여금액이 기금에 출연하는 기여금과 그 투자수익에 의해 결정되는 퇴직급여제도를 의미한다.

⑤ 기금적립 : 퇴직급여를 지급할 미래의무를 충족하기 위해 사용자와는 구별된 실체(기금)에 자산을 이전하는 것을 말한다.

- 퇴직급여제도 : 종업원이 퇴직한 때 또는 퇴직한 후에 일시불이나 연금의 형식으로 급여를 지급하기로 하는 약정을 말한다. 퇴직급여제도에서 종업원에게 지급하는 급여와 급여지급을 위해 사용자가 납부하는 기여금은 종업원이 퇴직하기 전에 이미 명문의 규정이나 관행에 따라 결정되거나 추정할 수 있다.
- 확정급여제도 : 종업원에게 지급할 퇴직급여금액이 일반적으로 종업원의 임금과 근무연수에 기초하는 산정식에 의해 결정되는 퇴직급여제도를 의미한다.
- 가입자 : 퇴직급여제도의 구성원과 퇴직급여제도에 따라 급여에 대한 자격을 획득한 그 밖의 자를 말한다.
- 약정퇴직급여의 보험수리적 현재가치 : 퇴직급여제도에 의거하여 현직 및 전직 종업원에게 이미 제공한 근무용역에 대해 지급할 예상퇴직급여의 현재가치를 의미한다.

09 난도 ★   답 ①

┃정답해설┃

- 가산할 금액 = ₩1,000(미통지예금)
- 차감할 금액 = ₩100(수수료비용) + ₩200(부도수표) = ₩300

10 난도 ★   답 ②

┃정답해설┃

상환할증금 = ₩10,000 × (7% − 3%) × (₩1 + ₩1.070 + ₩1.145) = ₩1,286

11 난도 ★★   답 ⑤

┃정답해설┃

- 당기순이익 감소 = ₩6,000$^{(주1)}$ + ₩3,000$^{(주2)}$ = ₩9,000

  주1 감가상각비 = ₩30,000 ÷ 5년 = ₩6,000
  주2 손상차손 = (₩30,000 − ₩6,000 × 2년) − ₩15,000 = ₩3,000

12 난도 ★★★   답 ④

┃정답해설┃

- 발행가액 = ₩26,000 × 0.8929 + ₩24,000 × 0.7972 + ₩22,000 × 0.7118 = ₩58,008
- 20x2년 이자비용 = [₩58,008 × (1 + 12%) − ₩26,000] × 12% = ₩4,676

13 난도 ★★ 답 ②

▌정답해설▐

포인트 매출 = ₩50,000 × 1% × ₩10 × 500포인트/2,500포인트 = ₩1,000

14 난도 ★★ 답 ②

▌정답해설▐

- 20x1년도에 자본화할 차입원가 = ₩30,000$^{(주1)}$ + ₩5,000$^{(주2)}$ = ₩35,000

  주1 특정차입금 관련 자본화할 차입원가 = ₩2,000,000 × 3% × 6/12 = ₩30,000
  주2 일반차입금 관련 자본화할 차입원가 = (₩2,200,000$^{(주3)}$ − ₩1,000,000) × 5% = ₩60,000
  (한도 : ₩100,000 × 5% = ₩5,000)
  주3 연평균지출액 = ₩2,000,000 × 12/12 + ₩400,000 × 6/12 = ₩2,200,000

15 난도 ★★ 답 ④

▌정답해설▐

- 제품보증비 = (₩210$^{(주1)}$ − ₩200) + ₩300 = ₩310

  주1 제품보증충당부채 = ₩100 × 10% + ₩4,000 × 5% = ₩210

16 난도 ★★ 답 ③

▌정답해설▐

- 공사이익 = (₩1,200 − ₩1,000) × 30%$^{(주1)}$ = ₩60
- 계약부채 = ₩400 − ₩1,200 × 30% = ₩40

  주1 공사진행률 = ₩300 ÷ (₩300 + ₩700) = 30%

17 난도 ★ 답 ④

▌정답해설▐

인식한 금융자산과 인식한 금융부채를 상계하여 순액으로 표시하는 것과 금융자산이나 금융부채를 제거하는 것은 다르다. 금융자산과 금융부채를 상계하면 손익이 생기지 않는다. 그러나 금융상품을 제거하는 경우에는 이미 인식한 항목이 재무상태표에서 제거될 뿐만 아니라 손익도 발생할 수 있다.

2023년 | 제34회 정답 및 해설 **141**

다음 조건을 모두 충족하는 경우에만 금융자산과 금융부채를 상계하고 재무상태표에 순액으로 표시한다.

(1) 인식한 자산과 부채에 대해 법적으로 집행가능한 상계권리를 현재 갖고 있다.

(2) 차액으로 결제하거나, 자산을 실현하는 동시에 부채를 결제할 의도가 있다.

제거 조건을 충족하지 않는 금융자산의 양도에 관하여 회계처리하는 경우에 양도 자산과 이와 관련된 부채는 상계하지 않는다.

18 난도 ★★　　　　　　　　　　　　　　　　　　　　　　　　　　답 ③

▌정답해설▐

20x2년 말 자본 총계

= ₩48,000(기초자본) − ₩450 × 20주(자기주식 취득) + ₩700 × 8주(자기주식 처분) + ₩50,000(당기순이익)

= ₩94,600

19 난도 ★　　　　　　　　　　　　　　　　　　　　　　　　　　　답 ①

▌정답해설▐

기말상품 = ₩2,840 + ₩100(보관상품) + ₩600 × 20%(적송품) + ₩200(시송품) = ₩3,260

20 난도 ★　　　　　　　　　　　　　　　　　　　　　　　　　　　답 ③

▌정답해설▐

유형자산처분이익 = ₩2,500(건물의 공정가치) + ₩700(현금취득) − ₩2,000(기계장치의 장부금액) = ₩1,200

21 난도 ★★　　　　　　　　　　　　　　　　　　　　　　　　　　답 ④

▌정답해설▐

매출원가

= 70개 × ₩60(기초재고) + 100개 × ₩60(당기매입) − 30개 × ₩50(B/S상 기말재고) − 12개 × ₩60(비정상 감모손실)

= ₩7,980

- 정상감모손실 = (50개 − 30개) × 40% × ₩60 = ₩480
- 비정상감모손실 = (50개 − 30개) × 60% × ₩60 = ₩720
- 재고자산 평가손실 = (₩60 − ₩50) × 30개 = ₩300

22 난도 ★

┃오답해설┃

ㄴ. 리스이용자는 리스의 내재이자율을 쉽게 산정할 수 없는 경우에는 리스이용자의 증분차입이자율을 사용하여 리스료를 할인한다.

23 난도 ★★

답 ②

┃오답해설┃

① 고객과의 계약에서 생기는 수익 기준서는 고객과의 계약에서 생기는 수익 및 현금흐름의 특성, 금액, 시기, 불확실성에 대한 포괄적인 정보를 재무제표이용자에게 제공하도록 짜임새 있는 공시 요구사항을 포함한다.
  (1) 적절한 범주로 구분된 수익금액을 포함한 고객과의 계약으로 인식한 수익 공시
  (2) 수취채권, 계약자산, 계약부채의 기초 및 기말 잔액을 포함한 계약 잔액 공시
  (3) 기업의 수행의무를 일반적으로 이행하는 시기, 나머지 수행의무에 배분된 거래가격을 포함한 수행의무 공시
  (4) 이 기준서를 적용할 때 내린 유의적인 판단과 그 판단의 변경
  (5) 계약을 체결하거나 이행하기 위한 원가 중에서 인식한 자산
③ 다음 기준을 모두 충족하는 때에만, 이 기준서의 적용범위에 포함되는 고객과의 계약으로 회계처리한다.
  (1) 계약 당사자들이 계약을 (서면으로, 구두로, 그 밖의 사업 관행에 따라) 승인하고 각자의 의무를 수행하기로 확약한다.
  (2) 이전할 재화나 용역과 관련된 각 당사자의 권리를 식별할 수 있다.
  (3) 이전할 재화나 용역의 지급조건을 식별할 수 있다.
  (4) 계약에 상업적 실질이 있다(계약의 결과로 기업의 미래 현금흐름의 위험, 시기, 금액이 변동될 것으로 예상된다).
  (5) 고객에게 이전할 재화나 용역에 대하여 받을 권리를 갖게 될 대가의 회수 가능성이 높다. 대가의 회수 가능성이 높은지를 평가할 때에는 지급기일에 고객이 대가(금액)를 지급할 수 있는 능력과 지급할 의도만을 고려한다. 기업이 고객에게 가격할인(price concessions)을 제공할 수 있기 때문에 대가가 변동될 수 있다면, 기업이 받을 권리를 갖게 될 대가는 계약에 표시된 가격보다 적을 수 있다.
④ 계약변경이란 계약 당사자들이 승인한 계약의 범위나 계약가격(또는 둘 다)의 변경을 말한다. 몇몇 산업과 국가(법적 관할구역)에서는 계약변경을 주문변경(change order), (공사)변경(variation), 수정이라고 표현하기도 한다. 계약 당사자가 집행 가능한 권리와 의무를 새로 설정하거나 기존의 집행 가능한 권리와 의무를 변경하기로 승인할 때 계약변경이 존재한다. 계약변경은 서면으로, 구두 합의로, 기업의 사업 관행에서 암묵적으로 승인될 수 있다. 계약 당사자들이 계약변경을 승인하지 않았다면, 계약변경의 승인을 받을 때까지는 기존 계약에 이 기준서를 계속 적용한다.
⑤ 고객과의 계약에서 식별되는 수행의무는 계약에 기재한 재화나 용역에만 한정되지 않을 수 있으며, 약속도 고객과의 계약에 포함될 수 있다.

24 난도 ★★★

답 ③

┃정답해설┃

- 법인세 비용 = ₩94,000$^{(주1)}$ + ₩5,000$^{(주2)}$ − ₩11,000$^{(주3)}$ − ₩6,000$^{(주4)}$ = ₩82,000

 미지급법인세 = (₩400,000 + ₩55,000 − ₩25,000 + ₩10,000 + ₩30,000) × 20% = ₩94,000
주2 이연법인세부채 = ₩25,000 × 20% = ₩5,000
주3 이연법인세자산 = ₩55,000 × 20% = ₩11,000
주4 자기주식처분이익 = ₩30,000 × 20% = ₩6,000

25 난도 ★★

답 ③

┃정답해설┃

- 20x2년 감가상각비 = ₩1,037,630^(주1) ÷ 4년 = ₩259,408

> [주1] 20x2년 초 폐기물처리시설(장부가액) = ₩800,000^(주2) + ₩300,000 × 0.7921 = ₩1,037,630
> [주2] 20x1년 말 폐기물처리시설(장부가액) = ₩1,000,000 − ₩1,000,000 ÷ 5년 = ₩800,000

26 난도 ★★★

답 ⑤

┃정답해설┃

- 20x2년 당기순이익 감소 = ₩10,000^(주1) + ₩11,000^(주2) + ₩14,000^(주3) = ₩35,000

> [주1] 투자부동산평가손실 = ₩340,000 − ₩330,000 = ₩10,000
> [주2] 감가상각비 = ₩330,000 ÷ 10년 × 4/12 = ₩11,000
> [주3] 재평가손실 = (₩330,000 − ₩11,000) − ₩305,000 = ₩14,000

27 난도 ★★

답 ②

┃오답해설┃

① 20x1년도 투자부동산(순액)은 ₩190,000이다.
③ 20x1년도 투자부동산평가이익은 ₩10,000이다.
④ 20x2년도 투자부동산평가손실은 ₩5,000이다.
⑤ 20x2년도 투자부동산(순액)은 ₩185,000이다.

28 난도 ★★★

답 ③

┃정답해설┃

- 관계기업투자주식 장부금액 = ₩300,000 − ₩4,000^(주1) + ₩20,000^(주2) + ₩6,000^(주3) − ₩3,000^(주4) = ₩319,000

> [주1] 건물 감가상각비 = ₩200,000 × 20% ÷ 10년 = ₩4,000
> [주2] 당기순이익 = ₩100,000 × 20% = ₩20,000
> [주3] 기타포괄이익 = ₩30,000 × 20% = ₩6,000
> [주4] 현금배당 = ₩15,000 × 20% = ₩3,000

29 난도 ★

답 ④

┃정답해설┃

매출총이익 = ₩215,000 − ₩120,000 + ₩4,000 − ₩6,000 = ₩93,000

30 난도 ★★

답 ④

┃정답해설┃

영업에서 창출된 현금

= ₩147,000(당기순이익) + ₩30,000(법인세비용) − ₩20,000(유형자산처분이익) + ₩25,000(이자비용) − ₩15,000(이자수익) + ₩5,000(감가상각비) + ₩15,000(매출채권 감소액) − ₩4,000(재고자산 증가액) − ₩6,000(매입채무 감소액) − ₩8,000(배당금수익) = ₩169,000

31 난도 ★★

답 ②

┃정답해설┃

• 단위당 최소판매가격 = ₩900(단위당 변동원가) + ₩225$^{(주1)}$ = ₩1,125

주1 구분	제품 X	제품 Y	제품 Z
단위당 공헌이익	300	200	
단위당 기계시간	2	1	
기계시간당 공헌이익	150	200	
정규시장 판매수량	300	400	
기계시간 할당	600	400	
특별주문 수량			200
단위당 기계시간			1.5
기계시간	(300)		300
공헌이익	(45,000)		45,000
단위당 공헌이익			₩225

32 난도 ★★

답 ⑤

┃정답해설┃

• 제품 X의 매출수량 = 0.6 × 15,000개$^{(주3)}$ = 9,000개

> 주1 BEP 공헌이익 = 고정원가 = ₩31,200(X) + ₩117,000(Y) + ₩20,800(Z) = ₩169,000
> 주2 가중평균 공헌이익 = 0.6 × ₩12 + 0.4 × ₩15 = ₩13.2
> 주3 목표 BEP = [₩169,000$^{(주1)}$ − ₩4,000 + ₩33,000] ÷ ₩13.2$^{(주2)}$ = 15,000개

33 난도 ★

답 ③

정답해설

제조간접원가 실제발생액 = 4,800시간 × (₩100 + ₩300) + ₩20,000(과소배부) = ₩1,940,000

34 난도 ★★

답 ④

정답해설

단위당 제조원가

= [₩100,000(직접재료원가) + ₩97,200(직접노무원가) + ₩64,800(변동제조원가) + ₩100,000(고정제조원가)] ÷ 400단위

= 362,000 ÷ 400단위

= ₩905

더 알아보기

누적생산량	직접노무원가	평균노무시간	총노무시간
100	30,000	300	300
200		270	540
400	97,200	243	972

35 난도 ★★★

답 ④

정답해설

전부원가계산에 의한 기초재고자산

= ₩60,000(변동 영업이익) + ₩25,000(전부 기말재고) + ₩64,000(변동 기초재고) − ₩72,000(전부 영업이익)

= ₩77,000

36 난도 ★★★

답 ⑤

정답해설

• 제품 Y의 단위당 제조원가 = ₩120

• 결합원가 배부표

결합제품	생산량	판매가격	판매가치	원가율(주2)	총원가	추가가공원가	결합원가배분	단위당 제조원가
X	800	150	120,000	60%	72,000	0	72,000	90
Y	1,600	200	320,000	60%	192,000	24,000	168,000	120
			440,000		264,000	24,000	240,000(주1)	

주1 완성품원가 = 2,400개 × (₩180,000 ÷ 3,000개 + ₩108,000 ÷ 2,700개) = ₩240,000
주2 원가율 = ₩264,000 ÷ ₩440,000 = 60%

37 난도 ★ 답 ②

▌정답해설▐

부품 X의 최소대체가격

= 증분원가(₩100) + 기회원가(₩25)

= [4,000개 × (₩40 + ₩35 + ₩25)] ÷ 4,000개 + [2,000개 × (₩150 − ₩40 − ₩35 − ₩25)] ÷ 4,000개

= ₩125

38 난도 ★★ 답 ⑤

▌정답해설▐

• 실제 제조간접원가 = ₩9,600^(주1) + ₩2,700^(주2) = ₩12,300

> **주1** 제조간접비 = ₩24,000 × 40% = ₩9,600
> 직접재료비 = ₩3,200 + ₩35,000 − ₩6,200 = ₩32,000
> 직접노무비 = ₩56,000 − ₩32,000 = ₩24,000
> **주2** 과소배부 = ₩67,700 − ₩65,000 = ₩2,700
> 당기제품제조원가 = ₩65,600 + ₩8,600 − ₩7,200 = ₩67,000
> 매출원가 = ₩67,000 + ₩6,000 − ₩8,000 = ₩65,000

39 난도 ★★ 답 ①

▌정답해설▐

• 단위당 변동제조원가 = ₩600^(주1) − ₩550^(주2) = ₩50

구분	변경전		변경후	
	단위당 가격	총 금액	단위당 가격	총 금액
판매가격	1,000		1,100	
변동제조원가	600			
변동판매관리비	100		100	
공헌이익	300			
고정제조간접원가		600,000		690,000
고정 판매관리비		120,000		120,000
고정원가 합계		720,000		810,000
BEP 판매수량		2,400		1,800
단위당 공헌이익			450	
판매가격			1,100	
변동원가			650	
변동판매관리비			100	
변동제조원가	600^(주1)		550^(주2)	

40 난도 ★★

┃정답해설┃

선입선출법에 의한 기말재공품 원가

= 100개 × (₩20,000 + ₩39,500) ÷ 850개

= ₩7,000

더 알아보기

(₩4,300 + ₩8,200 + ₩20,000 + ₩39,500) ÷ (800개 + 200개 × 완성도) = ₩80

완성도 = 50%

02 2022년 제33회 정답 및 해설

01	02	03	04	05	06	07	08	09	10	11	12	13	14	15	16	17	18	19	20
④	③	⑤	①	③	①	③	②	①	⑤	②	④	③	⑤	③	③	⑤	②	④	①
21	22	23	24	25	26	27	28	29	30	31	32	33	34	35	36	37	38	39	40
①	④	④	⑤	⑤	④	④	②·③	②	①	⑤	②	②	②	④	②	①	③	③	③

01 난도 ★★★   답 ④

▌정답해설▐

ㄱ. 부도수표는 회사 장부에서 차감처리한다.
ㄷ. 기장오류는 회사 장부에서 차감처리한다.
ㄹ. 미통지입금은 회사 장부에서 가산처리한다.

▌오답해설▐

ㄴ. 기발행미인출수표는 은행 장부에서 차감처리한다.

02 난도 ★★   답 ③

▌정답해설▐

이익 = 기말자본 − 유지할 자본 = 3,000원 − (200개 × 12원) = 600원

03 난도 ★   답 ⑤

▌정답해설▐

⑤ 유동비율 증가, 당좌비율 증가

▌오답해설▐

① 유동비율 감소, 당좌비율 감소
② 유동비율 감소, 당좌비율 감소
③ 유동비율 불변, 당좌비율 불변
④ 유동비율 감소, 당좌비율 감소

04 난도 ★★★   답 ①

▌정답해설▌

- (A) 공정가치 평가손익 = 930원 − 1,000원 = −70원(당기순이익 감소)
- (B) 감가상각비 = 1,000원 ÷ 10년 = 100원(당기순이익 감소)

05 난도 ★★   답 ③

▌정답해설▌

③ 사용가치와 이행가치는 시장참여자의 가정보다는 기업 특유의 가정을 반영한다. 또한, 사용가치와 이행가치는 직접 관측될 수 없으며 현금흐름기준 측정기법으로 결정된다.

▌오답해설▌

① 공정가치는 자산을 취득할 때 발생한 거래원가로 인해 증가하지 않으며 부채를 발생시키거나 인수할 때 발생한 거래원가로 인해 감소하지 않는다.
② 자산의 현행원가는 측정일에 동등한 자산의 원가로서 측정일에 지급할 대가와 그 날에 발생할 거래원가를 포함한다. 부채의 현행원가는 측정일에 동등한 부채에 대해 수취할 수 있는 대가에서 그 날에 발생할 거래원가를 차감한다.
④ 이행가치는 기업이 부채를 이전할 때 이전해야 하는 현금이나 그 밖의 경제적자원의 현재가치이다.
⑤ 자산을 취득하거나 창출할 때의 역사적 원가는 자산의 취득 또는 창출에 발생한 원가의 가치로서, 자산의 취득 또는 창출을 위하여 지급한 대가와 거래원가를 포함한다. 부채가 발생하거나 인수할 때의 역사적 원가는 발생시키거나 인수하면서 수취한 대가에서 거래원가를 차감한 가치이다.

06 난도 ★★★   답 ①

▌정답해설▌

- 재고자산평가손실(B) = 100개 × 70% × (200원 − 190원) = 700원
- 재고자산평가손실(C) = 200개 × (100원 − 90원) = 2,000원
- ∴ 당기손실 = 700원 + 2,000원 = 2,700원

07 난도 ★★   답 ③

▌정답해설▌

③ 수익은 자본의 증가를 가져오는 자산의 증가나 부채의 감소로서, 자본청구권 보유자의 출자와 관련된 것은 제외한다.

▌오답해설▌

④ 기업은 기업 스스로로부터 경제적 효익을 획득하는 권리를 가질 수는 없다. 따라서, 기업이 발행한 후 재매입하여 보유하고 있는 채무상품이나 지분상품은 기업의 경제적자원이 아니다. 또한 보고기업이 둘 이상의 법적 실체를 포함하는 경우, 그 법적 실체들 중 하나가 발행하고 다른 하나가 보유하고 있는 채무상품이나 지분상품은 그 보고기업의 경제적자원이 아니다.

08 난도 ★★ 답 ②

▌정답해설▌

- 기말재고(매가) = 13,000원 + 91,000원 + 9,000원 − 3,000원 − 90,000원 = 20,000원
- 평균원가율 = (10,000원 + 83,500원) ÷ (13,000원 + 91,000원 + 9,000원 − 3,000원) = 85%
- 매출원가 = 93,500원 − 20,000원 × 85% = 76,500원

09 난도 ★ 답 ①

▌정답해설▌

완성될 제품이 원가 이상으로 판매될 것으로 예상하는 경우에는 그 생산에 투입하기 위해 보유하는 원재료 및 기타 소모품을 감액하지 아니한다. 그러나 원재료 가격이 하락하여 제품의 원가가 순실현가능가치를 초과할 것으로 예상된다면 해당 원재료를 순실현가능가치로 감액한다.

10 난도 ★★★ 답 ⑤

▌정답해설▌

- 재고자산평가손실 = 16개 × (1,200원 − 1,170원) = 480원
- ∴ 20x1년 재고자산평가손실 480원만큼 기말재고 과대는 20x2년 기초재고 과대로 반영되며 이는 20x2년 당기순이익 과소로 반영된다.

더 알아보기

재고자산감모손실 = (20개 − 16개) × 1,200원 = 4,800원

11 난도 ★★ 답 ②

▌정답해설▌

- (A) 고객으로부터 유입된 현금흐름 = 410원(매출액) − 70원(매출채권 증가) = 340원
- (B) 영업비용으로 유출된 현금흐름 = 150원(영업비용) − 15원(선급영업비용 감소) − 20원(미지급영업비용 증가) = 115원

12 난도 ★★★ 답 ④

▌정답해설▌

- 전환사채 발행가액 = 60,000원 × 2.48685 + 1,064,900원 × 0.75131 = 949,281원
- ∴ 3년간 인식할 이자비용 총액 = (60,000원 × 3 + 1,064,900원) − 949,281원 = 295,619원

13 난도 ★★★　　　　　　　　　　　　　　　　　　　　　　　　　　　　　答 ③

┃ 정답해설 ┃

- 리스부채 = 1,000,000원 × 2.48685 + 300,000원 × 0.75131 = 2,712,243원
- 사용권자산 = 2,712,243원 + 100,000원 = 2,812,243원
- 이자비용 = 2,712,243원 × 10% = 271,224원
- 사용권자산 상각비 = 2,812,243원 ÷ 4년 = 703,061원
- ∴ 20x1년 비용총액 = 271,224원 + 703,061원 = 974,285원

> **더 알아보기** **사용권자산의 상각기간**
>
> 리스기간 종료시점까지 리스이용자에게 기초자산의 소유권을 이전하는 경우 또는 사용권자산의 원가에 리스이용자가 매수
> 선택권을 행사할 것임이 반영되는 경우에는 리스개시일부터 기초자산의 내용연수 종료시점까지 상각한다.

14 난도 ★★　　　　　　　　　　　　　　　　　　　　　　　　　　　　　　答 ⑤

┃ 정답해설 ┃

충당부채는 충당부채의 법인세효과와 그 변동을 고려하여 세전 금액으로 측정한다.

15 난도 ★★★　　　　　　　　　　　　　　　　　　　　　　　　　　　　　答 ③

┃ 정답해설 ┃

- (A) 금융약정(이자비용) = (1,300원 − 1,200원) × 3 ÷ 6 = 50원(당기순이익 감소)
- (B) 반품권이 부여된 판매 = 1,300원 − 900원 − 50원 = 350원(당기순이익 증가)

16 난도 ★★　　　　　　　　　　　　　　　　　　　　　　　　　　　　　　答 ③

┃ 정답해설 ┃

- 기초자본 + 유상증자 − 현금배당 + 재평가잉여금 + 당기순이익 = 기말자본
  2,500 + 300원 − 200원 + 80원 + 당기순이익 = 3,600원
- ∴ 당기순이익 = 920원

17 난도 ★　　　　　　　　　　　　　　　　　　　　　　　　　　　　　　　答 ⑤

┃ 정답해설 ┃

최초 발생시점이나 매입할 때 신용이 손상되어있는 상각후원가 측정 금융자산의 이자수익은 최초 인식시점부터 상각후원가에
신용조정 유효이자율을 적용하여 계산한다.

18 난도 ★★

답 ②

┃정답해설┃

고객에게 재화나 용역을 이전하면서 유의적인 금융 효익이 고객이나 기업에 제공되는 경우에는 화폐의 시간가치가 미치는 영향을 반영하여 약속된 대가를 조정한다.

19 난도 ★★★

답 ④

┃정답해설┃

④ 당기순이익 과소계상 = 200원(이자수익) − 60원(법인세비용) = 140원

┃오답해설┃

③ 법인세비용과 이연법인세부채는 각각 ₩60 과소계상되었다.

20 난도 ★★★

답 ①

┃정답해설┃

- 20x1년 상각액 = 475,982원 × 12% − 500,000원 × 10% = 7,118원
- 20x1년 말 장부가액 = 475,982원 + 7,118원 = 483,100원
- 이자수익 = 57,118원
- 금융자산평가이익 = 510,000원 − 483,100원 = 26,900원
- ∴ 당기순이익 = 57,118원 + 26,900원 = 84,018원(증가)

21 난도 ★★★

답 ①

┃정답해설┃

- (A) 20x1년도 연평균지출액 $= 300,000원 \times \dfrac{8}{12} + 200,000원 \times \dfrac{3}{12} = 240,000원$

  차입원가 = Min[240,000원 × 10% = 24,000원, 한도액 = 20,000원] = 20,000원

- (B) 20x2년도 연평균지출액 $= 500,000원 \times \dfrac{6}{12} + 100,000원 \times \dfrac{3}{12} = 275,000원$

  차입원가 = Min[275,000원 × 8% = 22,000원, 한도액 = 24,200원] = 22,000원

22 난도 ★★ 답 ④

┃정답해설┃

- 유상증자주식수 = 600주 × 400원 ÷ 600원 = 400주
- 무상증자비율 = 200주 ÷ (1,600주 + 400주) = 10%

$$\therefore \text{ 가중평균유통주식수} = 1,600\text{주} \times (1 + 10\%) \times \frac{6}{12} + 2,200\text{주} \times \frac{6}{12} = 1,980\text{주}$$

23 난도 ★★★ 답 ④

┃정답해설┃

자본증가액 = 6,000원 × 10개 × 35명 × 60% = 1,260,000원

> **더 알아보기**
>
> - 20x1년 주식보상비용 = 1,000원 × 10개 × 50명 × (1 − 25%) × $\frac{1}{3}$ = 125,000원
> - 20x2년 주식보상비용 = 1,000원 × 10개 × 50명 × (1 − 28%) × $\frac{2}{3}$ − 125,000원 = 115,000원
> - 20x3년 주식보상비용 = 1,000원 × 10개 × 35명 − 125,000원 − 115,000원 = 110,000원

24 난도 ★★ 답 ⑤

┃정답해설┃

할인율은 보고기간 말 현재 우량회사채의 시장수익률을 참조하여 결정한다. 만약 그러한 회사채에 대해 거래층이 두터운 시장이 없는 경우에는 보고기간 말 현재 국공채의 시장수익률을 사용한다.

25 난도 ★ 답 ⑤

┃정답해설┃

- 재평가된 금액에 근거한 감가상각비 = 6,000원 ÷ 3년 = 2,000원
- 최초 원가에 근거한 감가상각비 = 5,000원 ÷ 5년 = 1,000원
- 이익잉여금 대체액 = 2,000원 − 1,000원 = 1,000원

> **더 알아보기**
>
> - 20x2년 말 장부가액 = 5,000원 × $\frac{3}{5}$ = 3,000원
> - 20x2년 말 재평가잉여금 = 6,000원 − 3,000원 = 3,000원

26 난도 ★

┃ 정답해설 ┃

내용연수가 비한정인 무형자산은 상각하지 아니하고, 매년 그리고 무형자산의 손상을 시사하는 징후가 있을 때 회수가능액과 장부금액을 비교하여 무형자산의 손상검사를 수행하여야 한다.

27 난도 ★★

답 ④

┃ 정답해설 ┃

유형자산 처분이익 = 처분가액 − 장부가액 = 1,550달러 × 1,180원 − 5,000달러 × 30% × 1,200원 = 29,000원

28 난도 ★★★

답 ② · ③

┃ 정답해설 ┃

- 20x1년 감가상각비 = 20,000원 ÷ 5년 = 4,000원
- 20x1년 말 공정가치 = 18,000원
- 20x1년 말 재평가잉여금 = 18,000원 − 16,000원 = (+) 2,000원
- 20x2년 감가상각비 = 18,000원 ÷ 4년 = 4,500원
- 20x2년 말 공정가치 = 12,000원
- 20x2년 말 재평가잉여금 = (13,500원 − 12,000원) + (12,000원 − 11,500원) = (−) 2,000
- 20x2년 말 손상차손 = 11,500원 − 11,000원 = 500원

※ 출제문항의 기타 해석상의 이유로 ③번도 복수 정답처리되었습니다만 본서에서는 ②번을 정답으로 하여 풀이하였습니다.

더 알아보기

회수가능가액은 순공정가치와 사용가치 중 큰 금액으로 한다.

29 난도 ★★★

답 ②

┃ 정답해설 ┃

- 당기근무원가 = 28,000 − 10,000 + 9,000 = 27,000원
- 확정급여채무의 재측정손실 = 12,000 + 128,000 − 100,000 − 10,000 − 27,000 = 3,000원

30 난도 ★★
답 ①

┃오답해설┃

② 소유주에 대한 분배예정으로 분류된 비유동자산(또는 처분자산집단)은 분배부대원가 차감 후 공정가치와 장부금액 중 작은 금액으로 측정한다.

③ 비유동자산이 매각예정으로 분류되거나 매각예정으로 분류된 처분자산집단의 일부라고 하더라도 그 자산은 감가상각(또는 상각)하지 아니한다.

④ 매각예정으로 분류된 비유동자산(또는 처분자산집단)은 순공정가치와 장부금액 중 작은 금액으로 측정한다.

⑤ 매각예정으로 분류된 처분자산집단의 부채와 관련된 이자와 기타 비용은 계속해서 인식한다.

> **더 알아보기**
>
> • 중단영업은 이미 처분되었거나 매각예정으로 분류되고 다음 중 하나에 해당하는 기업의 구분단위이다.
> – 별도의 주요 사업계열이나 영업지역이다.
> – 별도의 주요 사업계열이나 영업지역을 처분하려는 단일 계획의 일부이다.
> – 매각만을 목적으로 취득한 종속기업이다.

31 난도 ★★
답 ⑤

┃정답해설┃

• A의 판매가액 = 70원 ÷ (1 − 30%) = 100원
• A의 순실현가치 = 100원 − 40원 = 60원
• A의 결합원가 배분액 = 70원 − 40원 = 30원 = 120원 × 60원 ÷ (60원 + B의 순실현가치)
  ∴ B의 순실현가치 = 180원
• B의 결합원가 배분액 = 120원 − 30원 = 90원
• B의 판매가액 = 180원 + 60원 = 240원
• B의 매출총이익 = 240원 − 60원 − 90원 = 90원
• B의 매출총이익률 = 90원 ÷ 240원 = 37.5%

32 난도 ★
답 ②

┃정답해설┃

연간 발생할 것으로 기대되는 총고정원가는 관련범위 내에서 일정하다.

33 난도 ★★
답 ②

┃정답해설┃

• 3월 영업이익 = (800원 − 500원) × 1,000단위 − 250,000 = 50,000
• 공헌이익률 = (800원 − 500원) ÷ 800원 = 37.5%
• 4월 영업이익 증가분 = 50,000원 × 37.5% − 15,000원 = 3,750원

34 난도 ★★★

답 ②

┃정답해설┃

- 상호배분법에 따라 식을 세우면,
  - $S_1 = 90원 + 0.2 \times S_2$
  - $S_2 = 180원 + 0.5 \times S_1$

위 두 식을 연립하여 풀면, $S_1 = 140원$, $S_2 = 250원$

$\therefore$ X의 원가 $= 275원 = 158원 + 0.3 \times S_1 + \square \times S_2$

$\therefore \square = 0.3$

35 난도 ★★★

답 ④

┃정답해설┃

- 현금흐름 $= [(25원 - 10원 - 6원) \times Q - (1,500원 + 2,500원)] \times (1 - 20\%) + (200원 + 300원) = 0$

$\therefore Q = 375단위$

36 난도 ★

답 ②

┃정답해설┃

- 제품 A $= 55원 \times 20회 \div (20회 + 35회) + 84원 \times 10회 \div (10회 + 18회) + 180원 \times 80시간 \div (80시간 + 100시간) = 130원$
- 제품 B $= 55원 \times 35회 \div (20회 + 35회) + 84원 \times 18회 \div (10회 + 18회) + 180원 \times 100시간 \div (80시간 + 100시간) = 189원$

37 난도 ★★★

답 ①

┃정답해설┃

- 4월 제품 생산량 $= 2,500개 + 2,400개 \times 10\% - 2,500개 \times 10\% = 2,490개$
- 5월 제품 생산량 $= 2,400개 + 2,700개 \times 10\% - 2,400개 \times 10\% = 2,430개$
- 4월 원재료 구입량 $= 2,490개 \times 2kg + 2,430개 \times 2kg \times 5\% - 2,490개 \times 2kg \times 5\% = 4,974kg$
- 4월 원재료 구입예산액 $= 4,974kg \times 10원 = 49,740원$

38 난도 ★★★

답 ③

┃정답해설┃

- 판매수량 $= 1,000,000원 \div 1,000원 = 1,000단위$
- 총변동판매관리비 $= 200,000원 - 50,000원 = 150,000원$
- 단위당 변동판매관리비 $= 150,000원 \div 1,000단위 = 150원$
- 단위당 변동제조원가 $= 520원 - 150원 = 370원$
- 단위당 고정제조간접비 $= 650원 - 370원 = 280원$
- 기말제품 $= 70,000원 \div 280원 = 250단위$
- 전부원가계산하의 기말제품재고액 $= 650원 \times 250단위 = 162,500원$

39 난도 ★

┃ 정답해설 ┃

- 완성품환산량 = 800단위 + 200단위 × 50% = 900단위
- 완성품환산량 단위당원가 = (3,000원 + 42,000원) ÷ 900단위 = 50원
- ∴ 기말재공품원가 = 100단위 × 50원 = 5,000원

40 난도 ★★

답 ③

┃ 정답해설 ┃

- 능률차이 = 500원 불리 = 10원 × (실제노동시간 − 100단위 × 3시간)
- ∴ 실제노동시간 = 350시간

- 임률차이 = 700원 유리 = 350시간 × (10원 − 실제임률)
- ∴ 실제임률 = 8원
- ∴ 실제 총직접노무원가 = 8원 × 350시간 = 2,800원

03 2021년 제32회 정답 및 해설

01	02	03	04	05	06	07	08	09	10	11	12	13	14	15	16	17	18	19	20
②	⑤	③	⑤	③	⑤	③	①	②	①	③	④	④	②	①	④	②	②	③	④
21	22	23	24	25	26	27	28	29	30	31	32	33	34	35	36	37	38	39	40
④	①	①	④	①	⑤	⑤	①	②	⑤	④	②	⑤	②	⑤	③	④	③	⑤	②

01 난도 ★

답 ②

정답해설

② 의사결정의 차이를 발생시키는 질적특성은 목적적합성이다.

오답해설

① 근본적 질적 특성은 목적적합성과 표현의 충실성이다.
③ 보고기간이 지난 정보도 적시성을 갖는 경우가 있다.
④ 정보가 비교가능하기 위해서는 비슷한 것은 비슷하게 보여야 하고 다른 것은 다르게 보여야 한다.
⑤ 오류 없는 서술이란 현상의 기술이나 절차상에 오류나 누락이 없는 정보의 제공을 의미한다.

02 난도 ★★

답 ⑤

정답해설

현금성자산은 유동성이 매우 높은 단기투자자산으로서 확정된 금액의 현금으로 전환이 용이하고 가치변동의 위험이 경미한 자산을 말한다. 취득일로부터 만기일 또는 상환일이 3개월 이내인 채무증권이나 상환우선주 등은 현금성자산으로 분류된다. 지분상품은 만기가 없으므로 현금성자산으로 분류되지 않는다.

03 난도 ★★

답 ③

정답해설

공정가치를 측정하기 위해 사용하는 가치평가기법은 관측할 수 있는 투입변수를 최대한 사용하고 관측할 수 없는 투입변수는 최소한 사용한다.

더 알아보기

공정가치 측정이란 측정일 현재 시장 상황에서 시장참여자 사이의 정상거래에서 자산이나 부채가 교환되는 것으로 가정하여 측정하는 것을 의미한다.

04 난도 ★★★

답 ⑤

┃ 정답해설 ┃

당기순이익 = 80,000 − 65,000 − 5,000 = 10,000(증가)

> **더 알아보기**
>
> 당기손익 − 공정가치 측정 금융부채에서 시장상황의 변동으로 인한 공정가치 차이는 당기손익에 반영되나 신용위험 변동으로 인한 공정가치 차이는 기타포괄손익에 반영된다.

05 난도 ★

답 ③

┃ 정답해설 ┃

제시문은 영업권에 대한 설명이다. 내부적으로 창출한 영업권은 자산으로 인식하지 않는다.

06 난도 ★★★

답 ⑤

┃ 정답해설 ┃

- 당기순이익 = 6,000 + 10,000 + 5,000 = 21,000(감소)
- 이자비용 = 50,000 × 12% = 6,000
- 감가상각비 = 50,000 ÷ 5 = 10,000
- 재평가손실 = 50,000 − 10,000 − 35,000 = 5,000

07 난도 ★★

답 ③

┃ 정답해설 ┃

기말자본 = 10,000(기초자본) − 600(자기주식 취득) + 1,000(당기순이익 발생) + 800(기타포괄이익 발생) = 11,200

08 난도 ★★★

답 ①

┃ 정답해설 ┃

- 이연수익 = 10,000 × 1,050 ÷ (9,450 + 1,050) = 1,000
- 포인트 개별 판매가격 = 2,000 × 0.7 × 75% = 1,050

09 난도 ★★

답 ②

▎정답해설▎

자본증가액 = $(80,000 \times 1.1 - 2,000) \times 40\% = 34,400$

10 난도 ★

답 ①

▎정답해설▎

ㄱ. 창고가 작아 기말 현재 외부에 보관중인 (주)감평의 원재료는 (주)감평의 기말재고 자산에 포함된다.

▎오답해설▎

ㄴ. (주)감평이 선적지 인도조건으로 판매하였으나 기말 현재 도착하지 않은 상품은 이미 선적된 시점에서 매입된 것으로 계상하게 되므로 매입자의 기말재고자산으로 포함시켜야 하며, 판매회사인 (주)감평의 재고자산에 포함시켜서는 안 된다.

ㄷ. (주)감평이 고객에게 인도하고 기말 현재 고객이 사용의사를 표시한 시용품은 기말재고자산에 포함되지 않는다.

ㄹ. (주)감평이 FOB 도착지 인도조건으로 매입하였으나 기말 현재 도착하지 않은 상품은 목적지에 도착된 시점에서 매입되는 것으로 계상하므로 아직은 판매자의 재고자산이다. 그러므로 매입회사인 (주)감평의 재고자산에 포함시켜서는 안 된다.

11 난도 ★★

답 ③

▎정답해설▎

변동대가의 추정이 가능한 경우, 계약에서 가능한 결과치가 두 가지뿐일 경우(예 기업이 성과보너스를 획득하거나 획득하지 못하는 경우)에는 가능성이 가장 높은 금액이 변동대가의 적절한 추정치가 될 수 있다. 가능성이 가장 높은 금액은 가능한 대가의 범위에서 가능성이 가장 높은 단일 금액(계약에서 가능성이 가장 높은 단일 결과치)이다.

12 난도 ★★

답 ④

▎정답해설▎

공정가치로 평가하게 될 자가건설 투자부동산의 건설이나 개발이 완료되면 해당일의 공정가치와 기존 장부금액의 차액은 당기손익으로 인식한다.

> **더 알아보기**
>
> 소유 투자부동산은 최초 인식시점에 원가로 측정하고 거래원가는 최초 측정치에 포함한다.

13 난도 ★

답 ④

▎정답해설▎

포괄손익계산서에 특별손익 항목은 없다.

14 난도 ★★

답 ②

┃ 정답해설 ┃

- 장부가액 $= 1,000,000 - (1,000,000 - 50,000) \div 5 \times 3 = 430,000$
- 감가상각비 $= (430,000 - 잔존가치) \div 4 = 100,000$
- 잔존가치 $= 30,000$

15 난도 ★★

답 ①

┃ 정답해설 ┃

상품 매입원가 $= 110,000 - 10,000 + 10,000 + 5,000 - 5,000 - 2,000 + 500 = 108,500$

> **더 알아보기**
>
> - 환급대상 부가가치세는 상품 매입원가에 포함되지 않는다.
> - 후속생산단계에 투입하기 전에 보관이 필요한 경우 이외의 보관원가는 비용으로 인식한다.

16 난도 ★

답 ④

┃ 정답해설 ┃

- 비용 $= 28,822 + 80,061 = 108,883$
- 이자비용 $= 100,000 \times 2.40183 \times 12\% = 28,822$
- 감가상각비 $= 240,183 \div 3 = 80,061$

17 난도 ★★★

답 ②

┃ 정답해설 ┃

- 가중평균유통주식수 $= (18,400 \times 1.02 \times 6 + 20,400 \times 2 + 18,900 \times 4) \div 12 = 19,084$
- 무상증자비율 $= 400 \div (18,400 + 1,600) = 2\%$
- 공정가치 미만 유상증자는 무상증자비율을 구하여 소급조정한다.

18 난도 ★★

답 ②

┃ 정답해설 ┃

- 충당부채 $= 120,000 + 350,000 = 470,000$
- 미래의 예상 영업손실은 충당부채로 인식하지 않는다.

19 난도 ★★★

▌정답해설▌

- 유효법인세율 = 107,000 ÷ 500,000 = 21.4%
- 당기법인세부채 = (500,000 + 20,000 + 15,000 + 15,000) × 20% = 110,000
- 이연법인세자산 = 15,000 × 20% = 3,000
- 법인세비용 = 110,000 − 3,000 = 107,000

20 난도 ★★★

답 ④

▌정답해설▌

- 무형자산상각비 = (50,000 + 100,000) ÷ 10 = 15,000
- 개발비 손상차손 = 150,000 − 15,000 − 80,000 = 55,000

> **더 알아보기**
>
> 연구단계와 개발단계를 구분할 수 없는 경우에는 모두 연구단계로 본다.

21 난도 ★

답 ④

▌정답해설▌

계약에 상업적 실질을 요한다.

22 난도 ★★

답 ①

▌정답해설▌

직접 소유하고 운용리스로 제공하는 건물 또는 보유하는 건물에 관련되고 운용리스로 제공하는 사용권자산은 투자부동산으로 분류한다.

23 난도 ★

답 ①

▌정답해설▌

매출원가 = (700 × 7대) + (100 × 7대 ÷ 10대) = 4,970

24 난도 ★★★   답 ④

┃정답해설┃
- 주식보상비용 = 5,500 + 2,000 = 7,500
- 장기미지급비용 = (100 − 40) × 20 × 15 − (6,000 + 6,500) = 5,500
- 현금 = 10명 × 20개 × 10 = 2,000

25 난도 ★★   답 ①

┃정답해설┃
기타포괄이익 = (20주 × 240) − (20주 × 180 + 150) = 1,050

26 난도 ★   답 ⑤

┃정답해설┃
순현금흐름 = 1,500 − 600 + 200 − 300 + 100 − 300 = 600

> **더 알아보기**
>
> 자산의 증가는 현금의 유출로 처리하고, 부채의 증가는 현금의 유입으로 처리한다.

27 난도 ★★   답 ⑤

┃정답해설┃
당기순이익 = 2,000 + (2,800 − 2,500) + (2,800 − 2,200) = 2,900

28 난도 ★   답 ①

┃정답해설┃
잡수익과 기계장치의 오류는 전년도 장부마감으로 인해 당년도 당기순이익에 영향을 미치지 않는다.

29 난도 ★★   답 ②

┃정답해설┃
손상차손 = 3,500 − max(1,200, 1,800) = 1,700

30 난도 ★★ 답 ⑤

┃정답해설┃
보증손실충당부채 = $(1,500 \times 3\% - 5 - 15) \times 20 + (4,000 \times 3\% - 30) \times 20 = 2,300$

31 난도 ★★ 답 ④

┃정답해설┃
④ 균형성과표는 기업 내의 비전과 전략을 구체화하고 모든 역량을 집중하여 실행할 수 있도록 동기부여하는 평가지표이다.

┃오답해설┃
① 재료처리량공헌이익은 재료원가만을 순매출액에서 차감하여 구한다.
② 수명주기원가계산에서 공장자동화가 이루어지면서 제조단계보다 제조이전단계에서의 원가절감 여지가 높아졌다고 본다.
③ 목표원가계산은 사전원가계산이라고도 하는데 제조과정 이전단계에서의 원가절감을 강조한다.
⑤ 품질원가는 예방원가와 평가원가의 합인 통제원가와 내부 실패원가와 외부 실패원가의 합인 실패원가로 이루어져 있다.

32 난도 ★★ 답 ②

┃정답해설┃
• 정상공손수량 = $10,000$개 $\times 10\% = 1,000$개
• 정상공손원가 = $1,000$개 $\times (30 + 70\% \times 20) = 44,000$

33 난도 ★★★ 답 ⑤

┃정답해설┃
전체이익 감소액 = $280,000 \times 20\% + 100,000 - 60,000 = 96,000$

34 난도 ★★ 답 ②

┃정답해설┃
• 실제 제품생산량 = $24,000 \div (2.5 \times 2$시간$) = 4,800$
• 표준임률 = $26,000 \div 10,400$시간 $= 2.5$

35 난도 ★   답 ⑤

▌정답해설▌

E = 100,000(변동원가) + 50,000(고정원가) = 150,000

36 난도 ★★   답 ③

▌정답해설▌

- 예정배부율 = 928,000 ÷ 80,000 = 11.6
- 실제 기계작업시간 = 840,710 ÷ 11.6 = 72,475

37 난도 ★★   답 ④

▌정답해설▌

- FOH = 750,000 ÷ 5,000 = 150
- 기초재고수량 = (500 × 150 + 30,000) ÷ 150 = 700

38 난도 ★   답 ③

▌정답해설▌

예상영업이익 = 500,000 × 120% − 300,000 = 300,000

39 난도 ★★   답 ⑤

▌정답해설▌

- 가중평균공헌이익률 = 5,250,000 ÷ 15,000,000 = 35%
- 35% = 25% × 23% + 75% × 제품 B의 공헌이익률
- 제품 B의 공헌이익률 = 39%

40 난도 ★★   답 ②

▌정답해설▌

- 영업이익 = 2,500,000 × 10% = 250,000
- 잔여이익 = 250,000 − 2,500,000 × 최저필수수익률 = 25,000
- 최저필수수익률 = 9%

04 2020년 제31회 정답 및 해설

01	02	03	04	05	06	07	08	09	10	11	12	13	14	15	16	17	18	19	20
②	⑤	③	③	①	④	⑤	②	②	①	①	⑤	①	②	①	②	③	④	④	④
21	22	23	24	25	26	27	28	29	30	31	32	33	34	35	36	37	38	39	40
②	④	④	②	④	③	모두 정답	③	③	⑤	④	⑤	①	②	⑤	①	⑤	③	④	③

01 난도 ★★

답 ②

▌정답해설▌

중요성은 기업 특유 관점의 목적적합성을 의미하므로 회계기준위원회는 중요성에 대한 획일적인 계량 임계치를 정하거나 특정한 상황에서 무엇이 중요한 것인지를 미리 결정할 수 없다.

02 난도 ★★

답 ⑤

▌정답해설▌

⑤ 경영진은 재무제표를 작성할 때 계속기업으로서의 존속가능성을 평가해야 한다.

▌오답해설▌

③ 유동성·비유동성 구분법에 따르면 이연법인세자산은 유동자산으로 분류하지 아니한다.

03 난도 ★★

답 ③

▌정답해설▌

• 기말 공정가치 = $6,000 \times 1,500 = 9,000,000$
• 기말 장부금액 = $9,000,000 \times 4/5 = 7,200,000$
• 재평가잉여금 = $9,000,000 - 7,200,000 = 1,800,000$

04 난도 ★★★

답 ③

┃정답해설┃
- 무이자부 어음일 경우 처분손실(A) = $1,200,000 \times 12\% \times 1/12 = 12,000$
- 이자부어음일 경우 처분손실(B)
  - 만기금액 = $1,200,000 + (1,200,000 \times 9\% \times 4/12) = 1,236,000$
  - 할인액 = $1,236,000 \times 12\% \times 1/12 = 12,360$
  - 현금수령액 = $1,236,000 - 12,360 = 1,223,640$
  - 처분손실 = $1,223,640$(현금수령액) $- 1,227,000$(할인일의 어음가치) $= (3,360)$

05 난도 ★★

답 ①

┃정답해설┃
- 투자부동산의 공정가치모형 적용 시 20x1년도 당기순이익 = $1,000,000 - 80,0000 = 200,000$(감소)
- 원가모형 적용 시 20x1년도 당기순이익 = $(1,000,000 - 100,000)/5 = 180,000$(감소)
- 원가모형을 적용할 경우 당기순이익 = $20,000$ 증가

06 난도 ★★

답 ④

┃정답해설┃
- 20x1년 말 감가상각 후 장부금액 = $1,600,000 - (1,600,000 \times 1/4) = 1,200,000$
- 회수가능액 = $\max\{$순공정가치$(690,000),$ 사용가치$(706,304)\} = 706,304$
- 20x1년 말 사용가치 = $(300,000 \times 2.4018) - \{20,000$(철거비)$\times 0.7118\} = 706,304$
- 손상차손 = $1,200,000 - 706,304 = 493,696$

07 난도 상

답 ⑤

┃정답해설┃
- 20x1년도 환경설비 취득원가 = $5,000,000 + 124,180$(복구충당부채) $= 5,124,180$
- 20x1년 초 복구충당부채 = $200,000 \times 0.6209$(5기간, 10%, 현가) $= 124,180$
- 20x1년 말 환경설비 장부금액 = $5,124,180 - (5,124,180 \times 1/5) = 4,099,344$
- 20x1년 말 복구충당부채 장부금액 = $124,180 + 12,418 = 136,598$
- 20x2년 초 새로 추정된 복구충당부채 = $300,000 \times 0.6355 = 190,650$
- 복구충당부채 증가금액 = $190,650 - 136,598 = 54,052$
  → 관련 의무가 증가하였으므로 환경설비 장부금액에 $54,052$를 증가시킨다.
- 20x2년도 총비용
  - 감가상각비 = $(4,099,344 + 54,052) \times 1/4 = 1,038,349$
  - 복구충당부채 이자비용 = $190,650 \times 12\% = 22,878$
  - 20x2년도 총비용 = $1,038,349 + 22,878 = 1,061,227$

08 난도 ★   답 ②

┃오답해설┃

회사가 유지, 관리하는 상하수도 공사비나 내용연수가 영구적이지 않은 배수공사비용 및 조경공사비용은 토지가 아닌 별도자산으로 인식한다.

09 난도 ★   답 ②

┃정답해설┃

- 저가재고(4,000) = 실제수량 × 80(순실현가능가치)
- 실제수량 = 50개

> **더 알아보기**
>
> 재고자산감모손실과 재고자산평가손실을 모두 매출원가에 포함하므로 판매가능재고에서 차감할 기말재고는 저가재고이다.

10 난도 ★★   답 ①

┃정답해설┃

- 20x3년 1월 1일 개발비의 원가 = 500,000 + 400,000 = 900,000
- 20x3년 개발비 상각액 = 900,000 × 1/4 = 225,000

> **더 알아보기**
>
> 개발비의 원가는 인식기준 충족 이후 지출분의 합계이다.

11 난도 ★   답 ①

┃정답해설┃

- 발행시점의 시장이자율로 할인한 현재가치(12%) = (1,000,000 × 0.7118) + (100,000 × 2.4018) = 951,980
- 유효이자율로 할인한 현재가치(13%) = (1,000,000 × 0.6931) + (100,000 × 2.3612) = 929,220
- 사채발행비 = 951,980 − 929,220 = 22,760

12 난도 ★★★   답 ⑤

┃정답해설┃

- 20x1년 말 순확정급여부채 = 20,000(기초 순확정급여부채) + 1,200(순이자) + 85,000(당기근무원가) − 60,000(사외적립자산) + 2,800(재측정요소 순액) = 49,000
- 퇴직급여관련비용 = 1,200(순이자) + 85,000(당기근무원가) = 86,200

13 난도 ★★

답 ①

┃정답해설┃

- 주식발행초과금 = 7,000(현금) + 1,000(주식선택권) − 5,000(자본금) = 3,000
- 주식발행초과금 = 35명 × 10개 × 60% × 3,000 = 630,000

14 난도 ★★

답 ②

┃정답해설┃

- 계약부채 = 100,000 + 10,000 = 110,000
- 매출수익 = 110,000 + 11,000 = 121,000

15 난도 ★★

답 ①

┃정답해설┃

- 거래 이전 부채비율 = 80,000/20,000 = 400%
- 거래 이후 부채비율 = 55,000/15,000 = 367%

거래 이후 부채비율이 400%에서 367%로 감소한다.

16 난도 ★★

답 ②

┃정답해설┃

② 자기주식 50주를 주당 15,000에 처분 시 부채총계는 변하지 않지만 자본총계는 자기주식처분에 따른 현금유입액만큼 증가하므로 750,000 증가한다.
- 20x2년 초 부채비율 = 6,000,000(부채총계) ÷ 3,000,000(주주지분) = 200%
- 자기주식 50주를 주당 15,000에 처분 시 부채비율 = 6,000,000 ÷ 3,750,000 = 160%

┃오답해설┃

①·④·⑤ 자기주식의 소각, 주식배당, 무상증자는 자본총계를 변화시키지 않으므로 부채비율은 영향을 받지 않는다.
③ 보통주 50주를 주당 10,000에 유상증자하는 경우 자본총계가 500,000 증가하고, 부채비율은 '6,000,000 ÷ 3,500,000 = 약 171%'가 된다.

17 난도 ★★

┃ 정답해설 ┃

- 지방자치단체로부터 차입한 자금의 공정가치 = $100,000 \times 0.7350 = 73,500$
- 지방자치단체로부터 $100,000$을 차입하였으므로 공정가치보다 초과 지급한 금액이 정부보조금이 된다. 따라서 정부보조금은 $26,500$이다.
- 20x1년 말 장부금액 = $100,000 - 25,000$(감가상각누계액) $- 19,875$(정부보조금 잔액) $= 55,125$

18 난도 ★★

답 ④

┃ 정답해설 ┃

- 20x1년 말 장부금액 = $1,000,000 \times 4/5 = 800,000$
- 20x2년 감가상각비 = $(800,000 + 325,000) \times 2/6$(이중체감법) $= 375,000$
- 20x2년 말 장부금액 = $1,125,000 - 375,000 = 750,000$
- 20x3년 초 처분 시 수취한 현금 = $750,000 + 10,000$(처분이익) $= 760,000$

19 난도 ★★

답 ④

┃ 정답해설 ┃

- 기계장치 공정가$(1,000,000)$ + 리스제공자의 리스개설직접원가(0) = (고정리스료 $\times 3.1699$) + {$400,000$(매수선택권 행사가격) $\times 0.6830$}
- 고정리스료 = $229,282$

> **더 알아보기**
>
> 고정리스료는 리스제공자가 결정한다. 해당 문제에서는 리스이용자인 (주)감평의 리스개설직접원가가 제시되어 있는데 리스료 결정에 반영되는 리스개설직접원가는 리스제공자의 리스개설직접원가이므로 해당 부분을 잘 구분하여야 한다.

20 난도 ★★★

답 ④

┃ 정답해설 ┃

- 20x1년 초 일반적인 신용기간을 이연하여 판매한 매출의 매출채권 = $40,000 \times 2.7232 = 108,928$
- 20x1년 말 매출채권 장부금액 = $(108,928 \times 1.05) - 40,000 = 74,374$
- 20x2년도 이자수익 = $74,374 \times 5\% = 3,719$
- 20x2년 총수익 = $3,719$(이자수익) $+ 125,000$(매출) $= 128,719$

해당 거래는 재구매조건부 판매로 풋옵션 행사가 유의적이라고 판단하였기 때문에 20x1년 12월 1일에는 매출이 아닌 차입거래로 인식한다.

→ 재구매조건부 판매 시 $120,000$과 $125,000$과의 차이금액은 이자비용이 되며, 풋옵션이 행사되지 않은 채 소멸되었기 때문에 소멸된 20x2년도에 매출을 인식한다.

21 난도 ★★★

답 ②

▌정답해설▌

- 영업에서 창출된 현금(100,000) = 법인세비용차감전순이익(?) + 1,500(감가상각비) + 2,700(이자비용) − 700(사채상환이익)
  − 4,800(매출채권 증가) + 2,500(재고자산 감소) + 3,500(매입채무 증가)
  → 법인세비용차감전순이익 = 95,300
- 이자지급액 = 2,700 − 1,000 = 1,700
- 법인세지급액 = 4,000 + 2,000 = 6,000
- 영업활동순현금흐름 = 100,000(영업에서 창출된 현금) − 1,700(이자지급액) − 6,000(법인세지급액) = 92,300

22 난도 ★★★

답 ④

▌정답해설▌

- 당기법인세 = {490,000(회계이익) + 125,000(감가상각비한도초과액) + 60,000(접대비한도초과액) − 25,000(미수이자)}
  × 20% = 130,000
- 이연법인세자산 = 125,000(감가상각비한도초과액) × 20% = 25,000
- 이연법인세부채 = 25,000(미수이자) × 20% = 5,000
- 법인세비용 = 130,000 + 5,000 − 25,000 = 110,000

23 난도 ★★

답 ④

▌정답해설▌

- 공정가치 미만의 유상증자이므로 500주(공정가치 발행분)와 1,300주(무상증자 요소)를 분리하여 1,300주는 기초유통주식
  수인 12,000주와 7월 1일 공정가치발행분 500주에게 안분해야 한다.
  - 기초유통주식수에 안분할 무상증자 요소 = 1,300주 × (12,000/12,500) = 1,248주
  - 7월 1일 유상증자 주식에 안분할 무상증자 요소 = 1,300주 − 1,248주 = 52주
- 가중평균유통보통주식수 = (13,248주 × 12/12) + (552주 × 6/12) − (1,800주 × 3/12) = 13,074주
- 당기순이익 = 13,074주 × 900(기본주당순이익) = 11,766,600

24 난도 ★

답 ②

▌정답해설▌

현금 = 470,000(기계장치) + 340,000 + 10,000(처분손실) − 800,000 = 20,000

25 난도 ★★

답 ④

▌정답해설▌

- 20x2년 초 부채요소의 장부금액 = 93,934 + 3,087(전환권조정 상각액) = 97,021
- 20x2년 전환사채 행사 시 증가하는 주식발행초과금 = 97,021 × 60% − 자본금 + 전환권대가 대체액
  = 58,213 − (60주 × 500) + 6,066 × 60% = 31,853

26 난도 ★

▌정답해설▐

재고자산감모손실 = 장부상 재고 − 실사재고 = 250,000 − {(800개 × 100) + (250개 × 180) + (400개 × 250)} = 25,000

27 난도 ★★★
답 모두 정답

▌정답해설▐

- 20x1년 말 재평가잉여금 = 850,000(공정가치) − 800,000(장부금액) = 50,000
- 20x1년도는 회수가능액이 900,000이므로 손상은 발생하지 않았다.
- 20x2년 말 손상인식 전 감가상각 후 장부금액 = 850,000 − (850,000 × 1/4) = 637,500
  → 재평가잉여금 50,000을 모두 상각하고도 손상차손이 12,500 발생하였으므로 회수가능액은 637,500 − 62,500 = 575,000 이다.
- 순공정가치는 568,000으로 회수가능액보다 작기 때문에 회수가능액은 사용가치로 결정되었고 사용가치는 575,000임을 알 수 있다.

※ 해당 문제는 재평가시 재평가잉여금을 이익잉여금으로 대체할 수 있는데 해당 부분에 대한 단서규정이 없어, 모두 정답 처리되었습니다. 다만, 재평가잉여금의 이익잉여금 대체는 선택사항이라 구체적인 언급이 없는 경우 대체하지 않는 것으로 풀이하는데 이에 따라 회계처리를 하면 정답은 ④가 됩니다. 본서에서는 ④번으로 하여 풀이하였음을 알려드립니다.

28 난도 ★★★
답 ③

▌정답해설▐

- 20x1년 초 AC금융자산의 공정가치 = (2,000,000 × 0.7938) + (80,000 × 2.5771) = 1,793,768
- 20x1년 초 건물의 취득가액 = 10,000,000 + 206,232(공채 부수취득에 따른 차액) = 10,206,232
- 20x1년 말 건물의 감가상각비 = 10,206,232 × 1/10 = 1,020,623
- 20x1년 말 AC금융자산의 이자수익 = 1,793,768 × 8% = 143,501
- 20x1년 당기순이익에 미치는 영향 = (1,020,623) + 143,501 = (877,122) 감소

29 난도 ★★★
답 ③

▌정답해설▐

- 20x1년 당기순이익에 미치는 영향 = (180,000) + (250,000) = (430,000) 감소
- 20x1년 기타포괄이익에 미치는 영향 = 80,000(재평가잉여금) 증가

20x1년 10월 1일	(차) 감가상각비	180,000	(대) 감가상각누계액	180,000	
	감가상각누계액	180,000	건물	2,400,000	
	투자부동산	2,300,000	재평가잉여금	80,000	
20x1년 12월 31일	(차) 투자부동산평가손실	250,000	(대) 투자부동산	250,000	

30 난도 ★★   답 ⑤

┃정답해설┃

투자채무상품은 AC로 분류하나 FVOCI로 분류하나 처분손익은 동일하다.

- 20x1년 말 AC금융자산 장부금액 = $(896,884 \times 1.08) - 40,000 = 928,635$
- 20x2년 초 AC금융자산 처분이익 = $940,000 - 928,635 = 11,365$ 증가

31 난도 ★★   답 ④

┃정답해설┃

- 직접노무비 발생액 = $45,000 + 15,000 + 20,000 = 80,000$
- 당기제품제조원가 = $40,000$(기초재공품) + $30,000$(직접재료비) + $80,000$(직접노무비) + $40,000$(제조간접비) − $50,000$(기말재공품) = $140,000$

32 난도 ★   답 ⑤

┃정답해설┃

- 상호배분법에 따른 연립방정식
  - $S_1 = 270,000 + 0.2S_2$
  - $S_2 = 450,000 + 0.5S_1$
  - → $S_1 = 400,000$, $S_2 = 650,000$
- P_1의 총원가($590,000$) = $250,000$(부문발생원가) + $(0.2 \times 400,000)$ + (용역제공비율 × $650,000$)
  - → 용역제공비율 = 40%

33 난도 ★★   답 ①

┃정답해설┃

기말재공품원가 = $(8,000$단위 × $15)$ + $(4,000$단위 × $18)$ = $192,000$

┃오답해설┃

- 선입선출법에 따른 완성품환산량
  - 직접재료원가 = $22,000$단위 + $8,000$단위(기말재공품) = $30,000$단위
  - 가공원가 = $(10,000$단위 × 60%) + $22,000$단위 + $(8,000$단위 × 50%) = $32,000$단위
- 완성품환산량 단위당 원가(선입선출법)
  - 직접재료원가 = $450,000$(당기발생원가) ÷ $30,000$단위 = 15
  - 가공원가 = $576,000$(당기발생원가) ÷ $32,000$단위 = 18

34 난도 ★★

답 ②

▌정답해설▌

- 제품 A의 추가가공 의사결정
  - 증분수익 = 400단위 × (450 − 120) = 132,000
  - 증분비용 = 추가가공원가(150,000)
  - 증분손실 = (18,000)
- 제품 B의 추가가공 의사결정
  - 증분수익 = 450단위 × (380 − 150) = 103,500
  - 증분비용 = 추가가공원가(80,000)
  - 증분이익 = 23,500
- 제품 C의 추가가공 의사결정
  - 증분수익 = 250단위 × (640 − 380) = 65,000
  - 증분비용 = 추가가공원가(70,000)
  - 증분손실 = (5,000)

▌오답해설▌

- ㄱ ・ ㄹ. 제품 C의 증분수익 65,000에 증분비용 70,000을 차감하면, 증분손실 5,000이 발생한다. 추가가공 시 증분이익이 발생하는 것만 가공공정을 거쳐야 한다.
- ㅁ. 결합원가는 매몰원가로 추가가공 의사결정에서는 고려할 필요가 없다.

35 난도 ★★

답 ⑤

▌정답해설▌

능률차이(60,000) = 실제시간 × 12(표준임률) − 25,000단위 × 2시간 × 12
→ 실제시간 = 55,000시간

36 난도 ★★

답 ①

▌정답해설▌

- 변동원가계산 영업이익(352,000) + 기말제품재고액의 차이 − 기초제품재고액의 차이(20,000) = 전부원가계산 영업이익 (374,000)
  - → 기말제품재고액의 차이 = 42,000
- 변동원가계산에 의한 기말제품재고액은 전부원가계산에 의한 기말제품재고액보다 42,000 작으므로 78,000 − 42,000 = 36,000

37 난도 ★★　　　　　　　　　　　　　　　　　　　　　　　　답 ⑤

┃ 정답해설 ┃

- 손익분기점 매출액 = 90,000 ÷ 30%(공헌이익률) = 300,000
- 세후목표이익 달성을 위한 매출액 = 90,000 + 60,000(세전이익) ÷ 30%
  - → 세후목표이익 달성을 위한 매출액 = 500,000
- 안전한계 = 500,000 − 300,000(손익분기점 매출액) = 200,000

38 난도 ★★★　　　　　　　　　　　　　　　　　　　　　　　답 ③

┃ 정답해설 ┃

- 4월 중 현금유입액 = (700,000 × 80%) + (800,000 × 20%) = 720,000
- 4월 중 현금유출액 = (500,000 × 60%) + (600,000 × 40%) = 540,000
- 4월의 현금잔액 = 450,000(기초잔액) + 720,000 − 540,000 − 20,000(급여) − 10,000(임차료) = 600,000

39 난도 ★　　　　　　　　　　　　　　　　　　　　　　　　　답 ④

┃ 정답해설 ┃

구분	단위당 시간	총시간
10단위	150시간	150시간
20단위	150시간 × 90% = 135시간	270시간
40단위	135시간 × 90% = 121.5시간	486시간

- 추가로 30단위 생산에 소요되는 직접노무시간 = 486시간 − 150시간 = 336시간
- 직접노무원가 = 336시간 × 1,200 = 403,200

40 난도 ★★★　　　　　　　　　　　　　　　　　　　　　　　답 ③

┃ 정답해설 ┃

- 증분수익
  - 변동제조원가 절감액(2,000단위 × 750) = 1,500,000
  - 고정제조간접원가 절감액(800,000 × 20%) = 160,000
  - 임대수익 200,000
- 증분비용 : 외부구입액(2,000단위 × 900) = (1,800,000)
- 증분이익 : 60,000(증가)

05 2019년 제30회 정답 및 해설

01	02	03	04	05	06	07	08	09	10	11	12	13	14	15	16	17	18	19	20
④	④	①	②	⑤	③	④	④	①	②	⑤	③	①	②	⑤	④	③	②	⑤	④
21	22	23	24	25	26	27	28	29	30	31	32	33	34	35	36	37	38	39	40
④	②	③	②	③	⑤	①	①	②	⑤	③	①	③	①	②	③	④	③	⑤	④

01 난도 ★★   답 ④

∥ 정답해설 ∥

투자부동산을 개발하지 않고 처분하기로 결정하는 경우에는 계속 투자부동산으로 분류한다.

02 난도 ★★   답 ④

∥ 정답해설 ∥

- 유형자산 취득원가 = 950,000 + 200,000 = 1,150,000
- 유형자산 처분이익 = 1,150,000 − 900,000 = 250,000

03 난도 ★   답 ①

∥ 정답해설 ∥

재평가잉여금 = 100,000(공정가치) − 80,000(장부가액) = 20,000

04 난도 ★★★   답 ②

∥ 정답해설 ∥

- 손상 전 장부가액 = 6,000,000 × 3/5 = 3,600,000
- 손상 후 장부가액 = 2,232,000 × 3/4 = 1,674,000
- 손상차손환입액 = 3,600,000 − 1,674,000 = 1,926,000

05 난도 ★★ 답 ⑤

ㄱ. 내용연수가 비한정적인 무형자산은 상각하지 않고, 손상징후에 관계없이 일 년에 한 번은 손상검사를 수행한다.

ㄷ. 내부적으로 창출한 브랜드, 제호, 출판표제, 고객목록 및 이와 실질이 유사한 항목에 대한 지출은 무형자산의 원가에 포함되지 않는다.

06 난도 ★★ 답 ③

▌정답해설▌

- 만기금액 = $5,000,000 + 5,000,000 \times 6\% \times 6/12 = 5,150,000$
- 할인액 = $5,150,000 \times$ 할인율 $\times 3/12 = 5,150,000 - 4,995,500 = 154,500$
- 할인율 = 12%

07 난도 ★★ 답 ④

▌오답해설▌

영업활동의 전부 또는 일부를 재배치하는 과정에서 발생하는 원가, 새로운 상품이나 용역을 소개하는 데 소요되는 원가는 유형자산의 취득원가에 포함하지 않는다.

08 난도 ★★ 답 ④

▌정답해설▌

손상차손 = $(50,000 - 50,000 \times 0.4) - \max(25,000 - 3,000,\ 23,000) = 7,000$

09 난도 ★ 답 ①

▌정답해설▌

기계장치의 취득원가 = $20,000,000 \times 2/10$(공정가치 비율) = $4,000,000$

10 난도 ★★ 답 ②

▌정답해설▌

- 수익 = $2,000 \times 100$단위 $\times 60\% \times 5\% = 6,000$
- 매출원가 = $(1,400 \times 100$단위 $+ 8,000) \times 60\% = 88,800$

11 난도 ★★★

답 ⑤

▌정답해설▌

- 20x1년도 진행률 = $2,000 \div 8,000 = 25\%$
- 20x1년도 이익 = $(10,000 - 8,000) \times 25\% = 500$
- 20x2년도 진행률(누적) = $6,000 \div 10,000 = 60\%$
- 20x2년도 이익 = $(12,000 - 10,000) \times 60\% - 500 = 700$

12 난도 ★★

답 ③

▌정답해설▌

- 당기법인세부채 = $(150,000 + 24,000 + 10,000) \times 25\% = 46,000$
- 이연법인세자산 = $10,000 \times 25\% = 2,500$
- 법인세비용 = $46,000 - 2,500 = 43,500$

13 난도 ★

답 ①

▌정답해설▌

리스부채 장부금액 = $70,000 \times 1.7833 = 124,831$

14 난도 ★★

답 ②

▌정답해설▌

법인세비용차감전순이익 = $500,000 - 12,000 - 5,000 - 4,000 + 3,000 = 482,000$

15 난도 ★

답 ⑤

▌정답해설▌

확정급여제도의 재측정요소와 해외사업장의 재무제표 환산으로 인한 손익은 기타포괄손익에 해당한다.

16 난도 ★★★

답 ④

▌정답해설▌

보고기간 말에 존재하였던 현재의무가 보고기간 후에 소송사건의 확정에 의해 확인되는 경우와 보고기간 말 이전 사건의 결과로서 보고기간 말에 종업원에게 지급하여야 할 법적 의무나 의제 의무가 있는 이익분배나 상여금 지급액을 보고기간 후에 확정하는 경우는 '수정을 요하는 보고기간 후 사건'에 해당한다.

17 난도 ★★

┃정답해설┃

영업권 $= 30,000,000 - (9,000,000 + 8,000,000) = 13,000,000$

18 난도 ★

┃정답해설┃

재무제표를 작성할 때 합리적 추정을 사용해야 하는데 이는 신뢰성을 훼손하는 것이 아니다.

19 난도 ★★

┃정답해설┃

⑤ 표현충실성은 나타내고자 하는 현상의 실질을 충실하게 표현하는 것을 말한다.

┃오답해설┃

① 자산은 과거 사건의 결과로 기업이 통제하는 현재의 경제적 자원을 의미하며, 부채는 과거 사건의 결과로 기업의 경제적 자원을 이전해야 하는 현재의무를 말한다.

20 난도 ★★★

┃정답해설┃

- 상환일 사채금액 $= 964,300 + (964,300 \times 8\% \times 6/12) = 1,002,872$
- 사채조기상환금액 $= 1,002,872 + 32,000(\text{사채상환손실}) = 1,034,872$

21 난도 ★★

┃정답해설┃

- A $= 500,000 - \{(500,000 \times 0.7513) + (500,000 \times 6\% \times 2.4869)\} = 49,743$
- B $= 49,743 - (32,464 \times 0.7513) = 25,353$

22 난도 ★★

답 ②

┃정답해설┃

② 사업모형은 현금흐름을 창출하기 위해 금융자산을 관리하는 방식을 말한다.

┃오답해설┃

① 지분상품의 경우 당기손익 – 공정가치로 측정되는 '지분상품에 대한 특정 투자'에 대해서는 후속적인 공정가치 변동을 기타포괄손익으로 표시하도록 최초 인식시점에 선택할 수도 있다. 다만, 한번 선택하면 이를 취소할 수 없다.
③ 금융자산 전체나 일부의 회수를 합리적으로 예상할 수 없는 경우에는 해당 금융자산의 총 장부금액을 직접 줄인다.
④ 기타포괄손익 – 공정가치 측정 금융자산의 기대손실 인식에 있어서 채무상품의 손실충당금은 기타포괄손익에서 인식하고 재무상태표에서 금융자산의 장부금액은 줄이지 않는다. 즉, 손상차손을 인식해도 자산에 기타포괄손익 – 공정가치 측정 금융자산은 공정가치로 표시되어야 한다.
⑤ 금융자산을 상각후원가 측정범주에서 기타포괄손익 – 공정가치 측정 범주로 재분류하는 경우에는 공정가치와 총장부금액의 차액을 기타포괄손익으로 인식한다.

23 난도 ★★

답 ③

┃정답해설┃

- 원가율 = $(143,000 + 1,138,800) \div (169,000 + 1,586,000 + 390,000 - 150,000 - 110,000) = 68\%$
- 기말재고자산 = $143,000 + 1,138,800 - (1,430,000 \times 68\%) = 309,400$

24 난도 ★

답 ②

┃정답해설┃

기말재고자산원가 = $2,000,000 + 6,000,000 - (10,000,000 \times 70\%) = 1,000,000$

25 난도 ★★

답 ③

┃정답해설┃

- A = $5,710,000 + 1,500,000 - 500,000 + 720,000 = 7,430,000$
- B = $7,810,000 - 2,100,000 = 5,710,000$

26 난도 ★★

답 ⑤

┃정답해설┃

- 당좌비율 = $50\%(= 120,000/240,000)$에서 $58.6\%(= 170,000/290,000)$로 증가한다.
- 유동비율 = $150\%(= 360,000/240,000)$에서 $141.4\%(= 410,000/290,000)$로 감소한다.

27 난도 ★★ 답 ①

┃정답해설┃

- 가중평균유통주식수 = $(6,400 \times 1.05 \times 1.2 \times 3/12) + (8,400 \times 1.2 \times 3/12) + (10,080 \times 6/12) = 9,576$(주)
- (4월 1일) 무상증자비율 = $400/(6,400 + 1,600) = 5\%$
- 기본주당순이익 = $\{1,353,360 - (5,000주 \times 60)\} \div 9,576주 = 110$

28 난도 ★★★ 답 ①

┃정답해설┃

영업활동 현금흐름 = $800,000(당기순이익) - 100,000(토지처분이익) + 120,000 - 165,000 + 5,000 + 80,000 = 740,000$

29 난도 ★★ 답 ②

┃정답해설┃

현금이자지급액 = $(30,000 - 3,000) - (5,200 - 3,800) + (2,700 - 2,000) = 26,300$

30 난도 ★★★ 답 ⑤

┃정답해설┃

- 보통주 = $60,000,000 \times 3\% = 1,800,000$
- 누적적 우선주 = $30,000,000 \times 5\% \times 3년 = 4,500,000$
- 완전참가적 우선주 = $(7,500,000 - 1,800,000 - 4,500,000) \times 30,000,000 \div 90,000,000 = 400,000$
- 우선주에 배분할 배당금 = $4,500,000 + 400,000 = 4,900,000$

31 난도 ★★ 답 ③

┃정답해설┃

- 매출원가 = $180,000 \div 1.2 = 150,000$
- 당기제품제조원가 = $150,000 + 23,000 - 18,000 = 155,000$
- 총제조원가 = $155,000 + 15,000 - 20,000 = 150,000$
- 직접재료비 = $85,000 - 33,000 = 52,000$
- 직접노무비 = $98,000 - 65,000 = 33,000$
- 제조간접비 = $150,000 - 85,000 = 65,000$
- 직접재료매입액 = $52,000 + 13,000 - 17,000 = 48,000$
- 영업이익 = $30,000 - 10,000 = 20,000$

32 난도 ★★ 　　　　　　　　　　　　　　　　　　　　　답 ①

┃정답해설┃

- 과소배부액 = 650,000 − (18,000시간 × 30) = 110,000
- 제조간접비 배부율 = 600,000 ÷ 20,000시간 = 30
- 매출총이익 = 400,000 − 110,000 = 290,000

33 난도 ★★★ 　　　　　　　　　　　　　　　　　　　　답 ③

┃정답해설┃

- 결합원가 = 15,000 ÷ 30% = 50,000
- 제품 X의 판매가치 비율 = 150단위 × 200 ÷ {(150단위 × 200) + (200단위 × 100) + (100단위 × 500)} = 30%
- 제품 X = 150단위 × 200 = 30,000
- 제품 Y = (200단위 × 150) − 5,000 = 25,000
- 제품 Z = (100단위 × 600) − 7,500 = 52,500
- 최대 매출총이익 = 30,000 + 25,000 + 52,500 − 50,000(결합원가) = 57,500

34 난도 ★★ 　　　　　　　　　　　　　　　　　　　　　답 ①

┃정답해설┃

- 생산준비 = 200,000 × 60/1,250 = 9,600
- 재료처리 = 300,000 × 50/1,000 = 15,000
- 기계작업 = 500,000 × 4,500/50,000 = 45,000
- 품질관리 = 400,000 × 500/10,000 = 20,000
- 기본원가 = 300,000 − (9,600 + 15,000 + 45,000 + 20,000) = 210,400

35 난도 ★★ 　　　　　　　　　　　　　　　　　　　　　답 ②

┃정답해설┃

변동원가계산에 의한 영업이익 = 100,000(전부원가계산 영업이익) + (40 × 1,000개) − (25 × 1,000개) = 115,000

36 난도 ★★ 　　　　　　　　　　　　　　　　　　　　　답 ③

┃오답해설┃

ㄱ. 표준원가계산제도는 전부원가계산뿐만 아니라 변동원가계산에서도 적용할 수 있다.
ㄹ. 고정제조간접원가의 예산차이는 고정제조간접원가 실제액과 예산액의 차이를 의미한다.

37 난도 ★★★　　　　　　　　　　　　　　　　　　　　　　　　답 ④

┃ 정답해설 ┃

- 증분수익 = (450 − 320) × 1,500단위 = 195,000
- 증분비용 = (500 − 300) × 500단위 = 100,000
- 증분손익 = 195,000 − 100,000 = 95,000

38 난도 ★★　　　　　　　　　　　　　　　　　　　　　　　　　답 ③

┃ 정답해설 ┃

③ 영업레버리지도 = 1 ÷ 62.5% = 1.6

┃ 오답해설 ┃

① 매출액 = 240,000 ÷ 60% = 400,000
② 안전한계율 = (400,000 − 150,000)/400,000 = 62.5%
⑤ 손익분기점 매출액 = 60,000 ÷ 40% = 150,000

39 난도 ★★　　　　　　　　　　　　　　　　　　　　　　　　　답 ⑤

┃ 정답해설 ┃

- 손익분기점 = 540,000 ÷ (300 − 180) = 4,500단위
- 최대 영업이익 = (5,000단위 − 4,500단위) × (300 − 180) = 60,000

40 난도 ★★★　　　　　　　　　　　　　　　　　　　　　　　　답 ④

┃ 정답해설 ┃

- 1월분 = 2,690,000 × 50% × 80% = 1,076,000
- 1월분 매입액 = (2,220,000 ÷ 1.2) + (2,520,000 ÷ 1.2 × 40%) = 2,690,000
- 2월분 = 2,200,000 × 50% = 1,100,000
- 2월분 매입액 = (2,520,000 ÷ 1.2) + (2,820,000 ÷ 1.2 × 40%) − (2,520,000 ÷ 1.2 × 40%) = 2,200,000
- 2월 예상 현금지출액 = 1,076,000 + 1,100,000 = 2,176,000

06 2018년 제29회 정답 및 해설

01	02	03	04	05	06	07	08	09	10	11	12	13	14	15	16	17	18	19	20
①	③	⑤	⑤	②	③	③	①	②	①	①	⑤	④	②	③	③	②	③	②	②
21	22	23	24	25	26	27	28	29	30	31	32	33	34	35	36	37	38	39	40
④	④	②	②	④	④	⑤	①	⑤	②	①	①	③	④	④	①	②	⑤	⑤	①

01 난도 ★   답 ①

┃오답해설┃

② 계량화된 정보가 검증가능하기 위해서는 구간추정도 가능하다.
③ 완벽한 표현충실성은 서술은 완전하고, 중립적이며, 오류가 없어야 한다.
④ 재무정보에 예측가치가 있다면 의사결정에 차이가 나도록 할 수 있다.
⑤ 재고자산평가손실은 보수주의 원칙과는 관계가 없다.

02 난도 ★   답 ③

┃정답해설┃

재고자산 = ₩1,000,000 + ₩100,000 × 60% + ₩200,0000 − ₩130,000 = ₩1,130,000

03 난도 ★★   답 ⑤

┃정답해설┃

• 당기순이익 = (₩100,000 ÷ 5년) + (₩60,000 − ₩48,000) = ₩32,000(감소)
• 기타포괄이익 = ₩100,000 − (₩60,000 + ₩48,000) = ₩8,000(감소)

04 난도 ★   답 ⑤

┃정답해설┃

선입선출법을 사용할 경우 계속기록법을 적용하였을 때와 실지재고조사법을 적용하였을 때의 결과는 동일하다.

05 난도 ★
답 ②

┃ 정답해설 ┃
- 감가상각비 = ₩100,000 ÷ 10년 = ₩10,000
- 평가손실 = ₩80,000 − ₩75,000 = ₩5,000
- 당기순이익 = ₩10,000 + ₩5,000 = ₩15,000(감소)

06 난도 ★
답 ③

┃ 정답해설 ┃
경제적 효익에 대한 통제력은 법률적 권리의 결과이지만 경우에 따라서는 법률적 통제가 없어도 자산의 정의를 충족시킬 수 있다.

07 난도 ★★
답 ③

┃ 정답해설 ┃
- 자본화할 차입원가 = ₩18,400$^{(주1)}$ + ₩12,000$^{(주2)}$ = ₩30,400

> 주1 특정차입금의 차입원가 = ₩18,400
> 주2 일반차입금의 차입원가 = (₩320,000 − ₩160,000) × ₩12,000 ÷ ₩100,000 = ₩19,200(한도 : ₩12,000)

08 난도 ★
답 ①

┃ 정답해설 ┃
처분손익 = ₩21,000 − (₩41,000 − ₩23,000) = ₩3,000(이익)

09 난도 ★
답 ②

┃ 정답해설 ┃
토지의 취득원가 = ₩1,000,000 + ₩70,000 + (₩10,000 − ₩5,000) = ₩1,075,000

10 난도 ★

답 ①

┃오답해설┃

ㄷ. 무형자산으로 인식되기 위해서는 식별가능성, 자원에 대한 통제 및 미래경제적 효익의 존재 중 최소 하나 이상의 조건을 충족해야 하는 것은 아니다.

ㄹ. 무형자산을 창출하기 위한 내부 프로젝트를 연구단계와 개발단계로 구분할 수 없는 경우에는 그 프로젝트에서 발생한 지출은 모두 연구단계에서 발생한 것으로 본다.

11 난도 ★★

답 ①

┃정답해설┃

• 당기순이익 = ₩980,000 − ₩966,199^(주1) = ₩13,801(증가)

> **주1** 20x1년 말 장부금액 = ₩951,963 + (₩951,963 × 12% − ₩100,000) = ₩966,199

12 난도 ★★★

답 ⑤

┃정답해설┃

• 당기순이익 = −₩35,000(이자비용) − ₩73,000(당기근무원가) + ₩30,000(이자수익) = −₩78,000(감소)
• 기타포괄이익 = ₩18,000^(주1) − ₩30,000^(주2) = −₩12,000(감소)

> **주1** 사외적립자산의 재측정요소 = ₩670,000 − ₩600,000 − ₩30,000 + ₩68,000 − ₩90,000 = ₩18,000
> **주2** 확정급여채무의 재측정요소 = ₩770,000 − ₩700,000 − ₩35,000 − ₩73,000 + ₩68,000 = ₩30,000

13 난도 ★★★

답 ④

┃정답해설┃

• 주식발행초과금 = ₩641,622^(주1) × 40% = ₩256,648

> **주1** 주식발행초과금 = ₩26,747^(주2) + ₩1,114,875^(주3) − (₩1,000,000 ÷ ₩2,000 × ₩1,000) = ₩641,622
> **주2** 전환권대가 = ₩1,000,000 − (₩1,000,000 × 119.86% × 0.7118) + (₩50,000 × 2.4018) = 26,747
> **주3** 전환시 전환사채의 장부가액 = (₩1,000,000 × 119.86% × 0.8929) + (₩50,000 × 0.8929) = ₩1,114,875

14 난도 ★★

답 ②

┃정답해설┃

영업활동순현금흐름 = ₩100,000 + ₩20,000 − ₩7,000 + ₩8,000 + ₩80,000 − ₩50,000 − ₩4,000 + ₩6,000
                    = ₩153,000

15 난도 ★★★

답 ③

▌정답해설▌

희석주당이익 = [₩1,049,000 − (4,100주 × ₩1,000 × 8%)] ÷ [20,000주 + (900주 × 8/12)] = 35

16 난도 ★★

답 ③

▌정답해설▌

• 영업권 = ₩1,850,000$^{(주1)}$ − ₩1,600,000$^{(주2)}$ = ₩250,000

> 주1 합병대가 = ₩1,500,000 + ₩200,000 + ₩150,000 = ₩1,850,000
> 주2 순자산 공정가치 = ₩3,000,000 − ₩1,500,000 + ₩100,000 = ₩1,600,000

17 난도 ★★

답 ②

▌정답해설▌

• 보상비용 = ₩1,200$^{(주1)}$ × (8명 + 17명) = ₩30,000

> 주1 주식선택권 공정가치 = (₩150 − ₩30) × 10개 = ₩1,200

18 난도 ★

답 ③

▌정답해설▌

재무제표는 미래 시점의 예상 재무상태가 아니라 보고기간 말의 재무상태를 표시하는 것이므로 미래 영업에서 생길 원가는 충당부채로 인식하지 아니한다.

19 난도 ★★

답 ②

▌정답해설▌

• 20x3년 감가상각비 = [₩920,000$^{(주1)}$ − ₩20,000] ÷ 3년 = ₩300,000

> 주1 20x3년 초 장부가액 = ₩2,000,000 − ₩600,000$^{(주2)}$ − ₩480,000$^{(주3)}$ = ₩920,000
> 주2 20x1년 감가상각비 = (₩2,000,000 − ₩200,000) × (5/15) = ₩600,000
> 주3 20x2년 감가상각비 = (₩2,000,000 − ₩200,000) × (4/15) = ₩480,000

20 난도 ★★

$\boxed{답}$ ②

┃정답해설┃

- 법인세비용 = ₩260,000$^{(주1)}$ − ₩50,000$^{(주2)}$ = ₩210,000

  주1 법인세부담액 = ₩1,300,000 × 20% = ₩260,000
  주2 이연법인세자산 = ₩250,000 × 20% = ₩50,000

21 난도 ★★★

$\boxed{답}$ ④

┃정답해설┃

- 기본주당이익 = ₩270,000$^{(주1)}$ ÷ 1,500주$^{(주2)}$ = ₩180

  주1 보통주귀속이익 = ₩280,000 − (200주 × ₩1,000 × 5%) = ₩270,000
  주2 가중평균유통보통주식수 = (1,000주 × (1 + 25%$^{(주3)}$) × 12/12) + (600주 × (1 + 25%) × 4/12) = 1,500주
  주3 유상증자수 = ₩1,200 × 1,000주 ÷ ₩2,000 = 600주
  무상증자수 = 1,000주 − 600주 = 400주
  무상증자비율 = 400주 ÷ (1,000주 + 600주) = 25%

22 난도 ★★

$\boxed{답}$ ④

┃정답해설┃

- 20x3년 이자비용 = (₩916,594 + ₩119,157$^{(주1)}$ − ₩80,000) × 13% = ₩124,248

  주1 20x2년 이자비용 = ₩916,594 × 13% = ₩119,157

23 난도 ★

$\boxed{답}$ ②

┃정답해설┃

당기순이익 = ₩1,800,000 − ₩1,900,000 = −₩100,000(감소)

24 난도 ★★

$\boxed{답}$ ②

┃정답해설┃

- 20x8년에 재평가잉여금 중 이익잉여금으로 대체되는 금액 = ₩3,000$^{(주1)}$ ÷ 4년 = ₩750

  주1 재평가잉여금 = ₩7,000 − (₩5,000 × 4/5) = ₩3,000

25 난도 ★

┃ 정답해설 ┃

순공정가치로 측정하는 생물자산과 관련된 정부보조금에 다른 조건이 없는 경우에는 이를 수취할 수 있게 되는 시점에 수익으로 인식한다.

26 난도 ★★

답 ④

┃ 정답해설 ┃

- 매출원가 = ₩162,000 + ₩1,220,000 − ₩526,720$^{(주1)}$ = ₩855,280

> **주1** 원가기준 기말재고 = (₩183,400 + ₩1,265,000 + ₩260,000 − ₩101,000 + ₩11,000 − ₩960,000) × 80%$^{(주2)}$
> = ₩526,720
>
> **주2** 원가율 = ₩1,220,000 ÷ (₩1,265,000 + ₩260,000) = 80%

27 난도 ★

답 ⑤

┃ 정답해설 ┃

생산자가 합리적인 관행에 따라 순실현가치로 측정하는 농림어업과 삼림제품, 수확한 농림어업 제품 및 광물자원과 광업제품의 경우 순실현가능가치의 변동분은 변동이 발생한 기간의 손익으로 인식한다.

28 난도 ★★

답 ①

┃ 정답해설 ┃

20x3년 당기순이익 = ₩24,000 − (₩1,600 − ₩1,400) + (₩1,700 − ₩2,000) = ₩23,500

29 난도 ★★★

답 ⑤

┃ 정답해설 ┃

- 20x5년 말 손상인식 전 장부금액 = ₩41,500 − ₩12,000$^{(주1)}$ = ₩29,500
- 20x5년 말 손상차손 = ₩29,500 − ₩22,500 = ₩7,000
- 20x5년 말 손상인식 후 장부금액 = ₩29,500 − ₩7,000 = ₩22,500
- 20x6년 감가상각비 = (₩22,500 − ₩1,500) ÷ 7년 = ₩3,000
- 20x6년 말 장부금액 = ₩22,500 − ₩3,000 = ₩19,500
- 20x6년 말 손상차손환입 = ₩29,500 − ₩4,000 − ₩19,500 = ₩6,000

> **주1** 20x5년 말 감가상각누계액 = (₩41,500 − ₩1,500) × 3년/10년 = ₩12,000

30 난도 ★

답 ②

▮정답해설▮

감가상각비 = (₩20,000,000 + ₩1,000,000 × 0.79383) ÷ 3년 = ₩6,931,277

31 난도 ★

답 ①

▮정답해설▮

본사건물 감가상각비는 비제조원가이며, 월정액 공장임차료는 고정제조원가에 해당하므로 제품원가에 포함되지 않는다.

> **더 알아보기**
>
> 변동원가계산방법은 직접재료원가, 직접노무원가, 변동제조간접원가를 제품원가에 포함시키는 방법이다.

32 난도 ★★

답 ①

▮정답해설▮

- (ㄱ) 제조간접원가 = ₩30,000 − ₩25,000 = ₩5,000
- (ㄴ) 기초원가 = ₩12,500 + ₩12,500 = ₩25,000
- (ㄷ) 판매비와관리비 = 제조원가 × 50% = ₩30,000 × 50% = ₩15,000
- (ㄹ) 제조원가 = ₩25,000 + 제조간접원가 = ₩45,000 ÷ 150% = ₩30,000
- (ㅁ) 영업이익 = 총원가 × 30% = ₩58,500 − 총원가 = ₩58,500 − ₩45,000 = ₩13,500
- (ㅂ) 총원가 = ₩25,000 + 제조간접원가 + 판매비와관리비 = ₩58,500 ÷ 130% = ₩45,000

33 난도 ★

답 ③

▮정답해설▮

- 제조간접원가 = 320시간 × ₩400$^{(주1)}$ = ₩128,000

> **주1** 제조간접비 배부율 = ₩1,000,000 ÷ 2,500시간 = ₩400

34 난도 ★★

답 ④

▮정답해설▮

수선부문을 x, 동력부문을 y라고 하면,

$0.5x + 0.4y = ₩100,000$

$0.3x + 0.4y = ₩80,000$

위 두식을 연립해서 풀면, $x = ₩100,000$, $y = ₩125,000$ 이다.

따라서, 동력부문의 배부 전 원가 = ₩125,000 − (0.2 × ₩100,000) = ₩105,000

35 난도 ★★★

답 ④

┃정답해설┃

- 기대이익 = ₩11,700$^{(주1)}$ − ₩10,000$^{(주2)}$ = ₩1,700

> 주1 증분수익 = 260단위$^{(주3)}$ × ₩45$^{(주4)}$ = ₩11,700
> 주2 증분비용 = ₩10,000
> 주3 기대수량 = 300단위 × 60% + 200단위 × 40% = 260단위
> 주4 단위당 공헌이익 = (₩282,000 − ₩147,000) ÷ 3,000단위 = ₩45

36 난도 ★★

답 ①

┃정답해설┃

- 전부원가계산하의 영업이익 = ₩800,000 + ₩120,000$^{(주1)}$ − ₩240,000$^{(주4)}$ = ₩680,000

> 주1 기말 고정제조간접원가 = 20,000단위$^{(주2)}$ × ₩6$^{(주3)}$ = ₩120,000
> 주2 기말제품 = 40,000단위 + 140,000단위 − 160,000단위 = 20,000단위
> 주3 고정제조간접원가 배부율 = ₩720,000 ÷ 120,000단위 = ₩6
> 주4 기초 고정제조간접원가 = 40,000단위 × ₩6 = ₩240,000

37 난도 ★

답 ②

┃정답해설┃

₩830,000 = ₩4,000,000 × 80회 ÷ 1,000회 + ₩3,000,000 × 1,000단위 ÷ 15,000단위 + ₩1,500,000 × 300시간 ÷ 7,500시간 + ₩1,000,000 × 기계작업시간 ÷ 2,000시간

따라서, 기계작업시간은 500시간이다.

38 난도 ★★★

답 ⑤

┃정답해설┃

최대공헌이익 = 2,000단위(A) × ₩350 + 1,400단위(B) × ₩450 + 2,000단위(C) × ₩400 = ₩2,130,000

┃오답해설┃

구분	제품 A	제품 B	제품 C
단위당 공헌이익	₩500 − ₩150 = ₩350	₩750 − ₩300 = ₩450	₩1,000 − ₩600 = ₩400
사용시간당 공헌이익	₩350 ÷ 5시간 = ₩70	₩450 ÷ 10시간 = ₩45	₩400 ÷ 8시간 = ₩50
생산 우선순위	1	3	2
시장수요량	2,000단위	1,400단위	2,000단위
설비사용시간	10,000시간	14,000시간	16,000시간

39 난도 ★

답 ⑤

❚정답해설❚

기초재공품 가공원가의 완성도 = (108,000단위 − 87,000단위) ÷ 70,000단위 = 30%

40 난도 ★★

답 ①

❚정답해설❚

매출원가 = ₩60,000 + ₩45,000 − ₩30,000 − ₩60,000 + ₩45,000 + ₩35,000 + ₩26,000 = ₩121,000

07 2017년 제28회 정답 및 해설

01	02	03	04	05	06	07	08	09	10	11	12	13	14	15	16	17	18	19	20
②	①	④	⑤	①	④	②	②	③	①	①	⑤	②	④	①	②	①	④	⑤	②
21	22	23	24	25	26	27	28	29	30	31	32	33	34	35	36	37	38	39	40
③	①	⑤	①	③	③	⑤	④	②	⑤	②	④	④	③	③	⑤	④	②	③	③

01 난도 ★　　　　　　　　　　　　　답 ②

▌정답해설▌

취득한 자산과 제공한 자산의 공정가치를 모두 신뢰성 있게 측정할 수 없는 경우에는 제공한 자산의 장부금액을 취득원가로 인식한다.

02 난도 ★　　　　　　　　　　　　　답 ①

▌정답해설▌

재화의 결함에 대하여 정상적인 품질보증범위를 초과하여 판매자가 책임을 지는 경우에는 수익을 인식하지 않는다.

03 난도 ★★　　　　　　　　　　　　답 ④

▌정답해설▌

- 어음할인액 = ₩303,750[주1] × 8% × 2/12 = ₩4,050
- 금융자산처분손실 = ₩4,050 − ₩300,000 × 5% × 2/12 = ₩1,550

주1 만기가액 = ₩300,000 + ₩300,000 × 5% × 3/12 = ₩303,750

더 알아보기

현금수령액 = ₩303,750 − ₩4,050 = ₩299,700

04 난도 ★★

┃ 정답해설 ┃

• 감가상각비 = [₩382,154$^{(주1)}$ − ₩20,000] ÷ 3년 = ₩120,718

> **주1** 금융리스자산 = ₩374,506$^{(주2)}$ + ₩7,648 = ₩382,154
> **주2** 금융리스부채 = Min[₩390,000(리스자산의 공정가치), ₩374,506$^{(주3)}$] = ₩374,506
> **주3** 최소리스료의 현재가치 = ₩150,000 × 2.4018 + ₩20,000 × 0.7118 = ₩374,506

05 난도 ★

답 ①

┃ 정답해설 ┃

보고기간 후부터 재무제표 발행승인일 전 사이에 배당을 선언한 경우에는 수정을 요하는 사건이 아니므로 보고기간 말에 부채로 인식하지 아니한다.

06 난도 ★★★

답 ④

┃ 정답해설 ┃

• 보통주 배당금 = ₩24,000$^{(주1)}$ + ₩136,500$^{(주2)}$ = ₩160,500

> **주1** 보통주 당기분 배당금 = 200주 × ₩3,000 × 4% = ₩24,000
> **주2** 보통주 잔여배당금 = ₩182,000$^{(주3)}$ × ₩600,000/₩800,000 = ₩136,500
> **주3** 잔여배당금 = ₩220,000 − ₩14,000 − ₩24,000 = ₩182,000

> **더 알아보기**
>
> 우선주 당기분 배당금 = 100주 × ₩2,000 × 7% = ₩14,000
> 우선주 잔여배당금 = ₩182,000$^{(주3)}$ × ₩200,000/₩800,000 = ₩45,500

07 난도 ★

답 ②

┃ 정답해설 ┃

감가상각비 = (₩1,000,000 − ₩500,000) ÷ 5년 = ₩100,000
따라서, 20x1년도 당기순이익은 ₩100,000 감소한다.

08 난도 ★

답 ②

┃정답해설┃

② 복구충당부채 ₩500,000은 충당부채로 인식한다.

┃오답해설┃

미래의 예상 영업손실은 충당부채로 인식하지 아니한다. 또한, 계속 근무하는 종업원에 대한 교육 훈련과 재배치 비용은 구조조정충당부채에 포함하지 아니한다. 이러한 지출은 미래의 영업활동과 관련된 것이므로 보고기간 말에 구조조정충당부채로 인식하지 아니한다. 또한, 정기적 교체는 미래의 행위에 따라 회피될 수 있기 때문에 부채로 인식하지 않는다.

09 난도 ★★

답 ③

┃정답해설┃

영업활동순현금흐름
= ₩147,000(당기순이익) + ₩40,000(감가상각비) + ₩20,000(유형자산처분손실) − ₩5,000(미지급법인세 감소) + ₩5,000(미지급이자 증가) − ₩15,000(매출채권 증가) + ₩4,000(재고자산 감소) − ₩6,000(매입채무 감소)
= ₩190,000

10 난도 ★★

답 ①

┃정답해설┃

• 법인세비용 = ₩206,000$^{(주1)}$ + ₩12,500$^{(주2)}$ = ₩218,500

> 주1 미지급법인세 = (₩1,000,000 + ₩50,000 + ₩80,000 − ₩100,000) × 20% = ₩206,000
> 주2 이연법인세부채 = (₩100,000 − ₩50,000) × 25% = ₩12,500

11 난도 ★★★

답 ①

┃정답해설┃

• 20x1년 공사손익 = 공사수익$^{(주1)}$ − 공사원가
    = ₩400,000 − ₩320,000 = ₩80,000(공사이익)
• 20x1년 말 미청구공사 = 미성공사$^{(주3)}$ − 진행청구액
    = ₩400,000 − ₩350,000 = ₩50,000

> 주1 공사수익 = ₩1,000,000 × 40%$^{(주2)}$ = ₩400,000
> 주2 공사진행률 = ₩320,000 ÷ (₩320,000 + ₩480,000) = 40%
> 주3 20x1년 말 미성공사 = ₩1,000,000 × 40% = ₩400,000

12 난도 ★★　　　　　　　　　　　　　　　　　　　　　　답 ⑤

┃정답해설┃

- (주)대한이 20x1년도에 이 건물에 대한 재평가를 실시하여 재평가손실 ₩1,000,000을 인식하였다면, 20x2년 증가분[주1]에는 ₩1,000,000을 재평가이익으로 인식하고 나머지 ₩5,000,000은 기타포괄이익으로 인식한다.

> **주1** ₩18,000,000 − ₩12,000,000 = ₩6,000,000

13 난도 ★★　　　　　　　　　　　　　　　　　　　　　　답 ②

┃정답해설┃

- 당기비용 = ₩50,000(수익적지출) + ₩200,000[주1] = ₩250,000

> **주1** 20x3년 감가상각비 = ₩600,0000 ÷ 3년 = ₩200,000

더 알아보기

- 20x1년 감가상각비 = ₩1,000,000 × 4/10 × 6/12 = ₩200,000
- 20x2년 감가상각비 = (₩800,000 + ₩200,000) × 4/10 = ₩400,000

14 난도 ★★★　　　　　　　　　　　　　　　　　　　　　답 ④

┃정답해설┃

- 당기비용 = ₩45,000[주1] + ₩80,000[주4] = ₩125,000

> **주1** 특허권의 당기비용 = ₩20,000[주2] + ₩25,000[주3] = ₩45,000
> **주2** 특허권의 감가상각비 = ₩100,000 ÷ 5년 = ₩20,000
> **주3** 특허권의 손상차손 = ₩60,000 − ₩35,000 = ₩25,000
> **주4** 상표권의 당기비용 = ₩80,000[주5]
> **주5** 상표권의 손상차손 = ₩200,000 − ₩120,000 = ₩80,000

15 난도 ★　　　　　　　　　　　　　　　　　　　　　　　답 ①

┃정답해설┃

- 건물 A = (₩40,000 × 1/5) − (₩8,000 ÷ 5년) = ₩6,400
- 건물 B = ₩20,000 − (₩20,000 ÷ 10년 × 3/12) = ₩19,500

16 난도 ★   답 ②

▌정답해설▐

공정가치 모형을 적용하는 경우에는 감가상각을 하지 않는다.

17 난도 ★   답 ①

▌정답해설▐

건물이 위치한 토지의 가치가 증가할 경우 건물의 감가상각대상금액은 증가하지 않는다.

18 난도 ★★   답 ④

▌오답해설▐

① 비용은 기능별분류법과 성격별분류법 중 선택할 수 있다. 다만, 비용을 기능별로 분류하는 기업은 감가상각비, 기타 상각비와 종업원 급여비용을 포함하여 비용의 성격에 대한 추가 정보를 공시하여야 한다.

② 재무상태표에 표시되는 자산과 부채는 유동성구분법 및 유동성배열법 중 선택할 수 있다.

③ 영업이익 산정에 포함된 항목 이외에 기업의 고유 영업환경을 반영하는 그 밖의 수익 또는 비용항목이 있다면 이러한 항목을 영업이익에 추가하여 별도의 영업성과 측정치를 산정하고, 이를 포괄손익계산서 본문에 표시되는 영업이익과 명확히 구별되도록 조정영업이익으로 주석에 공시할 수 있다.

⑤ 부적절한 회계정책은 이에 대하여 공시나 주석 또는 보충자료를 통해 설명할 수 있다하더라도 정당화될 수 없다.

19 난도 ★   답 ⑤

▌정답해설▐

- 기말자산 = ₩740 + ₩1,060$^{(주1)}$ = ₩1,800

> 주1   기말자본 = ₩380$^{(주2)}$ + ₩500 + ₩180$^{(주3)}$ = ₩1,060
> 주2   기초자본 = ₩1,000 − ₩620 = ₩380
> 주3   당기순이익 = ₩2,500 − ₩2,320 = ₩180

20 난도 ★★   답 ②

▌오답해설▐

① 측정기준의 변경은 회계추정의 변경이 아니라 회계정책의 변경에 해당한다.

③ 과거에 발생한 거래와 실질이 다른 거래, 기타 사건 또는 상황에 대하여 다른 회계정책을 적용하는 경우에도 회계정책의 변경에 해당하지 않는다.

④ 과거기간의 금액을 수정하는 경우 과거기간에 인식, 측정, 공시된 금액을 추정함에 있어 사후에 인지된 사실을 이용할 수 없다.

⑤ 회계정책의 변경과 회계추정의 변경을 구분하는 것이 어려운 경우에는 이를 회계추정의 변경으로 본다.

21 난도 ★ 답 ③

┃ 정답해설 ┃

회계기준위원회는 중요성에 대한 획일적인 계량 임계치를 정하거나 특정한 상황에서 무엇이 중요한 것인지를 미리 결정할 수 없다.

22 난도 ★★★ 답 ①

┃ 정답해설 ┃

• 20x1년도에 자본화할 차입원가 = ₩6,750$^{(주1)}$ + ₩22,500$^{(주2)}$ = ₩29,250

주1 특정차입금 자본화 차입원가 = ₩300,000 × 9/12 × 3% = ₩6,750
주2 일반차입금 자본화 차입원가 = [₩850,000$^{(주3)}$ − ₩300,000 × 9/12] × 4.5%$^{(주4)}$ = ₩28,125(한도 : ₩22,500$^{(주5)}$)
주3 연평균지출액 = ₩600,000 × 12/12 + ₩500,000 × 6/12 = ₩850,000
주4 자본화이자율 = [₩500,000 × 6/12 × 4% + ₩1,000,000 × 3/12 × 5%] ÷ [₩500,000 × 6/12 + ₩1,000,000 × 3/12]
    = 4.5%
주5 일반차입금 한도 = ₩500,000 × 6/12 × 4% + ₩1,000,000 × 3/12 × 5% = ₩22,500

23 난도 ★ 답 ⑤

┃ 정답해설 ┃

• 유효이자율 = ₩6,000 ÷ ₩40,000$^{(주1)}$ = 15%

주1 20x2년 초 사채의 장부금액 = ₩43,000 − ₩3,000 = ₩40,000

24 난도 ★★★ 답 ①

┃ 정답해설 ┃

• 이자비용의 차이 = ₩229,120$^{(주1)}$ − ₩211,182$^{(주3)}$ = ₩17,938

주1 상환할증금이 있는 경우의 이자비용 = ₩1,909,330$^{(주2)}$ × 12% = ₩229,120
주2 상환할증금이 있는 경우의 발행가액 = 2,000,000 × 1.105 × 0.7118 + ₩2,000,000 × 7% × 2.4018 = ₩1,909,330
주3 상환할증금이 없는 경우의 이자비용 = ₩1,759,852$^{(주4)}$ × 12% = ₩211,182
주4 상환할증금이 없는 경우의 발행가액 = ₩2,000,000 × 0.7118 + ₩2,000,000 × 7% × 2.4018 = ₩1,759,852

25 난도 ★

▌정답해설▌

- 영업권 = 합병대가 - 순자산공정가치 = ₩3,500 - ₩2,240$^{(주1)}$ = ₩1,260

> **주1** 순자산공정가치 = ₩1,300 + ₩1,600 + ₩200 - ₩200 - ₩660 = 2,240

26 난도 ★★

▌정답해설▌

- 기말재고액(원가) = ₩2,000,000$^{(주1)}$ × 60%$^{(주2)}$ = ₩1,200,000

> **주1** 기말재고(매가) = ₩1,000,000 + ₩4,900,000 + ₩300,000 - ₩200,000 - ₩4,000,000 = ₩2,000,000
> **주2** 원가율 = ₩3,000,000 ÷ (₩4,900,000 + ₩300,000 - ₩200,000) = 60%

27 난도 ★★

▌정답해설▌

- 20x2년 말 손상차손환입 = Min[₩1,100,000$^{(주1)}$, ₩800,000$^{(주2)}$] = ₩800,000

> **주1** ₩4,300,000 - ₩3,200,000 = ₩1,100,000
> **주2** ₩5,000,000 - ₩500,000 × 2 - ₩3,200,000$^{(주3)}$ = ₩800,000
> **주3** 20x2년 말 손상직전 장부금액 = ₩3,600,000 × 8/9 = ₩3,200,000

더 알아보기

20x1년 손상차손 = ₩4,500,000 - ₩3,600,000 = ₩900,000
원가모형에 있어서 손상차손환입으로 증가한 장부금액은 과거에 손상차손을 인식하기 전 장부금액의 감가상각 후 잔액을
초과할 수 없다.

28 난도 ★★

▌정답해설▌

- 재고자산회전율 = ₩80,000$^{(주1)}$ ÷ ₩32,000$^{(주2)}$ = 2.5회

> **주1** 매출원가 = ₩100,000 ÷ 1.25 = ₩80,000
> **주2** 평균상품재고액 = [₩30,000 + ₩34,000$^{(주3)}$] ÷ 2 = ₩32,000
> **주3** 기말상품재고액 = ₩30,000 + ₩84,000 - ₩80,000 = ₩34,000

29 난도 ★

┃정답해설┃

자본총계 = 140주 × ₩5,000 + ₩300,000 − (20주 × ₩4,900) − (40주 × ₩5,300) = ₩690,000

30 난도 ★

답 ⑤

┃정답해설┃

과거에 우발부채로 처리하였더라도 이후 충당부채의 인식조건을 충족하면 재무제표에 충당부채로 인식한다.

31 난도 ★★

답 ②

┃정답해설┃

- A의 총제조원가 = ₩100,000 × [1 − 25%$^{(주1)}$] = ₩75,000

  주1 매출총이익률 = ₩70,000$^{(주2)}$ ÷ (₩100,000 + ₩180,000) = 25%
  주2 매출총이익 = (₩100,000 + ₩180,000) − (₩150,000 + ₩60,000) = ₩70,000

32 난도 ★★

답 ④

┃정답해설┃

- 실제생산량 = (₩385,700 + ₩20,300 + ₩14,000) ÷ 2시간 ÷ ₩4$^{(주1)}$ = 52,500단위

  주1 표준임률 = (₩385,700 + ₩20,300) ÷ 101,500시간 = ₩4

33 난도 ★★

답 ④

┃정답해설┃

- 예상 영업이익 = ₩42,000$^{(주1)}$ + ₩21,000$^{(주2)}$ + ₩105,000$^{(주3)}$ − ₩156,000 = ₩12,000

  주1 A제품 공헌이익 = ₩700,000 × 30% × 20% = ₩42,000
  주2 B제품 공헌이익 = ₩700,000 × 10% × 30% = ₩21,000
  주3 C제품 공헌이익 = ₩700,000 × 60% × 25% = ₩105,000

더 알아보기

- A제품 매출배합 = ₩150,000 ÷ (₩150,000 + ₩50,000 + ₩300,000) = 30%
- B제품 매출배합 = ₩50,000 ÷ (₩150,000 + ₩50,000 + ₩300,000) = 10%
- C제품 매출배합 = ₩300,000 ÷ (₩150,000 + ₩50,000 + ₩300,000) = 60%

34 난도 ★★★

답 ③

┃정답해설┃
- 최소 대체가격 = ₩37^(주1) + ₩24^(주2) = ₩61

> 주1 변동원가 = ₩30(단위당 변동제조원가) + ₩7(단위당 운송비) = ₩37
> 주2 단위당 기회비용 = (₩100 − ₩40) × 200단위 ÷ 500단위 = ₩24

35 난도 ★★

답 ③

┃정답해설┃
- 예산영업이익 = ₩94,000^(주1) − ₩100,000^(주2) = −₩6,000(감소)

> 주1 생산중단시 이익 = ₩40,000 + ₩20,000 + ₩30,000 × 40% + ₩20,000 × 60% + ₩10,000 = ₩94,000
> 주2 생산중단시 손실 = ₩100,000

36 난도 ★★

답 ⑤

┃정답해설┃
- 추정 영업이익 = [₩100 − ₩40^(주1)] × 75,000단위 − ₩3,750,000^(주2) = ₩750,000

> 주1 변동원가 = (₩11,000,000 − ₩7,000,000) ÷ (150,000단위 − 50,000단위) = ₩40
> 주2 고정원가 = (₩11,000,000 − ₩40 × 150,000단위) × 75,000단위/100,000단위 = ₩3,750,000

37 난도 ★

답 ④

┃정답해설┃
- 기말재공품 원가 = ₩263.25^(주1) × 400단위 = ₩105,300

> 주1 완성품환산량 단위당원가 = ₩1,053,000 ÷ 4,000단위^(주2) = ₩263.25
> 주2 완성품환산량 = 1,000단위 × 60% + 3,000단위 + 1,000단위 × 40% = 4,000단위

38 난도 ★★★

답 ②

┃ 정답해설 ┃

- 5월 예상 현금지출액 $= ₩1,500,000^{(주1)} \times 70\% + ₩2,750,000^{(주4)} \times 30\% = ₩1,875,000$

  주1 4월 당기매입액 $= ₩1,000,000 - ₩250,000^{(주2)} + ₩750,000^{(주3)} = ₩1,500,000$
  주2 4월 기초재고액 $= ₩1,300,000 \div 130\% \times 25\% = ₩250,000$
  주3 4월 기말재고액 $= ₩3,900,000 \times 25\% = ₩750,000$
  주4 5월 당기매입액 $= ₩3,000,000 - ₩750,000 + ₩500,000^{(주5)} = ₩2,750,000$
  주5 5월 기말재고액 $= ₩2,600,000 \div 130\% \times 25\% = ₩500,000$

39 난도 ★★

답 ③

┃ 정답해설 ┃

- 단위당 최소판매가격 $= ₩2,800,000^{(주1)} \div 2,000단위 = ₩1,400$

  주1 증분비용 $= 2,000단위 \times ₩1,000 + 1,000단위 \times (₩2,000 - ₩1,000 - ₩200) = ₩2,800,000$

40 난도 ★★

답 ③

┃ 정답해설 ┃

- 변동원가계산에 의한 영업이익 $= ₩10,000 - 200단위^{(주1)} \times (₩30,000/1,000단위) + 300단위^{(주2)} \times (₩20,000/800단위)$
  $= ₩11,500$

  주1 2월 기말재고 $= 300단위^{(주2)} + 1,000단위 - 1,100단위 = 200단위$
  주2 2월 기초재고 $= 800단위 - 500단위 = 300단위$

08 2016년 제27회 정답 및 해설

01	02	03	04	05	06	07	08	09	10	11	12	13	14	15	16	17	18	19	20
⑤	④	④	④	③	④	⑤	⑤	④	②	④	③	①	③	①	②	⑤	③	④	②
21	22	23	24	25	26	27	28	29	30	31	32	33	34	35	36	37	38	39	40
⑤	②	②	④	④	①	⑤	②	①	①	③	③	⑤	②	③	②	③	②	①	①

01 난도 ★　　　답 ⑤

┃정답해설┃

일반적으로 현금유출과 자산의 취득은 밀접하게 관련되어 있으나 양자가 반드시 일치하는 것은 아니다. 예를 들어, 기업실체의 연구비 지출은 미래 경제적 효익을 추구했다는 증거는 될 수 있지만 자산의 정의를 충족시키는 자원을 취득했다는 확정적 증거는 될 수 없다. 반면에, 증여받은 재화는 이에 관해 지출이 발생하지 않았지만 자산의 정의를 충족시킬 수 있다.

02 난도 ★★★　　　답 ④

┃정답해설┃

• 전환시 주식발행초과금 증가액 = $[\text{₩}1,023,119^{(주1)} + \text{₩}50,787^{(주2)} - \text{₩}333,333^{(주3)}] \times 60\% = \text{₩}444,343$

> 주1　20x6년 초 장부금액 = $\text{₩}949,213 \times 1.12 - \text{₩}40,000 = \text{₩}1,023,119$
> 주2　전환권대가 = $\text{₩}1,000,000 - \text{₩}949,213 = \text{₩}50,787$
> 주3　자본금 = $\text{₩}1,000,000 \times \text{₩}1,000 \div \text{₩}3,000 = \text{₩}333,333$

03 난도 ★★　　　답 ④

┃정답해설┃

• 20x2년 말 재평가손실(당기비용) = $\text{₩}120,000 - \text{₩}85,000 - \text{₩}9,000^{(주1)} = \text{₩}26,000$

> 주1　20x1년 말 재평가잉여금 = $\text{₩}120,000 - (\text{₩}95,000 + \text{₩}16,000) = \text{₩}9,000$

04 난도 ★★ 답 ④

정답해설

날짜	회계처리				계산근거
20x6년 9월 1일	(차) 자기주식	550,000	(대) 현금	550,000	500주 × ₩1,100 = ₩550,000
20x6년 9월 15일	(차) 자기주식	360,000	(대) 현금	360,000	300주 × ₩1,200 = ₩360,000
20x6년 10월 1일	(차) 현금	480,000	(대) 자기주식 자기주식처분손실 자기주식처분이익	440,000^(주1) 25,000 15,000	
20x6년 10월 9일	(차) 현금 자기주식처분이익 자기주식처분손실	315,000 15,000 20,000	(대) 자기주식	350,000^(주2)	

주1 400주 × ₩1,100 = ₩440,000
주2 100주 × ₩1,100 + 200주 × ₩1,200 = ₩350,000

05 난도 ★★ 답 ③

정답해설

재고자산을 공정가치로 평가하는 투자부동산으로 대체하는 경우 재고자산의 장부금액과 대체시점의 공정가치의 차액은 당기손익으로 인식한다.

06 난도 ★★★ 답 ④

정답해설

• 기타포괄손익 = ₩1,500^(주1) − ₩900^(주2) = ₩600(증가)

주1 확정급여채무 = ₩24,000 + ₩1,200 + ₩3,600 − ₩2,300 − ₩25,000 = ₩1,500
주2 사외적립자산 = ₩20,000 + ₩1,000 − ₩2,300 + ₩4,200 − ₩22,000 = ₩900

더 알아보기

구분	회계처리			
이자비용	(차) 퇴직급여	1,200	(대) 확정급여채무	1,200
당기근무원가	(차) 퇴직급여	3,600	(대) 확정급여채무	3,600
퇴직금 지급	(차) 확정급여채무	2,300	(대) 사외적립자산	2,300
이자수익	(차) 사외적립자산	1,000	(대) 퇴직급여	1,000
기여금 출연	(차) 사외적립자산	4,200	(대) 현금	4,200
기타포괄손익 인식	(차) 확정급여채무 재측정요소	1,500 900	(대) 재측정요소 사외적립자산	1,500 900

07 난도 ★

| 정답해설 |

경영자가 의도하는 방식으로 운용될 수 있으나 아직 사용하지 않고 있는 기간에 발생한 원가는 기간비용으로 처리한다.

08 난도 ★★★

답 ⑤

| 정답해설 |

- 20x2년 공사계약 손익 = ₩2,580$^{(주1)}$ − ₩3,900$^{(주2)}$ − ₩480$^{(주3)}$ = −₩1,800(손실)

> 주1 계약수익 = ₩6,000 × (68% − 25%) = ₩2,580
> 주2 계약원가 = ₩5,100 − ₩1,200 = ₩3,900
> 주3 공사손실충당금전입액 = (₩7,500 − ₩6,000) × (1 − 68%) = ₩480

더 알아보기

- 20x1년 진행률 = ₩1,200 ÷ (₩1,200 + ₩3,600) = 25%
- 20x2년 누적진행률 = ₩5,100 ÷ (₩5,100 + ₩2,400) = 68%

09 난도 ★

답 ④

| 정답해설 |

처분손익 = ₩600,000 − (₩1,000,000 − ₩300,000) = −₩100,000(처분손실)

더 알아보기

교환거래에 상업적 실질이 있고 공정가치를 측정할 수 있는 경우에는 유형자산처분손익을 인식한다.

10 난도 ★★

답 ②

| 정답해설 |

- 20x2년 주식보상비용 = (100명 − 30명) × 10개 × ₩10 × 2/4 − ₩2,000$^{(주1)}$ = ₩1,500

> 주1 20x1년 주식보상비용 = (100명 − 20명) × 10개 × ₩10 × 1/4 = ₩2,000

206 감정평가사 1차 회계학 기출문제집(+ 최종모의고사)

11 난도 ★

▌정답해설▐

보고기간 후 12개월 이내에 만기가 도래하는 경우에는 기업이 기존의 대출계약조건에 따라 보고기간 후 적어도 12개월 이상 부채를 차환하거나 연장할 것으로 기대하고 있고 그런 재량권이 있다고 한다면 비유동부채로 분류한다.

12 난도 ★★★

답 ③

▌정답해설▐

• 매출총이익 = 매출액$^{(주1)}$ − 매출원가$^{(주3)}$ = ₩1,100,000 − ₩480,000 = ₩620,000

> 주1 매출액 = 5회$^{(주2)}$ × [(₩200,000 + ₩240,000)/2] = ₩1,100,000
> 주2 매출채권회전율 = 365일 ÷ 73일 = 5회
> 주3 매출원가 = 3회 × [(₩140,000 + ₩180,000)/2] = ₩480,000

13 난도 ★★★

답 ①

▌정답해설▐

• 사채 조기상환손익 = 장부금액 − 상환가액 = ₩1,035,631$^{(주1)}$ − ₩1,100,000 = −₩64,369(손실)

> 주1 20x2년 초 장부금액 = ₩1,051,510$^{(주2)}$ × 1.08 − ₩100,000 = ₩1,035,631
> 주2 20x1년 초 발행가액 = ₩1,000,000 × 0.7938 + ₩1,000,000 × 10% × 2.5771 = ₩1,051,510

14 난도 ★★

답 ③

▌정답해설▐

• 금융리스부채 = Min[₩2,656,480$^{(주1)}$, ₩2,500,000(리스자산의 공정가치)] = ₩2,500,000

> 주1 최소리스료의 현재가치 = ₩1,000,000 × 2.5771 + ₩100,000 × 0.7938 = ₩2,656,480

15 난도 ★★

답 ①

▌정답해설▐

당기순이익 = ₩200,000 − ₩50,000 − ₩30,000 = ₩120,000

16 난도 ★★

┃정답해설┃

취득원가 = ₩1,000,000 − ₩15,000 + ₩25,000 + ₩10,000 − ₩5,000 + ₩2,000 = ₩1,017,000

17 난도 ★

답 ⑤

┃정답해설┃

기업이 받는 판매세, 특정재화나 용역과 관련된 세금, 부가가치세와 같이 제3자를 대신하여 받는 금액은 기업에 유입되어 자본의 증가를 수반하는 경제적 효익이 아니므로 수익에서 제외한다.

18 난도 ★★

답 ③

┃정답해설┃

자산이나 부채의 공정가치를 측정하기 위하여 사용되는 주된 시장의 가격에서 거래원가는 조정하지 아니한다.

19 난도 ★

답 ④

┃오답해설┃

ㄴ. 투자자산의 공정가치가 보고기간말과 재무제표 발행승인일 사이에 하락한 것은 보고기간말의 상황과 관련된 것이 아니라 보고기간 후에 발생한 상황이 반영된 것이다.

20 난도 ★★

답 ②

┃정답해설┃

- 손상차손 = 토지 손상차손$^{(주1)}$ + 건물 손상차손$^{(주2)}$ = ₩50,000 + ₩30,000 = ₩80,000

  주1 토지 손상차손 = ₩2,000,000 × ₩1,440,000/(₩1,440,000 + ₩960,000) − ₩1,150,000 = ₩50,000
  주2 건물 손상차손 = ₩700,000$^{(주3)}$ − ₩670,000 = ₩30,000
  주3 건물 장부가액 = ₩800,000 − ₩100,000 = ₩700,000

  더 알아보기

  - 건물 취득원가 = ₩2,000,000 × ₩960,000/(₩1,440,000 + ₩960,000) = ₩800,000
  - 건물 감가상각비 = (₩800,000 − ₩100,000) ÷ 7년 = ₩100,000

21 난도 ★★★

 답 ⑤

┃정답해설┃

- 취득원가 = ₩1,200,000 + ₩900,000 + ₩500,000 + ₩62,000$^{(주1)}$ + ₩51,000$^{(주2)}$ = ₩2,713,000

> 주1 특정차입금 자본화할 차입원가 = (₩1,200,000 × 8/12 × 8% − ₩120,000 × 4/12 × 5%) = ₩62,000
> 주2 일반차입금 자본화할 차입원가 = [₩1,225,000$^{(주3)}$ − ₩760,000$^{(주4)}$] × 10.968%$^{(주5)}$ = ₩51,000(한도 : ₩85,000)
> 주3 연평균지출액 = (₩1,200,000 × 8 + ₩900,000 × 4 + ₩500,000 × 3) ÷ 12 = ₩1,225,000
> 주4 연평균특정차입금 = ₩1,200,000 × 8/12 − ₩120,000 × 4/12 = ₩760,000
> 주5 가중평균이자율
> = [(₩800,000 × 6/12 × 10%) + (₩1,500,000 × 3/12 × 12%)] ÷ [(₩800,000 × 6/12) + (₩1,500,000 × 3/12)]
> = ₩85,000 ÷ ₩775,000 = 10.968%

22 난도 ★★

 답 ②

┃정답해설┃

- 이연법인세자산 = ₩30,000 × 20% = ₩6,000
- 이연법인세부채 = (₩40,000 + ₩10,000) × 20% = ₩10,000

23 난도 ★★★

 답 ②

┃정답해설┃

- 기본주당이익 = ₩198,000 ÷ 8,250주$^{(주1)}$ = ₩24
- 희석주당이익 = [₩198,000 + ₩15,000 × (1 − 20%)] ÷ 10,000주$^{(주2)}$ = ₩21

> 주1 8,000주 + 1,000주 × 3/12 = 8,250주
> 주2 8,250주 + 1,000주 + 1,000주 × 9/12 = 10,000주

24 난도 ★

답 ④

┃정답해설┃

일반목적재무보고서는 보고기업의 가치를 보여주기 위해 고안된 것이 아니다. 그러나 그 보고서는 현재 및 잠재적 투자자, 대여자 및 기타채권자가 보고기업의 가치를 추정하는데 도움이 되는 정보를 제공한다.

25 난도 ★★★　　답 ④

┃정답해설┃

- 총비용 = 감가상각비$^{(주1)}$ + 복구충당부채전입액$^{(주3)}$ = ₩862,090 + ₩31,045 = ₩893,135

> 주1 감가상각비 = [₩4,310,450$^{(주2)}$ − 0] ÷ 5년 = ₩862,090
> 주2 해양구조물 = ₩4,000,000 + ₩500,000 × 0.6209 = ₩4,310,450
> 주3 복구충당부채전입액 = ₩500,000 × 0.6209 × 10% = ₩31,045

26 난도 ★★★　　답 ①

┃정답해설┃

- 매출총이익 = 매출액$^{(주1)}$ − 매출원가$^{(주2)}$ = ₩13,800 − ₩7,500 = ₩6,300

> 주1 매출액 = 46개 × ₩300 = ₩13,800
> 주2 매출원가 = ₩2,400 + ₩5,400 − (3개 × ₩100) = ₩7,500

> **더 알아보기**
>
> - 재고자산감모손실 = (4개 − 3개) × ₩180 = ₩180
> - 재고자산평가손실 = (₩180 − ₩100) × 3개 = ₩240

27 난도 ★★★　　답 ⑤

┃정답해설┃

비지배지분 = (₩460,000 + ₩80,000) × 30% + ₩120,000 × 30% − ₩80,000 × 30% ÷ 10년 = ₩195,600

28 난도 ★★　　답 ②

┃정답해설┃

고객으로부터의 현금유입액 = ₩860,000 − ₩6,000 + [(₩110,000 − ₩3,000) − (₩150,000 − ₩5,000)] = ₩816,000

29 난도 ★★　　답 ①

┃정답해설┃

충당부채를 인식하기 위해서는 당해 의무를 이행하기 위하여 경제적 효익을 갖는 자원이 유출될 가능성이 높아야 한다.

30 난도 ★   답 ①

▎정답해설▎

기계장치의 감가상각비 = ₩20,000,000 × 20% × 4/10 × 9/12 = ₩1,200,000

31 난도 ★   답 ③

▎정답해설▎

- 기본원가 = 직접재료원가$^{(주1)}$ + 직접노무원가$^{(주2)}$ = ₩38,000 + ₩82,800 = ₩120,800

  주1   직접재료원가 = ₩10,000 + ₩40,000 − ₩12,000 = ₩38,000
  주2   직접노무원가 = [₩166,000$^{(주3)}$ + ₩60,000 − ₩50,000 − ₩38,000] × 60% = ₩82,800
  주3   당기제품제조원가 = ₩150,000 + ₩96,000 − ₩80,000 = ₩166,000

32 난도 ★★   답 ③

▎정답해설▎

20x6년도 예산식 y = ₩20,000 × (1 − 30%)x + ₩30,000,000 × (1 + 20%) = ₩14,000x + ₩36,000,000

x = 3,000개일 때 y의 값

= ₩14,000 × 3,000개 + ₩36,000,000 = ₩78,000,000

> **더 알아보기**
>
> - 20x5년도 예산식 y = ₩20,000$^{(주1)}$$x$ + ₩30,000,000$^{(주2)}$ (x : 생산량)
>
>   주1   단위당변동제조원가 = (₩70,000,000 − ₩50,000,000) ÷ (2,000개 − 1,000개) = ₩20,000
>   주2   고정제조간접원가 = ₩70,000,000 − 2,000개 × ₩20,000 = ₩30,000,000

33 난도 ★★   답 ⑤

▎정답해설▎

- 간접원가 총액 = 주문처리$^{(주1)}$ + 고객대응$^{(주2)}$ = ₩3,025 + ₩2,800 = ₩5,825

  주1   주문처리 = (₩500,000 × 60% + ₩200,000 × 50% + ₩120,000 × 70%) × 10회/1,600회 = ₩3,025
  주2   고객대응 = (₩500,000 × 40% + ₩200,000 × 50% + ₩120,000 × 30%) × 1명/120명 = ₩2,800

34 난도 ★

답 ②

▌정답해설▌
- 기말재고자산의 차이(전부원가계산 − 변동원가계산) = (25,000단위 − 20,000단위) × ₩40[주1] = 200,000

> [주1] 단위당 고정제조원가 = ₩1,000,000 ÷ 25,000단위 = ₩40

35 난도 ★★

답 ③

▌정답해설▌
- A제품 = 60꾸러미[주1] × 6개 = 360개

> [주1] 손익분기점(꾸러미) = ₩1,074,000 ÷ ₩17,900[주2] = 60꾸러미
> [주2] 꾸러미당 공헌이익 = 6개 × ₩1,050[주3] + 4개 × ₩2,900[주4] = ₩17,900
> [주3] A제품 공헌이익 = (₩2,100,000 − ₩1,470,000) ÷ 600개 = ₩1,050
> [주4] B제품 공헌이익 = (₩2,900,000 − ₩1,740,000) ÷ 400개 = ₩2,900

> **더 알아보기**
>
> B제품 = 60꾸러미 × 4개 = 240개

36 난도 ★

답 ②

▌정답해설▌
- A 사업부가 투자수익률로 평가하든 잔여이익으로 평가하든 더 우수하다.[주1]

> [주1] 투자수익률 및 잔여이익 계산
>
> | 구분 | A 사업부 | B 사업부 |
> | --- | --- | --- |
> | 투자
수익률 | ₩20,000,000 ÷ ₩250,000,000 = 8% | ₩22,500,000 ÷ ₩300,000,000 = 7.5% |
> | 잔여
이익 | ₩20,000,000 − ₩250,000,000 × 6% = ₩5,000,000 | ₩22,500,000 − ₩300,000,000 × 6% = 4,500,000 |

37 난도 ★★

답 ③

┃정답해설┃

- C의 기말재고액 = (50개 − 20개) × ₩52.5$^{(주3)}$ = ₩1,575

구분	NRV	JC$^{(주1)}$	추가원가	제조원가	생산량	제조원가
A	9개 × 100 = 900	1,425	0	1,425	9	158.33
B	27개 × 150 − 450 = 3,600	5,700	450	6,150	27	227.78
C	50개 × 35 − 250 = 1,500	2,375$^{(주2)}$	250	2,625	50	52.5$^{(주3)}$

주1 배부할 결합원가 = ₩9,900 − 40개 × ₩10 = ₩9,500
주2 C의 결합원가 배부액 = ₩9,500 × ₩1,500/₩6,000 = ₩2,375

더 알아보기

- A의 기말재고액 = (9개 − 8개) × ₩158.33 = ₩1,580.33
- B의 기말재고액 = (27개 − 10개) × ₩227.78 = ₩3,872.26
- X의 기말재고액 = (40개 − 1개) × ₩10 = ₩390

38 난도 ★★★

답 ②

┃정답해설┃

- 고정제조간접원가 조업도차이 = [80,000시간 − 76,000시간$^{(주1)}$] × ₩5.25$^{(주2)}$ = ₩21,000(불리)

주1 직접노무원가 능률차이 = (70,000시간 − 표준시간) × ₩2.5 = −₩15,000
따라서, 표준시간 = 76,000시간
주2 고정제조간접원가 표준배부율 = ₩10.25$^{(주3)}$ − ₩5$^{(주4)}$ = ₩5.25
주3 제조간접원가 표준배부율 = ₩820,000 ÷ ₩80,000 = ₩10.25
주4 변동제조간접원가 표준배부율 = (₩820,000 − ₩770,000) ÷ (80,000시간 − 70,000시간) = ₩5

39 난도 ★★

답 ①

┃정답해설┃

- 안전한계율 = [₩1,250,000$^{(주1)}$ − ₩400,000$^{(주2)}$] ÷ ₩1,250,000 = 68%

주1 매출액 = [₩208,250 ÷ (1 − 30%) + ₩140,000] ÷ 35% = ₩1,250,000
주2 손익분기점매출액 = ₩140,000 ÷ 35% = ₩400,000

▌정답해설▐

• 증분이익 = 증분수익$^{(주1)}$ − 증분비용$^{(주2)}$ = ₩300,000 − ₩275,000 = ₩25,000(이익)

주1 증분수익 = 2,500개 × ₩120 = ₩300,000
주2 증분비용 = 2,500개 × ₩75 + 2,500개 ÷ 100개 × ₩500$^{(주3)}$ + 7,500개 × ₩10 = ₩275,000
주3 배치당 변동원가 = ₩75,000 ÷ (7,500개/50개) = ₩500

PART 03

최종모의고사

01 제1회 회계학 최종모의고사 문제

01 다음 중 재무제표 표시에 관한 설명으로 옳지 <u>않은</u> 것은?

① 유동성 순서에 따른 표시방법을 적용할 경우에는 모든 자산과 부채를 유동성의 순서에 따라 표시한다.

② 해당기간에 인식한 모든 수익과 비용 항목은 별개의 손익계산서와 당기순손익에서 시작하여 기타포괄손익의 구성요소를 표시하는 보고서 또는 단일 포괄손익계산서 중 한가지 방법으로 표시한다.

③ 영업활동을 위한 자산의 취득시점부터 그 자산이 현금이나 현금성자산으로 실현되는 시점까지 소요되는 기간이 영업주기이다.

④ 매입채무 그리고 종업원 및 그 밖의 영업원가에 대한 미지급비용과 같은 기업의 정상영업주기 내에 사용되는 운전자본 항목은 보고기간 후 12개월 후에 결제일이 도래한다 하더라도 유동부채로 분류한다.

⑤ 비용의 기능에 대한 정보가 미래현금흐름을 예측하는데 유용하기 때문에 비용을 성격별로 분류하는 경우에는 비용의 기능에 대한 추가정보를 공시하는 것이 필요하다.

02 다음 중 재고자산의 회계처리에 관한 설명으로 옳지 <u>않은</u> 것은?

① 자가건설한 유형자산의 구성요소로 사용되는 재고자산처럼 재고자산의 원가를 다른 자산계정에 배분하는 경우에는 다른 자산에 배분된 재고자산 원가는 해당 자산의 내용연수 동안 비용으로 인식한다.

② 재고자산을 순실현가능가치로 감액한 평가손실과 모든 감모손실은 감액이나 감모가 발생한 기간에 비용으로 인식한다. 순실현가능가치의 상승으로 인한 재고자산 평가손실의 환입은 환입이 발생한 기간의 비용으로 인식된 재고자산 금액의 차감액으로 인식한다.

③ 순실현가능가치를 추정할 때에는 재고자산으로부터 실현가능한 금액에 대하여 추정일 현재사용가능한 가장 신뢰성 있는 증거에 기초하여야 한다. 또한 보고기간 후 사건이 보고기간말 존재하는 상황에 대하여 확인하여 주는 경우에는 그 사건과 직접 관련된 가격이나 원가의 변동을 고려하여 추정하여야 한다.

④ 생물자산에서 수확한 농림어업수확물로 구성된 재고자산은 순공정가치로 측정하여 수확시점에 최초로 인식한다.

⑤ 완성될 제품이 원가 이상으로 판매될 것으로 예상하는 경우에는 그 생산에 투입하기 위해 보유하는 원재료 및 기타 소모품을 감액하지 아니한다. 따라서 원재료 가격이 하락하여 제품의 원가가 순실현가능가치를 초과할 것으로 예상되더라도 해당 원재료를 순실현가능가치로 감액하지 않는다.

03 (주)시대는 20x1년 초 채무상품(액면금액 ₩100,000, 표시이자율 연 15%, 매년 말 이자지급, 5년 만기)을 ₩110,812에 구입하여 기타포괄손익 – 공정가치 측정 금융자산으로 분류하였다. 취득 당시 유효이자율은 연 12%이고, 20x1년 말 동 채무상품의 공정가치가 ₩95,000이다. 20x1년 (주)시대가 이 금융자산과 관련하여 인식할 기타포괄손실은?

① ₩10,812   ② ₩14,109

③ ₩15,812   ④ ₩17,434

⑤ ₩17,515

04 '고객과의 계약에서 생기는 수익'에서 언급하고 있는 수익인식의 5단계 순서로 옳은 것은?

> ㄱ. 고객과의 계약식별
> ㄴ. 수행의무의 식별
> ㄷ. 거래가격 산정
> ㄹ. 거래가격을 계약 내 수행의무에 배분
> ㅁ. 수행의무 충족 시 수익인식

① ㄱ → ㄴ → ㄷ → ㄹ → ㅁ

② ㄱ → ㄷ → ㄴ → ㄹ → ㅁ

③ ㄴ → ㄱ → ㄷ → ㄹ → ㅁ

④ ㄴ → ㄷ → ㄱ → ㄹ → ㅁ

⑤ ㄷ → ㄱ → ㄴ → ㄹ → ㅁ

05 다음 중 유형자산의 회계처리에 관한 설명으로 옳지 <u>않은</u> 것은?

① 손상된 유형자산에 대해 제3자로부터 보상금을 받는 경우, 이 보상금은 수취한 시점에 당기손익으로 반영한다.

② 생산용 식물은 유형자산으로 회계처리 하지만, 생산용 식물에서 자라는 생산물은 생물자산으로 회계처리 한다.

③ 유형자산을 다른 비화폐성 자산과 교환하여 취득하는 경우, 교환거래에 상업적 실질이 결여되어있다면 취득한 유형자산의 원가를 제공한 자산의 장부금액으로 측정한다.

④ 유형자산의 제거로 인하여 발생하는 손익은 순매각금액과 장부금액의 차이로 결정한다.

⑤ 유형자산의 감가상각법과 잔존가치 및 내용연수는 적어도 매 회계연도 말에 재검토한다.

06 (주)하나는 (주)한국에 상품을 판매한 대가로 이자부약속어음(액면가액 ₩160,000, 5개월 만기, 표시이자 연 9%)을 받고, 이 어음을 2개월간 보유한 후 은행에서 할인하여 ₩161,518을 수령하였다. 동 어음할인 거래는 금융자산의 제거요건을 충족한다. 이 어음 거래에 적용된 연간 할인율은? (단, 이자는 월할 계산한다)

① 10.2%   ② 10.4%
③ 10.5%   ④ 10.6%
⑤ 10.8%

07 다음 중 주식결제형 주식기준보상에 대한 설명으로 옳지 <u>않은</u> 것은?

① 종업원 및 유사용역제공자와의 주식기준보상거래에서는 기업이 거래상대방에게서 재화나 용역을 제공받는 날을 측정기준일로 한다.
② 제공받는 재화나 용역의 공정가치를 신뢰성 있게 추정할 수 있다면, 제공받는 재화나 용역과 그에 상응하는 자본의 증가를 제공받는 재화나 용역의 공정가치로 직접 측정한다.
③ 제공받는 재화나 용역의 공정가치를 신뢰성 있게 추정할 수 없다면, 제공받는 재화나 용역과 그에 상응하는 자본의 증가는 부여한 지분상품의 공정가치에 기초하여 간접 측정한다.
④ 가득된 지분상품이 추후 상실되거나 주식선택권이 행사되지 않은 경우에도 종업원에게서 제공받은 근무용역에 대해 인식한 금액을 환입하지 아니한다.
⑤ 시장조건이 있는 지분상품을 부여한 경우에는 그러한 시장조건이 달성되는지 여부와 관계없이 다른 모든 가득조건을 충족하는 거래상대방으로부터 제공받는 재화나 용역을 인식한다.

08 (주)대한의 20x1년 말 현재 은행계정조정표와 관련된 자료는 다음과 같다. 은행측은 기발행미인출수표가 누락되었음을 확인하였다. 기발행미인출수표 금액은 얼마인가?

> • 은행의 예금잔액증명서상 금액은 ₩20,000이 있고, (주)대한의 장부상 금액은 ₩17,000이 있다.
> • 은행의 예금잔액증명서에는 반영되어 있으나 (주)대한의 장부에 반영되지 않은 금액으로 예금이자 ₩1,000과 부도수표 ₩2,000이 있다.
> • 은행은 (주)민국의 발행수표 ₩6,000을 (주)대한의 발행수표로 착각하여 (주)대한의 당좌예금 계좌에서 인출하여 지급하였다.

① ₩8,000   ② ₩10,000
③ ₩12,000   ④ ₩14,000
⑤ ₩16,000

09 (주)한국은 보유중인 유형자산을 (주)대한의 유형자산과 교환하면서 공정가치 차액에 해당하는 현금 ₩300,000을 지급하였다. 교환일 현재 보유 중인 유형자산의 취득원가는 ₩2,100,000, 감가상각누계액은 ₩500,000, 공정가치는 ₩1,700,000이다. (주)한국이 교환과정에서 인식할 유형자산의 취득원가와 유형자산처분손익은 각각 얼마인가? (단, 동 교환거래는 상업적 실질이 있다고 가정한다)

	취득원가	유형자산처분손익
①	₩1,900,000	₩0
②	₩1,900,000	이익 ₩100,000
③	₩2,000,000	₩0
④	₩2,000,000	이익 ₩100,000
⑤	₩2,000,000	손실 ₩100,000

10 (주)한국은 20x1년 1월 1일 기계장치를 ₩1,000,000(내용연수 5년, 잔존가치 ₩0, 정액법 감가상각, 원가모형 적용)에 취득하여 제품생산에 사용하였다. 매 회계연도 말 기계장치에 대한 회수가능가액은 다음과 같으며, 회수가능액 변동은 기계장치의 손상 또는 그 회복에 따른 것이다. 동 거래가 20x3년도 (주)한국의 당기순이익에 미치는 영향은?

구분	20x1년 말	20x2년 말	20x3년 말
회수가능가액	₩700,000	₩420,000	₩580,000

① ₩20,000 감소　　　　　　　　② ₩20,000 증가

③ ₩120,000 감소　　　　　　　④ ₩120,000 증가

⑤ ₩160,000 증가

11 다음 중 투자부동산으로 분류되지 <u>않는</u> 것은 어느 것인가?

① 금융리스로 제공한 부동산

② 장래 사용목적을 결정하지 못한 채로 보유하고 있는 토지

③ 직접 소유하고 운용리스로 제공하고 있는 건물

④ 운용리스로 제공하기 위하여 보유하고 있는 미사용 건물

⑤ 미래에 투자부동산으로 사용하기 위하여 건설 또는 개발 중인 부동산

12 (주)강원은 제품 A를 ₩10,000에 판매하기로 계약을 체결하였다. 이 계약의 일부로 기업은 앞으로 30일 이내에 ₩10,000 한도의 구매에 대해 40% 할인권을 고객에게 주었다. (주)강원은 할인을 제공하기로 한 약속을 제품 A 판매 계약에서 수행의무로 회계처리한다. (주)강원은 고객의 80%가 할인권을 사용하고 추가 제품을 평균 ₩5,000에 구매할 것이라고 추정한다. (주)강원이 제품 A를 판매하는 시점에 인식할 수익(제품매출)은 얼마인가?

① ₩6,379   ② ₩8,000

③ ₩8,400   ④ ₩8,621

⑤ ₩10,000

13 (주)서울은 20x1년 1월 1일 액면금액 ₩1,000,000(표시이자율 연 5%, 매년 말 이자지급, 만기 3년)인 사채를 발행하였으며, 사채발행비로 ₩46,998을 지출하였다. 사채발행 당시 시장이자율은 연 8%이며, 20x1년 말 이자비용으로 ₩87,566을 인식하였다. 사채의 액면금액 중 ₩600,000을 20x3년 4월 1일에 경과이자를 포함하여 ₩570,000에 조기상환 한 경우 사채상환손익은? (단, 계산금액은 소수점 이하 첫째자리에서 반올림한다)

기간	단일금액 ₩1의 현재가치		정상연금 ₩1의 현재가치	
	5%	8%	5%	8%
3	0.8638	0.7938	2.7233	2.5771

① 손실 ₩7,462   ② 손실 ₩9,545

③ 이익 ₩7,462   ④ 이익 ₩9,545

⑤ 이익 ₩17,045

14 현금흐름표는 회계기간 동안 발생한 현금흐름을 영업활동, 투자활동 및 재무활동으로 분류하여 보고한다. 다음 중 현금흐름의 분류가 <u>다른</u> 것은?

① 단기매매목적으로 보유하는 계약에서 발생한 현금유입

② 보험회사의 경우 보험금과 관련된 현금유출

③ 판매목적으로 보유하는 재고자산을 제조하거나 취득하기 위한 현금유출

④ 기업이 보유한 특허권을 일정기간 사용하도록 하고 받은 수수료 관련 현금유입

⑤ 리스이용자의 리스부채 상환에 따른 현금유출

15 (주)한국은 2001년 중 신규로 출시한 제품을 판매하고 판매일로부터 2년간 무상으로 수리해 주기로 하였으며 매출액의 5%가 제품보증비용으로 발생할 것으로 추정하고 있다. 또한, 제품보증은 고객에게 선택권이 없으며 확신유형의 보증에 해당한다. 제품의 판매가 각 보고기간 말에 발생하였다고 가정할 경우 (주)한국이 2002년 말 재무상태표에 제품보증충당부채로 보고할 금액은 얼마인가?

회계연도	매출액	실제보증비용 발생액	
		2002년도	2003년도
2001년	₩5,000,000	₩100,000	₩200,000
2002년	₩9,000,000	0	₩150,000

① ₩150,000
② ₩250,000
③ ₩450,000
④ ₩600,000
⑤ ₩700,000

16 (주)한국은 2000년 1월 1일에 건설공사를 ₩1,500,000에 수주하였으나 2002년도에 공사의 설계변경으로 계약금액 ₩200,000이 추가되었다. 원가관련 자료가 다음과 같다고 할 경우 진행기준에 의하여 2002년도에 인식할 계약이익은 얼마인가?

(단위 : ₩)

구분	2000년	2001년	2002년
실제 발생 계약원가	₩250,000	₩300,000	₩410,000
기말 추정 추가계약원가	₩1,000,000	₩450,000	₩240,000
계약대금 청구액	₩300,000	₩500,000	₩300,000
계약대금 수령액	₩250,000	₩400,000	₩400,000

① ₩125,000
② ₩200,000
③ ₩425,000
④ ₩535,000
⑤ ₩825,000

17 다음 중 충당부채를 인식할 수 없는 상황은? (단, 금액은 모두 신뢰성 있게 측정할 수 있다)

① 법률에 따라 항공사의 항공기를 3년에 한 번씩 정밀하게 정비하도록 하고 있는 경우

② 법적규제가 아직 없는 상태에서 기업이 토지를 오염시켰지만 이에 대한 법률 제정이 거의 확실한 경우

③ 보고기간 말 전에 사업부를 폐쇄하기 위한 구체적인 계획에 대하여 이사회의 동의를 받았고 고객들에게 다른 제품 공급처를 찾아야 한다고 알리는 서한을 보냈으며 사업부의 종업원들에게는 감원을 통보한 경우

④ 기업이 토지를 오염시킨 후 법적 의무가 없음에도 불구하고 오염된 토지를 정화한다는 방침을 공표하고 준수하는 경우

⑤ 관련 법규가 제정되어 매연여과장치를 설치하여야 하나 당해연도 말까지 매연 여과장치를 설치하지 않아 법규 위반으로 인한 벌과금이 부과될 가능성이 그렇지 않은 경우보다 높은 경우

18 (주)세종은 확정급여제도를 채택하여 시행하고 있다. (주)세종의 확정급여채무와 관련된 자료가 다음과 같을 때, 20x1년도에 인식할 퇴직급여와 기타포괄손익은?

- 20x1년 초 사외적립자산 잔액은 ₩560,0000이며, 확정급여채무 잔액은 ₩600,0000이다.
- 20x1년도의 당기근무원가는 ₩450,0000이다.
- 20x1년 말에 사외적립자산 ₩150,0000이 퇴직종업원에게 현금으로 지급되었다.
- 20x1년 말에 현금 ₩400,000을 사외적립자산에 출연하였다.
- 20x1년 말 현재 사외적립자산의 공정가치는 ₩920,0000이며, 할인율을 제외한 보험수리적 가정의 변동을 반영한 20x1년 말 확정급여채무는 ₩1,050,0000이다.
- 확정급여채무 계산시 적용한 할인율은 연 15%이다.

	퇴직급여	기타포괄 손익
①	₩456,000	손실 ₩34,000
②	₩456,000	이익 ₩26,000
③	₩540,000	손실 ₩34,000
④	₩540,000	이익 ₩26,000
⑤	₩540,000	손실 ₩60,000

19 (주)하나의 20x1년도 초 유통보통주식수는 2,000주이다. (주)하나는 20x1년 4월 1일 처음 전환사채(액면금액 ₩50,000, 전환가격 ₩100)를 발행하였고, 동 전환사채는 당기 중 전환되지 않았다. 20x1년 당기순이익이 ₩1,500,000, 전환사채 이자비용은 ₩120,000, 법인세율이 20%일 때, 희석주당이익은? (단, 계산에 필요한 기간은 월 단위로 한다)

① ₩632 ② ₩638
③ ₩672 ④ ₩750
⑤ ₩798

20 다음 중 재무보고를 위한 개념체계에 대한 설명으로 옳지 <u>않은</u> 것은?

① 역사적원가는 자산의 취득 또는 창출에 발생한 원가의 가치로서, 자산의 취득 또는 창출을 위하여 지급한 대가와 거래원가를 포함한다.
② 공정가치란 측정일에 시장참여자 사이의 정상거래에서 자산을 매도할 때 받거나 부채를 이전할 때 지급하게 될 가격이며 거래원가를 반영하지 않는다.
③ 사용가치는 기업이 자산의 사용과 궁극적인 처분으로 얻을 것으로 기대하는 현금흐름 또는 그 밖의 경제적 효익의 현재가치이다.
④ 사용가치는 미래현금흐름에 기초하기 때문에 자산을 궁극적으로 처분하거나 부채를 이행할 때 발생할 것으로 기대되는 거래원가를 포함하지 않는다.
⑤ 현행원가는 측정일에 동등한 자산의 원가로서 측정일에 지급할 대가와 그 날에 발생할 거래원가를 포함한다.

21 다음 중 무형자산에 대한 설명으로 옳지 <u>않은</u> 것은?

① 무형자산은 분리가능하고, 무형자산이 계약상 권리 또는 기타 법적 권리로부터 발생해야 식별가능하다.
② 미래 경제적 효익의 유입가능성은 개별 취득하는 무형자산과 사업결합으로 취득하는 무형자산에 대하여 항상 충족되는 것으로 본다.
③ 최초에 비용으로 인식한 무형항목에 대한 지출은 그 이후에 무형자산의 원가로 인식할 수 없다.
④ 내부적으로 창출한 브랜드, 제호, 출판표제, 고객 목록과 이와 실질이 유사한 항목은 무형자산으로 인식하지 아니한다.
⑤ 내부적으로 창출한 브랜드, 제호, 출판교제, 고객 목록과 이와 실질이 유사한 항목은 사업을 전체적으로 개발하는 데 발생한 원가와 구별할 수 없으므로 무형자산으로 인식하지 아니한다.

22 다음 중 금융상품에 대한 설명으로 옳지 <u>않은</u> 것은?

① 기타포괄손익 – 공정가치측정 금융자산의 손실충당금을 인식하고 측정하는 데 손상 요구사항을 적용한다. 그러나 해당 손실충당금은 기타포괄손익에서 인식하고 재무상태표에서 금융자산의 장부금액을 줄이지 아니한다.

② 최초 인식 후에 금융상품의 신용위험이 유의적으로 증가한 경우에는 매 보고기간 말에 전체기간 기대신용손실에 해당하는 금액으로 손실충당금을 측정한다.

③ 기대신용손실을 측정할 때 가능한 모든 시나리오를 모두 고려할 필요는 없다. 그러나 신용손실의 발생 가능성이 매우 낮더라도 신용손실이 발생할 가능성과 발생하지 아니할 가능성을 반영하여 신용손실이 발생할 위험이나 확률을 고려해야한다.

④ 유의적인 금융요소를 포함하고 있지 않은 매출채권이나 계약자산은 항상 전체기간 기대신용손실에 해당하는 금액으로 손실충당금을 측정한다.

⑤ 취득시 신용이 손상되어 있는 금융자산은 보고기간 말에 최초인식 이후 전체기간 기대신용손실을 손실충당금으로 인식한다.

23 다음 중 자산손상에 대한 설명으로 옳지 <u>않은</u> 것은?

① 재평가금액을 장부금액으로 하는 경우 재평가되는 자산의 손상차손은 당기손익으로 인식한다.

② 자산의 장부금액이 회수가능액을 초과할 때 자산은 손상된 것이다. 이 때 회수가능액은 자산의 순공정가치와 사용가치 중 큰 금액이다.

③ 내용연수 비한정 무형자산과 아직 사용할 수 없는 무형자산 및 사업결합으로 취득한 영업권은 자산손상을 시사하는 징후가 있는지에 관계없이 매년 손상검사를 한다.

④ 자산손상의 징후를 검토할 때는 시장이자율, 시가총액 등의 외부정보 뿐만 아니라 구조조정계획 등 내부정보와 종속기업, 공동기업 또는 관계기업으로부터의 배당금도 고려해야 한다.

⑤ 현금창출단위의 손상차손은 우선 현금창출단위에 배분된 영업권의 장부금액을 감소시킨 후 현금창출단위에 속하는 다른 자산에 각각 장부금액에 비례하여 배분한다.

24 2027년 12월 31일 현재 A사, B사, C사의 자본금과 관련된 내용은 다음과 같다. 단, B사의 경우 2025년 도분과 2026년도분의 배당금이 연체되어 있으며 C사의 경우 2026년도분의 배당금이 연체되어 있다.

구분	A사	B사	C사
보통주자본금	₩10,000,000	₩10,000,000	₩10,000,000
발행주식수	2,000주	2,000주	2,000주
액면금액	₩5,000	₩5,000	₩5,000
우선주자본금	₩5,000,000	₩5,000,000	₩5,000,000
발행주식수	1,000주	1,000주	1,000주
액면금액	₩5,000	₩5,000	₩5,000
우선주배당률	5%	5%	5%
우선주 종류	완전참가적	비참가적	8% 부분참가적
	비누적적	누적적	누적적

주주총회에서 A사, B사, C사는 각각 ₩1,350,000씩의 배당금 지급을 결의한 경우 우선주에 배분할 배당 금은 각각 얼마인가?

	A사	B사	C사
①	₩450,000	₩250,000	₩616,667
②	₩450,000	₩750,000	₩616,667
③	₩250,000	₩750,000	₩650,000
④	₩500,000	₩500,000	₩400,000
⑤	₩750,000	₩500,000	₩800,000

25 다음 중 무상증자, 주식배당, 주식분할 및 주식병합 간의 비교로 옳지 <u>않은</u> 것은?

① 무상증자, 주식배당 및 주식병합의 경우 총자본은 변하지 않지만 주식분할의 경우 총자본은 증가한다.

② 무상증자와 주식배당의 경우 자본금은 증가한다.

③ 주식배당과 주식분할의 경우 자본잉여금은 변하지 않는다.

④ 주식배당의 경우 이익잉여금이 감소하지만 주식분할의 경우 이익잉여금은 변하지 않는다.

⑤ 무상증가, 주식배당 및 주식분할의 경우 발행주식수가 증가하지만 주식 병합의 경우 발행주식수가 감소 한다.

26 (주)서아는 100명의 종업원에게 1년에 5일의 근무일수에 해당하는 유급병가를 제공하고 있으며, 미사용 유급병가는 다음 1년 동안 이월하여 사용할 수 있다. 유급병가는 당해연도에 부여된 권리가 먼저 사용된 다음 직전연도에서 이월된 권리가 사용되는 것으로 본다. 20x1년 12월 31일 현재 미사용유급병가는 종업원당 2일이고, 과거의 경험에 비추어 볼 때 20x2년도 중에 92명이 사용할 유급병가일수는 5일 이하, 나머지 8명이 사용할 유급병가일수는 평균적으로 6.5일이 될 것으로 예상한다. 유급병가 예상원가는 1일 ₩10,000이다. 20x1년 말 유급병가와 관련하여 부채로 인식할 금액은 얼마인가?

① ₩120,000   ② ₩160,000

③ ₩400,000   ④ ₩520,000

⑤ ₩2,000,000

27 (주)한국은 이자수취일이 다음 회계연도에 도래하는 대여금에 대한 이자수익을 당기에 계상하는 기말수정분개에서 누락하였다. 이러한 누락이 당기 재무제표에 미치는 영향으로 적절한 설명은?

① 당기에 현금으로 수취해야 할 이자수익이 수익으로 계상되지 않았으므로 기말현금이 과소계상된다.

② 당기에 이자수익이 과소 계상되며 이로 인해 당기 재무제표상 순자산이 과대계상된다.

③ 당기 포괄손익계산서상 당기순이익과 당기 재무상태표상 자본 및 자산은 과소계상된다.

④ 당기 재무상태표상 자산, 부채, 자본에 영향을 주지 않는다.

⑤ 당기 포괄손익계산서상 당기순이익은 과대계상된다.

28 (주)대한은 금형가공사업에서 반도체장비사업으로 전환함에 따라 기존에 사용해오던 공장건물을 철거하고 새로운 공장건물을 신축하였다. 기존 공장건물의 취득원가는 ₩5,000,000이고 철거당시 건물의 감가상각누계액은 ₩3,500,000이다. 철거에 소요된 비용은 ₩1,200,000이고 철거부산물의 처분대가로 현금 ₩700,000을 받았다. 건물신축에 소요된 도급계약금액은 ₩6,000,000이고, 신축기간 중 차입금과 관련하여 자본화될 차입원가는 ₩800,000이며, 건물의 취득세와 등록세로 납부한 금액은 ₩250,000이다. (주)대한의 신축 공장건물의 취득원가는 얼마인가?

① ₩6,000,000
② ₩6,800,000
③ ₩7,050,000
④ ₩8,250,000
⑤ ₩9,050,000

29 다음 중 중간재무보고에 관한 설명으로 옳지 <u>않은</u> 것은?

① 직전 연차재무보고서를 연결기준으로 작성하였다면 중간재무보고서도 연결기준으로 작성해야 한다. 연차보고기간말에 연결재무제표를 적성할 때에 자세하게 조정되는 일부 내부거래 잔액은 중간보고기간말에 연결재무제표를 작성할 때는 덜 자세하게 조정될 수 있다.

② 중간재무보고서는 당해 중간보고기간말과 직전 연차보고기간말을 비교하는 형식으로 작성한 재무상태표, 당해 중간기간과 당해 회계연도 누적기간을 직전 회계연도의 동일 기간과 비교하는 형식으로 작성한 포괄손익계산서, 당해 회계연도 누적기간을 직전 회계연도의 동일기간과 비교하는 형식으로 작성한 자본변동표와 당해 회계연도 누적기간을 직전 회계연도의 동일기간과 비교하는 형식으로 작성한 현금흐름표를 포함한다.

③ 계절적, 주기적 또는 일시적으로 발생하는 수익은 연차보고기간말에 미리 예측하여 인식하거나 이연하는 것이 적절하지 않은 경우 중간보고기간말에도 미리 예측하여 인식하거나 이연하여서는 아니된다. 배당수익, 로열티수익 및 정부보조금 등이 예이다.

④ 중간재무보고서를 작성할 때 인식, 측정, 분류 및 공시와 관련된 중요성의 판단은 연차재무보고서의 재무자료에 근거하여 이루어져야 한다. 중요성을 평가하는 과정에서 중간기간의 측정은 연차재무자료의 측정에 비하여 추정에 의존하는 정도가 크다는 점을 고려하여야 한다.

⑤ 중간기간의 법인세비용은 기대총연간이익에 적용될 수 있는 법인세율, 즉 추정평균연간유효법인세율을 중간기간의 세전이익에 적용하여 계산한다. 세무상결손금의 소급공제 혜택은 관련 세무상결손금이 발생한 중간기간에 반영한다.

30 다음 중 리스기준서에서 사용하는 용어의 정의로 옳지 <u>않은</u> 것은?

① 리스약정일은 리스계약일과 리스의 주요 조건에 대하여 계약당사자들이 합의한 날 중 이른 날을 말한다.

② 내재이자율은 리스료 및 무보증잔존가치의 현재가치 합계액을 기초자산의 공정가치와 일치시키는 할인율을 말한다.

③ 계약에서 대가와 교환하여 식별되는 자산의 사용 통제권을 일정 기간 이전하게 한다면 그 계약은 리스이거나 리스를 포함한다.

④ 리스총투자는 금융리스에서 리스제공자가 받게 될 리스료와 무보증잔존가치의 합계액을 말한다.

⑤ 무보증잔존가치는 리스제공자가 실현할 수 있을지 확실하지 않거나 리스제공자의 특수관계자만이 보증한 기초자산의 잔존가치 부분을 말한다.

31 (주)파주는 직접노동시간을 기준으로 제조간접원가를 예정배부하고 있으며, 관련자료는 다음과 같다. 제조간접원가 배부차이를 매출원가조정법에 의해 조정할 때 매출원가의 배분 후 금액은 얼마인가?

- 회사는 연초에 연간 제조간접원가를 ₩1,250,000, 직접노동시간을 2,500시간으로 예상하였으며, 실제 발생 제조간접원가는 ₩1,200,000, 실제직접노동시간은 2,000시간이었다.
- 기말 현재 원가계산과 관련된 각 계정의 내용은 다음과 같다.

구분	재공품	제품	매출원가	합계
직접재료원가	₩150,000	₩150,000	₩200,000	₩500,000
직접노무원가	₩250,000	₩150,000	₩100,000	₩500,000
직접노동시간	1,000시간	600시간	400시간	2,000시간

① ₩680,000

② ₩700,000

③ ₩750,000

④ ₩800,000

⑤ ₩850,000

32 다음 중 활동기준원가계산에 대한 설명으로 옳지 <u>않은</u> 것은?

① 활동기준원가계산이란 다품종소량생산에 따른 수익성 높은 제품의 선별을 통한 기업역량 집중의 필요성에 따라 개발된 원가계산방법이다.

② 제품이 자원을 소비하는 것이 아니라 활동이 자원을 소비하고 제품은 활동을 소비하는 것으로 가정한다.

③ 활동기준원가계산에서는 전통적인 고정원가, 변동원가의 2원가분류체계에 비해 단위기준, 배치기준, 제품기준, 시설기준의 4원가분류체계를 이용하는 것이 일반적이다.

④ 활동기준원가계산에서는 제품의 생산수량과 직접 관련이 없는 비단위수준 원가동인을 사용하지 않는다.

⑤ 활동기준원가계산은 원가 발생행태보다 원가를 소모하는 활동에 초점을 맞추어 원가를 집계하여 배부하므로 전통적 원가계산방법에 비하여 상대적으로 원가계산이 정확하다.

33 (주)한국은 종합원가계산제도를 채택하고 있고, 원재료는 공정의 초기에 전량 투입되며 가공원가는 공정 전반에 걸쳐서 진척도에 따라 균등하게 발생한다. 재료원가의 경우 가중평균법에 의한 완성품환산량은 78,000단위이고, 선입선출법에 의한 완성품환산량은 66,000단위이다. 또한 가공원가의 경우 가중평균법에 의한 완성품환산량은 54,400단위이고, 선입선출법에 의한 완성품환산량은 52,000단위이다. 기초재공품의 진척도는 몇 %인가?

① 10%   ② 20%

③ 30%   ④ 50%

⑤ 70%

34 (주)한국은 A제품과 B제품으로 구성된 두 개의 연산품을 생산하고 있다. 4월의 결합원가는 ₩300,000이다. 4월에 분리점 이후 제품을 판매가능한 형태로 전환하는데 필요한 가공원가가 A제품은 월생산량 1,000개에 대하여 ₩200,000이고 B제품은 1,200개에 대하여 ₩240,000이다. A제품과 B제품의 단위당 판매가격은 각각 ₩600과 ₩700이다. 순실현가능가치를 기준으로 결합원가를 배분한다면 4월의 결합원가 중 B제품에 배분될 금액은 얼마인가?

① ₩120,000   ② ₩180,000

③ ₩300,000   ④ ₩320,000

⑤ ₩420,000

35 단일제품을 생산·판매하고 있는 (주)관세의 당기순이익은 전부원가계산하에서 ₩12,000이고 변동원가 계산하에서 ₩9,500이다. 단위당 제품원가는 전부원가계산하에서는 ₩40이고 변동원가계산하에서는 ₩35이며, 전기와 당기 각각에 대해 동일하다. 당기 기말제품재고 수량이 2,000단위일 경우 기초제품재 고 수량은 몇 단위인가? (단, 기초재공품과 기말재공품은 없다)

① 500단위   ② 800단위

③ 1,000단위   ④ 1,200단위

⑤ 1,500단위

36 생산된 제품의 판매가격이 ₩1,000, 단위당 변동원가가 ₩800, 총고정원가가 ₩100,000일 때 안전한계 율 37.5%를 달성하는데 필요한 목표 판매수량은?

① 600개   ② 700개

③ 800개   ④ 900개

⑤ 1,000개

37 (주)토끼는 연간 최대생산량이 10,000단위인 생산설비를 보유하고 있으며, 당기에 제품 단위당 ₩500의 판매가격에 8,000단위의 제품을 판매할 수 있을 것으로 예상하고 있다. 현재의 생산설비에 의한 (주)토 끼의 제품 단위당 변동제조원가는 ₩300이다. (주)토끼가 당기에 예상판매량을 1,000단위 줄이고 제품 3,000단위를 판매할 수 있는 특별주문을 고려한다면, 이러한 특별주문 제품의 단위당 최저판매가격은 얼마인가? (단, (주)토끼가 판매하는 모든 제품의 변동판매관리비는 단위당 ₩80이다)

① ₩300   ② ₩380

③ ₩400   ④ ₩420

⑤ ₩500

38 (주)우리는 제품 A와 제품 B를 판매하고 있다. 제품과 관련된 자료는 다음과 같다. 회사는 제품의 판매시장에서 20%의 점유를 달성할 것을 목표로 예산을 수립하였고, 실제시장규모가 22,000개로 판명된 경우, 시장점유율차이와 시장규모차이는 각각 얼마인가?

구분	실제		예산	
	제품 A	제품 B	제품 A	제품 B
판매량	900개	2,400개	1,000개	2,000개
단위당 공헌이익	₩30	₩24	₩40	₩25

	시장점유율차이	시장규모차이
①	₩33,000 불리	₩42,000 유리
②	₩32,000 불리	₩45,000 유리
③	₩28,000 유리	₩38,000 유리
④	₩35,000 유리	₩25,000 불리
⑤	₩24,000 유리	₩28,000 유리

39 (주)금성의 전자동 생산공정은 가끔 제품의 불량률이 높은 비정상상태를 일으키고 있다. 제품의 불량률로 인한 손실은 ₩1,000,000이며, 조사비용은 ₩300,000이 소요된다. 조사 후 비정상적인 상태를 교정하는 비용은 ₩400,000이다. 공정을 조사하든 안하든 무차별한 결과를 가져오는 공정이 정상상태에 있을 확률은 얼마인가?

① 40% ② 45%
③ 50% ④ 60%
⑤ 65%

40 다음 중 품질원가에 대한 설명으로 옳지 않은 것은?

① 품질원가는 예방원가 및 평가원가로 구성되는 통제원가와 내부실패원가 및 외부실패원가로 구성되는 실패원가로 분류할 수 있다.
② 품질관리계획수립원가, 품질관리기술개발원가, 품질개선을 위한 토의원가 등은 평가원가에 해당한다.
③ 불량품으로 인한 기계가동중단손실, 재작업원가 등은 내부실패원가에 해당한다.
④ 예방원가와 평가원가를 포함하는 통제원가는 불량품의 발생률과 역의 관계를 갖는다.
⑤ 무결점수준 관점에서는 불량률이 0이 될 때 품질원가가 최소가 되므로, 불량률이 0이 되도록 품질원가를 관리해야 한다고 본다.

제2회 회계학
최종모의고사 문제

01 다음 중 재무제표 요소의 측정 속성에 관한 설명으로 옳지 <u>않은</u> 것은?

① 부채의 이행가치는 정상적인 영업과정에서 부채를 상환하기 위해 지급될 것으로 예상되는 현금이나 현금성자산의 할인하지 않은 금액으로 평가한다.

② 자산의 현행원가는 동일하거나 또는 동등한 자산을 현재시점에서 취득할 경우에 그 대가로 지불하여야 할 현금이나 현금성자산의 금액으로 평가한 것을 말한다.

③ 자산의 역사적원가는 자산을 취득하였을 때 지급한 현금 또는 현금성자산이나 그 밖의 대가의 공정가치를 말한다.

④ 재무제표를 작성하기 위해서는 다수의 측정기준이 다양한 방법으로 결합되어 사용된다.

⑤ 자산의 실현가능가치는 정상적으로 처분하는 경우 수취할 것으로 예상되는 현금이나 현금성자산을 현재가치로 환산한 가액을 말한다.

02 다음 중 수익에 관한 설명으로 옳지 <u>않은</u> 것은?

① 용역제공거래의 성과를 신뢰성 있게 추정할 수 없고 발생한 원가의 회수가능성이 높지 않은 경우에는 수익은 인식하지 아니하고 발생한 원가를 비용으로 인식한다.

② 수익금액은 일반적으로 판매자와 구매자 또는 자산의 사용자 간의 합의에 따라 결정되며 판매자에 의해 제공된 매매할인 및 수량리베이트를 고려하여 받았거나 받을 대가의 공정가치로 측정한다.

③ 성격과 가치가 유사한 재화나 용역의 교환이나 스왑거래는 수익이 발생하는 거래로 보지 아니한다.

④ 판매자가 부담하는 소유에 따른 위험이 중요하지 않은 경우 해당 거래를 판매로 보지 않아 수익을 인식하지 않는다.

⑤ 용역제공거래의 성과를 신뢰성있게 추정할 수 없는 경우에는 인식된 비용의 회수가능한 범위 내에서의 금액만을 수익으로 인식한다.

03 (주)관세는 20x1년 4월 1일 제품제조에 필요한 기계장치를 ₩750,000에 취득(잔존가치 ₩30,000, 내용연수 5년)하여 연수합계법으로 감가상각한다. 동 기계장치와 관련하여 20x2년 12월 31일 재무상태표에 보고할 감가상각누계액은? (단, 감가상각은 월할 계산한다)

① ₩192,000
② ₩204,000
③ ₩212,500
④ ₩384,000
⑤ ₩400,000

04 (주)하나는 전기차 개발을 위해 ₩5,000,000을 투입한 개발 프로젝트를 완료하였다. 이 중 2020년 6월 30일 무형자산의 인식요건을 충족하는 ₩4,000,000을 개발비로 계상하고, 5년간 정액법에 의해 상각하기로 하였다. 그리고 이를 기반으로 그 다음연도인 2021년 7월 1일에 특허를 취득하였다. 특허출원에 직접 소요된 비용은 ₩500,000이었으며, (주)하나는 이 특허권을 10년에 걸쳐 정액법으로 상각하기로 하였다. 2021년 12월 31일 결산시점에서 특허권 상각비는 얼마인가?

① ₩20,000
② ₩25,000
③ ₩40,000
④ ₩50,000
⑤ ₩90,000

05 다음은 (주)한국의 20x1년 매입과 매출에 관한 자료이다. (주)한국은 재고자산의 평가방법으로 가중평균법을 적용하고 있다. (주)한국은 계속기록법을 적용하고 20x1년 기초재고의 단위당 원가와 순실현가능가치는 동일하다고 가정하자. 20x1년 말 현재 상품재고자산의 단위당 순실현가능가치가 ₩9이고, 실사를 통해 확인된 재고가 800개라면 (주)한국의 20x1년 재고자산감모손실과 재고자산평가손실은 각각 얼마인가?

일자	적요	수량	단가
1월 1일	기초재고	1,000개	₩10
2월 14일	매입	2,000개	₩17.5
7월 10일	매출	2,000개	₩20
12월 31일	기말재고	?	

	재고자산감모손실	재고자산평가손실
①	₩1,500	₩4,200
②	₩2,500	₩4,500
③	₩3,000	₩4,800
④	₩3,000	₩5,000
⑤	₩3,500	₩4,500

06 다음 중 자산 또는 부채의 측정에 관한 설명으로 옳지 <u>않은</u> 것은?

① 거래원가가 존재하는 경우 자산이나 부채의 공정가치를 측정하기 위해서는 주된 시장의 가격에서 동 거래원가를 조정해야 한다. 이때 거래원가는 운송원가를 포함하지 않는다.

② 부채의 현행원가는 현재시점에서 그 의무를 이행하는데 필요한 현금이나 현금성자산의 할인하지 아니한 금액을 의미한다.

③ 자산의 역사적원가는 자산취득의 대가로 취득 당시에 지급한 현금 또는 현금성자산이나 그 외 대가의 공정가치를 의미한다.

④ 자산이나 부채의 교환 거래에서 자산을 취득하거나 부채를 인수하는 경우에, 거래가격은 자산을 취득하면서 지급하거나 부채를 인수하면서 받는 가격이다.

⑤ 동일한 자산이나 부채의 가격이 관측가능하지 않을 경우 관련된 관측가능한 투입변수의 사용을 최대화하고 관측가능하지 않은 투입변수의 사용을 최소화하는 다른 가치평가기법을 이용하여 공정가치를 측정한다.

07 다음은 (주)서울의 20x1년 단일상품거래와 관련한 자료이다.

• 기초재고	₩120,000
• 당기매입	₩500,000
• 매입운임	₩15,000
• 보험료	₩2,000
• 하역료	₩3,000
• 매입할인	₩2,000
• 재고자산평가손실	₩1,000
• 매입에누리	₩13,000
• 관세납부금	₩7,000
• 관세환급금	₩5,000
• 정상감모손실	₩3,000
• 비정상감모손실	₩2,000
• 저가기준평가 및 감모손실 조정 후 기말재고	₩75,000

상기 자료에 의한 (주)서울이 정상적인 감모손실과 저가법 적용에 따른 평가손실을 매출원가에 포함한다고 할 때 20x1년 매출원가는 얼마인가?

① ₩547,000 ② ₩550,000

③ ₩552,000 ④ ₩555,000

⑤ ₩557,000

08 다음 중 법인세 회계처리에 대한 설명으로 옳지 <u>않은</u> 것은?

① 이연법인세 자산과 부채는 현재가치로 할인하지 아니한다.

② 모든 가산할 일시적 차이에 대하여 이연법인세부채를 인식하는 것을 원칙으로 한다.

③ 당기 및 과거기간에 대한 당기법인세 중 납부되지 않은 부분을 부채로 인식한다. 만일 과거기간에 이미 납부한 금액이 그 기간 동안 납부하여야 할 금액을 초과하였다면 그 초과금액은 자산으로 인식한다.

④ 이연법인세 자산과 부채는 보고기간말까지 제정되었거나 실질적으로 제정된 세율(및 세법)에 근거하여 당해 자산이 실현되거나 부채가 결제될 회계기간에 적용될 것으로 기대되는 세율을 사용하여 측정한다.

⑤ 이연법인세자산의 장부금액은 매 보고기간 말에 검토한다. 이연법인세자산의 일부 또는 전부에 대한 혜택이 사용되기에 충분한 과세소득이 발생할 가능성이 더 이상 높지 않다면, 이연법인세자산의 장부금액을 감액시킨다. 감액된 금액은 사용되기에 충분한 과세소득이 발생할 가능성이 높아지더라도 다시 환입하지 아니한다.

09 다음 중 현금흐름표에 관한 설명으로 옳지 <u>않은</u> 것은?

① 영업활동 현금흐름은 일반적으로 당기순손익의 결정에 영향을 미치는 거래나 그 밖의 사건의 결과로 발생한다.

② 법인세로 인한 현금흐름은 별도로 공시하며, 재무활동과 투자활동에 명백히 관련되지 않는 한 영업활동 현금흐름으로 분류한다.

③ 현금및현금성자산의 사용을 수반하지 않는 투자활동과 재무활동 거래는 현금흐름표에서 제외한다.

④ 이자와 배당금의 수취 및 지급에 따른 현금흐름은 각각 별도로 공시한다. 각 현금흐름은 매 기간 일관성 있게 영업활동, 투자활동 또는 재무활동으로 분류한다.

⑤ 단기매매목적으로 보유하는 유가증권의 취득과 판매에 따른 현금흐름은 투자활동으로 분류한다.

10 다음 중 미래의 예상 영업손실과 손실부담계약에 대한 설명으로 옳지 <u>않은</u> 것은?

① 미래의 예상 영업손실은 충당부채로 인식하지 아니한다.

② 손실부담계약을 체결하고 있는 경우에는 관련된 현재의무를 충당부채로 인식하고 측정한다.

③ 손실부담계약은 계약상의 의무에 따라 발생하는 회피 불가능한 원가가 당해 계약에 의하여 얻을 것으로 기대되는 경제적 효익을 초과하는 계약이다.

④ 손실부담계약에 대한 충당부채를 인식하기 전에 당해 손실부담계약을 이행하기 위하여 사용하는 자산에서 발생한 손상차손을 먼저 인식한다.

⑤ 손실부담계약의 경우 계약상의 의무에 따른 회피 불가능한 원가는 계약을 해지하기 위한 최소순원가로서 계약을 이행하기 위하여 소요되는 원가와 계약을 이행하지 못하였을 때 지급하여야 할 보상금 (또는 위약금) 중에서 큰 금액을 말한다.

11 (주)국세는 20x1년 1월 1일 기계장치를 ₩2,000,000에 취득(내용연수 5년, 잔존가치는 0)하였다. 동 기계장치는 원가모형을 적용하며 정액법으로 감가상각한다. 매 회계연도 말 기계장치에 대한 회수가능 가액은 다음과 같으며 회수가능가액 변동은 기계장치의 손상 또는 그 회복에 따른 것이다.

연도	20x1년 말	20x2년 말	20x3년 말	20x4년 말
회수가능가액	₩1,600,000	₩900,000	₩600,000	₩1,000,000

20x4년도 말 재무상태표에 인식될 기계장치의 손상차손누계액은 얼마인가?

① ₩0

② ₩100,000

③ ₩200,000

④ ₩300,000

⑤ ₩400,000

12 다음 중 일반목적재무보고에 관한 설명으로 옳지 <u>않은</u> 것은?

① 현재 및 잠재적 투자자, 대여자 및 기타채권자에 해당하지 않는 기타 당사자들(예를 들어, 감독당국)이 일반목적재무보고서가 유용하다고 여긴다면 이들도 일반목적재무보고의 주요대상에 포함된다.

② 일반목적재무보고서는 현재 및 잠재적 투자자, 대여자 및 기타 채권자가 필요로 하는 모든 정보를 제공하지는 않으며 제공할 수도 없다. 그 정보 이용자들은, 예를 들어, 일반 경제적 상황 및 기대, 정치적 사건과 정치 풍토, 산업 및 기업 전망과 같은 다른 원천에서 입수한 관련 정보를 고려할 필요가 있다.

③ 재무보고서는 정확한 서술보다는 상당 부분 추정, 판단 및 모형에 근거한다.

④ 일반목적재무보고서는 보고기업의 가치를 보여주기 위해 고안된 것이 아니다. 그러나 그것은 현재 및 잠재적 투자자, 대여자 및 기타 채권자가 보고기업의 가치를 추정하는 데 도움이 되는 정보를 제공한다.

⑤ 일반목적재무보고의 목적은 현재 및 잠재적 투자자, 대여자 및 기타 채권자가 기업에 자원을 제공하는 것에 대한 의사결정을 할 때 유용한 보고기업 재무정보를 제공하는 것이다. 그 의사결정은 지분상품 및 채무상품을 매수, 매도 또는 보유하는 것과 대여 및 기타 형태의 신용을 제공 또는 결제하는 것을 포함한다.

13 (주)세상의 20x1년도 주당이익 계산과 관련된 자료는 다음과 같다. (주)세상의 20x1년도 기본 주당 순이익은 얼마인가?

- (주)세상의 20x1년 초 유통보통주식수는 800주이며, 우선주는 모두 비참가적, 비누적적 우선주이다.
- (주)세상은 20x1년 4월 1일 유상증자를 실시하여 보통주 300주를 추가발행하였다. 동 유상증자시 발행금액은 1주당 ₩1,000이었으나, 유상증자 전일의 보통주 종가는 1주당 ₩1,500이었다.
- (주)세상은 20x1년 10월 1일 보통주(자기주식) 60주를 취득하여 20x1년 말까지 보유하고 있다.
- 20x1년도 우선주에 대하여 지급하기로 결의된 배당금은 ₩50,000이다.
- (주)세상의 20x1년도 당기순이익은 ₩575,3000다.
- 가중평균유통보통주식수는 월할계산하고, 유상증자의 경우 발행금액 전액이 발행일에 납입완료되었다.

① ₩495
② ₩498
③ ₩500
④ ₩505
⑤ ₩510

14 다음 중 차입원가에 대한 설명으로 옳지 <u>않은</u> 것은?

① 적격자산을 취득하기 위한 목적으로 특정하여 차입한 자금에 한하여, 회계기간 동안 그 차입금으로부터 실제 발생한 차입원가에서 당해 차입금의 일시적 운용에서 생긴 투자수익을 차감한 금액을 자본화가능차입원가로 결정한다.
② 일반적인 목적으로 자금을 차입하고 이를 적격자산의 취득을 위해 사용하는 경우에 한하여 당해 자산 관련 지출액에 자본화이자율을 적용하는 방식으로 자본화가능차입원가를 결정한다.
③ 차입원가는 자본화 개시일에 적격자산 원가로 처리한다. 자본화 개시일은 적격자산에 대하여 지출이 발생한 날이다.
④ 적격자산에 대한 적극적인 개발활동을 중단한 기간에는 차입원가의 자본화를 중단한다.
⑤ 적격자산을 의도된 용도로 사용하거나 판매가능한 상태에 이르게 하는 데 필요한 거의 모든 활동이 완료된 시점에 차입원가의 자본화를 종료한다.

15 다음 중 관계기업 투자에 관한 내용으로 옳지 <u>않은</u> 것은?

① 관계기업은 투자자가 유의적인 영향력을 보유하는 기업을 말한다.

② 유의적인 영향력은 절대적이거나 상대적인 소유지분율의 변동에 따라 또는 소유지분율이 변동하지 않더라도 상실할 수 있다.

③ 종속기업이나 공동지배기업 투자지분은 경우에 따라 관계기업일 수도 있다.

④ 지분법을 적용한 재무제표는 별도재무제표가 될 수 있다.

⑤ 투자자가 직접 또는 간접으로 피투자자에 대한 의결권의 지분 20% 미만을 소유라고 있더라도 유의적인 영향력이 있을 수 있다.

16 (주)대한의 20x1년 1월 1일 유통보통주식수는 24,000주이며, 20x1년도 중 보통주식수의 변동내역은 다음과 같았다.

- 3월 1일 : 유상증자를 통해 12,000주 발행
- 5월 1일 : 자기주식 6,000주 취득
- 9월 1일 : 자기주식 3,000주 재발행
- 10월 1일 : 자기주식 1,000주 재발행

한편, 20x1년 3월 1일 유상증자시 주당 발행가격은 ₩1,000으로서 권리락 직전일의 종가인 주당 ₩1,500보다 현저히 낮았다. (주)대한의 20x1년도 기본주당순이익 계산을 위한 가중평균유통보통주식수는? (단, 가중평균유통보통주식수는 월할계산한다)

① 31,250주   ② 31,750주
③ 32,250주   ④ 32,750주
⑤ 33,250주

17 다음 중 무형자산에 관한 설명으로 옳지 <u>않은</u> 것은?

① 사업결합으로 취득한 연구 및 개발 프로젝트의 경우 사업결합 전에 그 자산을 피취득자가 인식하였는지 여부에 관계없이 취득일에 무형자산의 정의를 충족한다면 취득자는 영업권과 분리하여 별도의 무형자산으로 인식한다.

② 내부적으로 창출한 브랜드, 제호, 출판표제, 고객 목록은 무형자산으로 인식하지 않는다.

③ 자산을 운용하는 직원의 교육훈련과 관련된 지출은 내부적으로 창출한 무형자산의 원가에 포함한다.

④ 무형자산을 창출하기 위한 내부프로젝트를 연구단계와 개발단계로 구분할 수 없는 경우에는 그 프로젝트에서 발생한 지출은 모두 연구단계에서 발생한 것으로 본다.

⑤ 사업결합과정에서 발생한 것이 아닌 교환거래로 취득한 동일하거나 유사한, 비계약적 고객관계는 고객관계를 보호할 법적 권리가 없는 경우에도 무형자산의 정의를 충족한다.

18 기준서 '고객과의 계약에서 생기는 수익'과 관련된 다음의 설명 중 옳지 <u>않은</u> 것은?

① 고객에게서 받은 재화나 용역의 공정가치를 합리적으로 추정할 수 없다면, 고객에게 지급할 대가 전액을 거래가격에서 차감하여 회계처리한다.

② 고객에게 재화나 용역을 이전하기 전에 기업이 그 약속한 재화나 용역을 통제한다면 이 기업은 본인이다. 기업의 수행의무가 다른 당사자가 재화나 용역을 제공하도록 주선하는 것이라면 이 기업은 대리인이다.

③ 라이선스를 부여한 시점에 존재하는 지적재산을 사용할 권리는 한 시점에 이행되는 수행의무이다. 라이선스 기간 전체에 걸쳐 존재하는 기업의 지적재산에 접근할 권리는 기간에 걸쳐 이행되는 수행의무이다.

④ 기업이 확신 유형의 보증과 용역 유형의 보증을 모두 약속하였으나 이를 합리적으로 구별하여 회계처리할 수 없다면, 두 가지 보증을 함께 단일 수행의무로 회계처리 한다.

⑤ 기업이 자산을 원래 판매가격 이하의 금액으로 다시 살 수 있거나 다시 사야 하는 경우 재매입약정은 금융약정이며, 기업은 자산을 계속 인식하고 고객에게서 받은 대가는 금융부채로 인식한다.

19 (주)나무는 20x1년 1월 1일 영업부서에서 사용할 차량운반구를 취득(내용연수 5년, 잔존가치 ₩100,000, 정액법 상각)하였다. 동 차량운반구의 20x1년 말 장부금액은 ₩560,000이며, 동 차량운반구와 관련하여 20x1년도 포괄손익계산서에 인식한 비용은 감가상각비 ₩120,000과 손상차손 ₩20,000이다. (주)나무가 20x2년도 포괄손익계산서에 동 차량 운반구와 관련하여 손상차손과 감가상각비로 총 ₩130,000을 인식하였다면, 20x2년 말 동 차량운반구의 회수가능액은? (단, (주)나무는 차량운반구 취득 후 차량운반구에 대해 추가적인 지출을 하지 않았으며, 차량운반구에 대해 원가모형을 적용하고 있다)

① ₩410,000

② ₩415,000

③ ₩420,000

④ ₩425,000

⑤ ₩430,000

20 (주)개벽은 20x1년 1월 1일 대금회수가 확실한 ₩3,500,000의 할부매출(재고자산 원가 ₩2,000,000)을 하면서 인도금으로 ₩500,000을 수령하고, 잔금 ₩3,000,000은 매년 말에 ₩1,000,000씩 3년에 걸쳐 받기로 하였다. 상기 매출거래와 관련하여 유효이자율은 10%이다. 당해 매출거래가 20x1년도 매출액과 20x2년도 이익에 미치는 영향은 얼마인가?

이자율 10% 기준	1년	2년	3년
단일금액 ₩1의 현가계수	0.9091	0.8264	0.7513
정상연금 ₩1의 현가계수	0.9091	1.7355	2.4868

	20x1년도 매출액	20x2년도 이익 영향
①	₩1,500,000	₩1,000,000 증가
②	₩1,500,000	₩1,171,067 증가
③	₩2,486,800	₩1,173,548 증가
④	₩2,986,800	₩248,680 증가
⑤	₩2,986,800	₩173,548 증가

21 (주)하나는 저가기준으로 선입선출 소매재고법을 적용하고 있다. 재고자산과 관련된 자료가 다음과 같을 때 매출원가는 얼마인가?

구분	원가	판매가
기초재고	₩12,000	₩14,000
매입	₩649,700	₩999,500
매입운임	₩300	–
매출	–	₩1,000,000
매출환입	–	₩500
순인상	–	₩500
순인하	–	₩300
정상파손	₩100	₩200

① ₩652,670

② ₩652,770

③ ₩652,800

④ ₩652,870

⑤ ₩652,900

22 다음 중 유형자산의 회계처리에 관한 설명으로 옳지 <u>않은</u> 것은?

① 토지의 원가에 해체, 제거 및 복구원가가 포함된 경우에는 그러한 원가를 관련 경제적효익이 유입되는 기간에 감가상각한다.

② 사용정도에 따라 감가상각하는 경우가 아니라면, 감가상각은 자산이 매각예정자산으로 분류되는 날과 제거되는 날 중 이른 날에 중단한다.

③ 손상, 소실 또는 포기된 유형자산에 대해 제3자로부터 받을 보상금은 취득시점의 추정금액을 취득원가에 조정한다.

④ 유형자산의 장부금액은 처분하는 때 또는 사용이나 처분을 통하여 미래경제적효익이 기대되지 않을 때에 제거한다.

⑤ 감가상각방법, 내용연수, 잔존가치의 변경은 회계추정의 변경으로 회계처리한다.

23 다음 중 복합금융상품에 대한 설명으로 옳지 <u>않은</u> 것은?

① 복합금융상품의 발행자는 금융부채가 생기게 하는 요소와 발행자의 지분상품으로 전환할 수 있는 옵션을 보유자에게 부여하는 요소를 별도로 분리하여 인식한다.

② 전환권을 행사할 가능성이 변동되는 경우(특히, 전환권의 행사로 일부 보유자가 경제적으로 유리해지는 경우) 전환상품의 부채요소와 자본요소의 분류를 수정한다.

③ 복합금융상품의 최초 장부금액을 부채요소와 자본요소에 배분하는 경우 복합금융상품 전체의 공정가치에서 별도로 결정된 부채요소의 금액을 차감한 나머지 금액을 자본요소에 배분한다.

④ 복합금융상품의 자본요소(예 : 보통주 전환권)가 아닌 파생상품의 특성(예 : 콜옵션)에 해당하는 가치는 부채요소의 장부금액에 포함한다.

⑤ 최초 인식시점에 부채요소와 자본요소에 배분된 금액의 합계는 항상 금융상품 전체의 공정가치와 같아야 한다.

24 다음 중 농림어업 기준서의 내용으로 옳지 <u>않은</u> 것은?

① 생물자산은 공정가치를 신뢰성 있게 측정할 수 없는 경우를 제외하고는 최초인식시점과 매 보고기간말에 순공정가치로 측정한다.

② 최초로 인식하는 생물자산을 공정가치로 신뢰성 있게 측정할 수 없는 경우에는 원가에서 감가상각누계액과 손상차손누계액을 차감한 금액으로 측정한다.

③ 생물자산을 최초인식시점에 순공정가치로 인식하여 발생하는 평가손익과 생물자산의 순공정가치 변동으로 발생하는 평가손익은 발생한 기간의 당기손익에 반영한다.

④ 수확물을 최초인식시점에 순공정가치로 인식하여 발생하는 평가손익은 발생한 기간의 당기손익에 반영한다.

⑤ 순공정가치로 측정하는 생물자산과 관련된 정부보조금에 부수되는 조건이 있는 경우에는 이를 수취할 수 있게 되는 시점에만 당기손익으로 인식한다.

25 (주)세무의 20x1년 초 자본총계는 ₩3,000,000이었다. 20x1년 중 자본과 관련된 자료가 다음과 같을 때, 20x1년 말 자본총계는?

- 4월 1일 : 1주당 액면금액 ₩5,000인 보통주 100주를 1주당 ₩12,000에 발행하였다.
- 7월 30일 : 이사회에서 총 ₩200,000의 중간배당을 결의하고 즉시 현금으로 지급하였다.
- 10월 1일 : 20주의 보통주(자기주식)를 1주당 ₩11,000에 취득하였다.
- 11월 30일 : 10월 1일에 취득하였던 보통주(자기주식) 중에서 10주는 1주당 ₩13,000에 재발행하였고, 나머지 10주는 소각하였다.
- 12월 31일 : 20x1년도의 당기순이익과 기타포괄이익으로 각각 ₩850,000과 ₩130,000을 보고하였다.

① ₩4,040,000
② ₩4,470,000
③ ₩4,690,000
④ ₩4,760,000
⑤ ₩4,890,000

26 다음 중 기본주당이익을 계산할 때 보통주에 귀속되는 당기순손익 계산에 대한 설명 중 옳지 <u>않은</u> 것은?

① 누적적 우선주는 배당결의가 있는 경우에만 당해 회계기간과 관련한 세후배당금을 보통주에 귀속되는 당기순손익에서 차감한다.

② 할증배당우선주의 할인발행차금은 유효이자율법으로 상각하여 이익잉여금에서 차감하고, 주당이익을 계산할 때 우선주 배당금으로 처리한다.

③ 비누적적우선주는 당해 회계기간과 관련하여 배당 결의된 세후 배당금을 보통주에 귀속되는 당기순손익에서 차감한다.

④ 기업이 공개매수 방식으로 우선주를 재매입할 때 우선주 주주에게 지급한 대가의 공정가치가 우선주 장부금액을 초과하는 부분은 보통주에 귀속되는 당기순손익을 계산할 때 차감한다.

⑤ 부채로 분류되는 상환우선주에 대한 배당금은 보통주에 귀속되는 당기순손익을 계산할 때 조정하지 않는다.

27 (주)한국은 A주식을 20x1년 초 ₩1,000에 구입하고 취득수수료 ₩20을 별도로 지급하였으며, 기타포괄손익 – 공정가치측정 금융자산으로 선택하여 분류하였다. A주식의 20x1년 말 공정가치는 ₩900, 20x2년 말 공정가치는 ₩1,200이고, 20x3년 2월 1일 A주식 모두를 공정가치 ₩1,100에 처분하였다. A주식에 관한 회계처리 결과로 옳지 <u>않은</u> 것은?

① A주식 취득원가는 ₩1,020이다.

② 20x1년 총포괄이익이 ₩120 감소한다.

③ 20x2년 총포괄이익이 ₩300 증가한다.

④ 20x2년 말 재무상태표상 금융자산평가이익(기타포괄손익누계액)은 ₩180이다.

⑤ 20x3년 당기순이익이 ₩100 감소한다.

28 (주)관세는 20x1년 1월 1일 보통주(액면금액 ₩5,000) 1,000주를 주당 ₩6,000에 발행하여 회사를 설립하고, 20x1년 7월1일 보통주(액면금액 ₩5,000) 1,000주를 주당 ₩7,000에 발행하는 유상증자를 실시하였다. 설립과 유상증자 과정에서 주식발행이 없었다면 회피할 수 있고 해당 거래와 직접적으로 관련된 원가 ₩500,000과 간접적으로 관련된 원가 ₩200,000이 발생하였다. (주)관세의 20x1년 12월 31일 재무상태표에 보고할 주식발행초과금은 얼마인가?

① ₩2,000,000
② ₩2,300,000
③ ₩2,500,000
④ ₩2,800,000
⑤ ₩3,000,000

29 (주)서아의 20x1년 현금매출 및 신용매출은 각각 ₩160,000과 ₩1,200,000이고, 20x1년 기초와 기말의 매출채권 잔액은 각각 ₩180,000과 212,000이다. (주)서아의 20x1년 영업비용은 ₩240,000이다. 20x1년 선급비용 기말잔액은 기초보다 ₩16,000이 증가하였고, 20x1년 미지급비용 기말잔액은 기초보다 ₩24,000이 감소하였다. 20x1년에 고객으로부터 유입된 현금흐름과 영업비용으로 유출된 현금흐름은 얼마인가?

	고객으로부터 유입된 현금흐름	영업비용으로 유출된 현금흐름
①	₩1,328,000	₩232,000
②	₩1,328,000	₩280,000
③	₩1,360,000	₩232,000
④	₩1,360,000	₩280,000
⑤	₩1,332,000	₩202,000

30 (주)한국은 2001년 초에 (주)서울의 의결권 있는 주식 30%를 ₩40,000에 취득하여 유의적인 영향력을 갖게 되었다. (주)한국은 (주)서울의 투자주식에 대해서 지분법을 적용하기로 하였으며, 관련 자료는 다음과 같다.

> • 2001년 초 (주)서울의 순자산 장부금액은 ₩100,000이고 공정가치는 ₩130,000이다.
>   이 건물의 공정가치가 장부금액을 ₩30,000 초과하고 있으며 감가상각방법은 정액법을 사용한다. 이 건물의 잔존내용연수가 10년이고 잔존가치는 없다고 가정한다.
> • 2001년 중에 (주)한국이 (주)서울에 상품매출을 하였는데 2001년 말 현재 ₩2,000의 내부거래이익이 미실현된 상태이다.
> • 2001년 중에 (주)서울의 순자산 장부금액이 ₩20,000 증가하였는데 이 중 ₩15,000은 당기순이익이며 나머지 ₩5,000은 기타포괄이익이다.

(주)한국이 2001년 말에 (주)서울의 투자주식에 대해서 인식할 지분법이익과 관계기업투자주식 장부금액은 얼마인가?

	지분법이익	관계기업투자주식
①	₩3,000	₩43,000
②	₩3,000	₩44,500
③	₩3,600	₩41,500
④	₩3,900	₩43,000
⑤	₩3,900	₩44,500

31 (주)하나의 기초재고자산은 다음과 같다. 당기 중 원재료매입액은 ₩150,000, 직접노무원가 발생액은 가공원가의 60%이며 제조간접원가 발생액은 ₩50,000이다. 기중 매출액은 ₩500,000이며 매출총이익률은 25%이다. 기말의 원재료, 재공품 및 제품 총합계액은 얼마인가?

원재료	재공품	제품	합계
₩39,000	₩52,000	₩40,000	₩131,000

① ₩31,000
② ₩39,000
③ ₩50,000
④ ₩75,000
⑤ ₩92,000

32 정상원가계산제도를 채택하고 있는 (주)관세는 직접노무원가의 150%를 제조간접원가로 예정배부하고 있으며, 제조간접원가 배부차이는 기말에 매출원가에서 전액 조정한다. 다음 자료를 이용하여 당기에 실제 발생한 제조간접원가를 구하면 얼마인가?

• 기초재공품	₩30,000
• 기초제품	₩20,000
• 기말재공품	₩45,000
• 기말제품	₩40,000
• 직접재료원가	₩20,000
• 직접노무원가	₩36,000
• 배부차이 조정 후 매출원가	₩70,000

① ₩45,000　　　　　　　　　　　② ₩49,000

③ ₩52,000　　　　　　　　　　　④ ₩56,000

⑤ ₩59,000

33 다음 중 종합원가계산에 대한 설명으로 옳지 않은 것은?

① 종합원가계산의 경우 일반적으로 원가를 재료원가와 가공원가로 구분하여 원가계산을 실시하며, 각 공정별로 원가가 집계되므로 원가에 대한 책임소재가 명확해진다.

② 선입선출법을 이용하여 종합원가계산을 수행하는 회사가 기말재공품의 완성도를 실제보다 과대평가할 경우 완성품환산량과 완성품원가는 과대평가된다.

③ 가중평균법은 기초재공품 모두를 당기에 착수, 완성한 것처럼 가정한다.

④ 기초재공품이 존재하지 않을 경우에는 평균법과 선입선출법에 의한 완성품환산량이 같지만, 기초재공품이 존재할 경우에는 평균법에 의한 완성품환산량이 선입선출법에 의한 완성품환산량보다 크다.

⑤ 정상적인 공손수량은 평균법을 적용하나 선입선출법을 적용하나 동일하며, 정상적인 공손원가는 완성품과 기말재공품원가에 가산되나 비정상적인 공손원가는 기타비용으로 처리한다.

34 표준원가시스템을 사용하고 있는 (주)한국의 직접재료원가의 제품단위당 표준사용량은 10kg이고, 표준가격은 kg당 ₩6이다. (주)한국은 6월에 직접재료 40,000kg을 ₩225,000에 구입하여 36,000kg을 사용하였다. (주)한국의 6월 중 제품생산량은 3,000단위이다. 직접재료 가격차이를 구입시점에서 분리하는 경우, 6월의 직접재료원가에 대한 가격차이와 능률차이(수량차이)는?

	가격차이	능률차이
①	₩6,000 불리	₩32,000 유리
②	₩9,000 불리	₩36,000 불리
③	₩15,000 유리	₩36,000 불리
④	₩15,000 유리	₩32,000 불리
⑤	₩9,000 불리	₩36,000 유리

35 2023년 초에 설립된 (주)동근은 제품원가계산 목적으로 전부원가계산을, 성과평가목적으로는 변동원가계산을 사용한다. 2024년도 기초제품 수량은 2,000단위이고 기말제품 수량은 1,400단위이었으며, 기초재공품의 완성품환산량은 1,000단위이고 기말재공품의 완성품환산량은 800단위이었다. 완성품환산량 단위당 원가는 2023년도에 ₩10(이 중 50%는 변동원가)이고 2024년도에 ₩12(이 중 40%는 변동원가)이었다. 2024년도 전부원가계산에 의한 영업이익은 변동원가계산에 의한 영업이익과 비교하여 어떠한 차이가 있는가? (단, 회사의 원가흐름가정은 선입선출법(FIFO)이다)

① ₩80만큼 크다.

② ₩760만큼 작다.

③ ₩810만큼 크다.

④ ₩840만큼 크다.

⑤ ₩4,800만큼 작다.

36 (주)관세가 신제품 A의 첫 번째 단위를 생산하는데 소요된 직접노무시간은 90시간이며, 두 번째 단위를 생산하는데 소요된 직접노무시간은 54시간이다. 이 신제품 A의 생산과 관련된 원가자료는 다음과 같다. 직접노무시간이 누적평균시간 학습모형을 따르는 경우, 신제품 A의 최초로 생산된 4단위의 총제조원가는 얼마인가?

• 제품 단위당 직접재료원가	₩500
• 직접노무시간당 임률	₩10
• 변동제조간접원가 (직접노무시간에 비례하여 발생)	직접노무시간당 ₩2.5
• 고정제조간접원가 배부액	₩2,500

① ₩4,880

② ₩5,880

③ ₩6,880

④ ₩7,380

⑤ ₩8,880

37 (주)무협은 실제원가계산을 사용하며 제조간접원가 중 변동제조간접원가가 차지하는 비율은 60%이고, 금액은 ₩6,000,000이다. 다음 자료를 이용하여 변동원가계산과 전부원가계산하에서의 손익분기점을 구하면 각각 얼마인가?

• 기초 재고수량	300단위
• 기말 재고수량	200단위
• 실제 판매량	4,100단위
• 단위당 판매가격	₩11,500
• 고정 판매관리비	₩6,000,000
• 단위당 직접재료원가	₩2,600
• 단위당 직접노무원가	₩2,400

	변동원가계산	전부원가계산
①	2,000단위	2,800단위
②	500단위	2,000단위
③	2,000단위	2,800단위
④	2,000단위	1,500단위
⑤	800단위	1,500단위

38 (주)금강은 청소기와 공기청정기를 생산하고 있다. 제품생산과 관련된 정보는 다음과 같다. 생산에 투입 가능한 최대 기계시간이 33,000시간이라고 할 때, 추가적인 설비투자 없이 최적생산량을 생산한다면 (주)금강이 달성할 수 있는 최대 공헌이익은 얼마인가?

구분	청소기	공기청정기
최대 판매가능수량	6,000개	9,000개
단위당 공헌이익	₩50	₩60
단위당 소요기계시간	2시간	3시간

① ₩369,600
② ₩690,000
③ ₩720,000
④ ₩780,000
⑤ ₩840,000

39 다음 중 책임회계와 성과평가에 관한 설명으로 옳은 것은?

① 책임중심점의 성과를 평가할 때 원칙적으로 통제가능 여부에 관계없이 관련된 모든 업무에 대해 책임을 물어야 한다.
② 어떤 부서의 원가함수에 관한 지식을 본부가 알 수 없을 때에는 그 부서를 원가중심점으로 설정하는 것이 그 부서를 통제하는데 효과적이다.
③ 서비스 지원부서와 같은 비용중심점에서는 서비스를 소비하는 부서로부터 그 사용 대가를 징수하지 않는 것이 서비스의 과소비를 줄이는데 효과적이다.
④ 원가중심점은 특정 원가의 발생에만 통제책임을 지는 책임중심점으로 판매부문이 한 예가 될 수 있다.
⑤ 이익중심점이란 수익과 비용 모두에 대하여 책임이 부여된 조직의 하위단위 또는 부문을 말한다.

40 (주)백제는 A, B 두 사업부가 있는데, B 사업부는 신제품을 생산하기 위하여 필요한 부품 2,000개를 A 사업부로부터 구입하려고 한다. A 사업부가 이 부품을 생산하는데 단위당 변동원가 ₩22이 소요될 것으로 추정된다. 또한 A 사업부는 이 부품 2,000개를 생산하기 위해 현재 생산 판매중인 Z 제품 2,500개를 포기해야 한다. Z 제품의 판매단가는 ₩45이고, 단위당 변동원가는 ₩15이다. B 사업부는 이 부품을 외부에서 단위당 ₩65에 구입할 수 있다. 다음 중 최적사내이전가격에 해당하는 것은?

① ₩45
② ₩47
③ ₩55
④ ₩60
⑤ ₩67

제1회 회계학 최종모의고사 정답 및 해설

01	02	03	04	05	06	07	08	09	10	11	12	13	14	15	16	17	18	19	20
⑤	⑤	②	①	①	⑤	①	②	④	①	①	④	⑤	⑤	④	①	①	①	③	④
21	22	23	24	25	26	27	28	29	30	31	32	33	34	35	36	37	38	39	40
①	⑤	①	②	①	①	③	③	④	②	②	④	②	②	⑤	③	④	①	③	②

01 난도 ★
답 ⑤

▌정답해설▌

미래현금흐름을 예측하는데 유용한 비용의 표시방법은 성격별 표시방법이다. 따라서 비용을 기능별로 구분하여 표시하는 경우 성격별 분류 내용을 추가 정보로 공시하는 것이 필요하다.

02 난도 ★
답 ⑤

▌정답해설▌

원재료는 조건부 저가법이다. 제품원가가 순실현가능가치를 초과한다면 원재료도 저가법 적용 대상이다.

03 난도 ★★
답 ②

▌정답해설▌

• 회계처리와 기타포괄손익의 변동은 아래와 같다.

구분	회계처리				기타포괄손실
20x1년 초 채무상품 구입	(차) 금융자산	110,812	(대) 현금	110,812	–
20x1년 말	(차) 현금	15,000$^{(주1)}$	(대) 이자수익	13,297$^{(주2)}$	–
			금융자산	1,703$^{(주3)}$	₩14,109 발생
순효과	(차) 기타포괄손실	14,109$^{(주4)}$	(대) 금융자산	14,109	₩14,109 발생

주1 액면이자 = 액면금액 ₩100,000 × 표시이자율 연 15% = ₩15,000
주2 유효이자 = ₩110,812 × 유효이자율은 연 12% = ₩13,297
주3 상각액 = 액면이자 – 유효이자 = ₩1,703
주4 기타포괄손실 = 상각후원가 – 공정가치 = (₩110,812 – ₩1,703) – ₩95,000 = ₩14,109

04 난도 ★   답 ①

▌정답해설▌

수익인식의 5단계는 '고객과의 계약식별 → 수행의무의 식별 → 거래가격 산정 → 거래가격을 계약 내 수행의무에 배분 → 수행의무 충족 시 수익인식' 순서이다.

05 난도 ★   답 ①

▌정답해설▌

손상, 소실 또는 포기된 유형자산에 대해 제3자로부터 보상금을 받는 경우가 있다. 이 경우 보상금은 수취할 권리가 발생하는 시점에 당기손익으로 반영한다.

06 난도 ★★   답 ⑤

▌정답해설▌

(1) 만기금액 : ₩160,000 + ₩160,000 × 9% × 5/12 = ₩166,000

(2) 할인료 = 만기금액 × 할인율 × 할인기간/12

(3) 현금수령액(161,518) = 만기금액(₩166,000) − 할인료(₩166,000 × r% × 3/12)

(4) 할인율 : 10.8%

(5) 분개 :

| (차) 현금 | 161,518 | (대) 매출채권 | 160,000 |
| 매출채권처분손실 | 882 | 이자수익 | 2,400^(주1) |

주1 ₩160,000 × 9% × 2/12 = 2,400

07 난도 ★   답 ①

▌정답해설▌

(1) 종업원 및 유사용역제공자와의 거래에서는 제공받는 용역의 공정가치는 일반적으로 신뢰성 있게 추정할 수 없기 때문에, 부여한 지분상품의 공정가치에 기초하여 측정한다. 부여한 지분상품의 공정가치는 부여일 기준으로 측정한다.

(2) 종업원이 아닌 거래상대방과의 거래에서는 반증이 없는 한 제공받는 재화나 용역의 공정가치는 신뢰성 있게 추정할 수 있다고 본다. 이때 공정가치는 재화나 용역을 제공받는 날을 기준으로 측정한다. 그러나 드물지만, 제공받는 재화나 용역의 공정가치를 신뢰성 있게 추정할 수 없다면, 제공받는 재화나 용역과 그에 상응하는 자본의 증가는 부여한 지분상품의 공정가치에 기초하여 간접 측정한다. 다만 이 경우에도 재화나 용역을 제공받는 날을 기준으로 측정한다.

08 난도 ★

┃정답해설┃

기발행미인출수표 = ₩17,000 + ₩1,000 − ₩2,000 − ₩6,000 = ₩10,000

09 난도 ★

답 ④

┃정답해설┃

(차) (신)유형자산	2,000,000	(대) (구)유형자산	2,100,000
감가상각누계액	500,000	현금	300,000
		유형자산처분이익	100,000

10 난도 ★★

답 ①

┃정답해설┃

- 20x3년 당기순이익 감소액 = ₩140,000$^{(주1)}$ − ₩120,000$^{(주2)}$ = ₩20,000

  주1 감가상각비 = ₩420,000 ÷ 3년 = ₩140,000
  주2 손상차손환입 = Min[₩580,000, ₩400,000] − (₩420,000 − ₩140,000) = ₩120,000

11 난도 ★

답 ①

┃정답해설┃

금융리스로 제공한 부동산은 투자부동산이 아닌 금융리스채권으로 본다.

12 난도 ★★

답 ④

┃정답해설┃

(차) 현금	10,000	(대) 매출	8,621$^{(주1)}$
		계약부채	1,379$^{(주2)}$

  주1 제품 A = ₩10,000 × ₩10,000 ÷ (₩10,000 + ₩1,600) = ₩8,621
  주2 할인권 = ₩10,000 × ₩1,600 ÷ (₩10,000 + ₩1,600) = ₩1,379

  더 알아보기

  할인권의 추정 개별 판매가격 = ₩5,000 × 40% × 80% = ₩1,600

13 난도 ★★★

답 ⑤

┃정답해설┃

- 사채상환이익 $= ₩579,545^{(주1)} - ₩562,500^{(주3)} = ₩17,045$

  주1 장부금액 $= ₩965,909^{(주2)} \times 60\% = ₩579,545$

  주2 20x3년 4월 1일 사채 장부금액 $= ₩954,545 + (₩954,545 \times 10\% - ₩50,000) \times 3/12 = ₩965,909$

  주3 상환금액 $= ₩570,000 - ₩50,000 \times 3/12 \times 60\% = ₩562,500$

  더 알아보기

  - 사채 발행금액 $= ₩1,000,000 \times 0.7938 + ₩50,000 \times 2.5771 - ₩46,998 = ₩875,657$
    유효이자율 $= ₩87,566 ÷ ₩875,657 = 10\%$
  - 20x2년 말 장부금액 $= [₩875,657 \times (1 + 10\%) - ₩50,000] \times (1 + 10\%) - ₩50,000 = ₩954,545$

14 난도 ★

답 ⑤

┃정답해설┃

⑤는 재무활동으로 분류하며 ①, ②, ③, ④는 영업활동으로 분류한다.

15 난도 ★★

답 ④

┃정답해설┃

제품보증충당부채 $= ₩5,000,000 \times 5\% + ₩9,000,000 \times 5\% - ₩100,000 = ₩600,000$

더 알아보기

제품보증이 (주)한국의 2002년도 당기순이익에 미친 영향은 ₩450,000이다.

① 2002년 초 제품보증충당부채 $= ₩5,000,000 \times 5\% - ₩0 = ₩250,000$

② 제품보증충당부채 증가액 $= ₩600,000 - ₩250,000 = ₩350,000$

③ 제품보증비용 $= ₩100,000(현금지급액) + ₩350,000(제품보증충당부채 증가액) = ₩450,000$

16 난도 ★★

답 ①

┃정답해설┃

- 2002년도에 인식할 당기이익 $= ₩535,000^{(주1)} - ₩410,000 = ₩125,000$

  주1 당기수익 $= ₩1,700,000 \times 80\%^{(주2)} - ₩1,500,000 \times 55\%^{(주3)} = ₩535,000$

  주2 2002년 누적진행률 $= (₩550,000 + ₩410,000) ÷ (₩960,000 + ₩240,000) = 80\%$

  주3 2001년 누적진행률 $= (₩250,000 + ₩300,000) ÷ (₩550,000 + ₩450,000) = 55\%$

17 난도 ★ 답 ①

┃정답해설┃

항공기의 미래 유지원가에 상당하는 금액은 충당부채로 인식하는 대신에 감가상각에 반영된다. 즉, 예상되는 유지원가와 동일한 금액을 3년에 걸쳐 감가상각한다.

18 난도 ★★★ 답 ①

┃정답해설┃

- 퇴직급여 = ₩6,000(순이자) + ₩450,000(당기근무원가) = ₩456,000
- 기타포괄 손실 = ₩60,000 − ₩26,000 = ₩34,000

> **더 알아보기**
>
> | 구분 | 기초 | 순이자 | 근무원가 | 지급 | 적립 | 재측정 | 기말 |
> |---|---|---|---|---|---|---|---|
> | 확정급여채무 | 600,000 | 90,000 | 450,000 | (150,000) | – | 60,000 | 1,050,000 |
> | 사외적립자산 | 560,000 | 84,000 | – | (150,000) | 400,000 | 26,000 | 920,000 |
> | 순확정급여부채 | 40,000 | 6,000 | 450,000 | – | (400,000) | 34,000 | 130,000 |

19 난도 ★★★ 답 ③

┃정답해설┃

- 희석주당이익 = ₩1,596,000$^{(주1)}$ ÷ 2,375주$^{(주2)}$ = ₩672

> 주1 이익 = ₩1,500,000 + ₩120,000 × (1 − 20%) = ₩1,596,000
> 주2 주식수 = 2,000주 + (₩50,000 ÷ ₩100) × 9/12 = 2,375주

20 난도 ★

답 ④

┃정답해설┃

사용가치는 미래현금흐름에 기초하기 때문에 자산을 취득하거나 부채를 인수할 때 발생하는 거래원가는 포함하지 않으나, 자산을 궁극적으로 처분하거나 부채를 이행할 때 발생할 것으로 기대되는 거래원가의 현재가치를 포함한다.

21 난도 ★

답 ①

┃정답해설┃

무형자산이 분리가능하거나, 무형자산이 계약상 권리 또는 기타 법적 권리로부터 발생하면 식별가능하다고 본다.

22 난도 ★★

답 ⑤

┃정답해설┃

취득시 신용이 손상되어 있는 금융자산은 보고기간 말에 최초인식 이후 전체기간 기대신용손실의 누적변동분만을 손실충당금으로 인식한다.

23 난도 ★

답 ①

┃정답해설┃

재평가금액을 장부금액으로 하는 경우 재평가되는 자산의 손상차손은 재평가잉여금이 존재하는 경우 재평가잉여금에서 우선 감소하고 나머지는 당기손익으로 인식한다.

24 난도 ★★★

답 ②

┃정답해설┃

- A사 : ₩1,350,000 × 5/15(**자본금비율**) = ₩450,000
- B사 : ₩5,000,000 × 5% × 2회(연체분) + ₩5,000,000 × 5% × 1회(당기분) = ₩750,000
- C사 : ₩616,667
  - 연체분 : ₩5,000,000 × 5% × 1회(연체분) = ₩250,000
  - 당기분 : Min[₩5,000,000 × 8%, (₩1,350,000 − ₩250,000) × 5/15] = ₩366,667

25 난도 ★

▌정답해설▌

무상증자, 주식배당, 주식병합, 주식분할 모두 총자본은 변하지 않는다.

26 난도 ★★

답 ①

▌정답해설▌

• 20x1년 말 부채로 인식할 금액 : 8명 × (6.5일 − 5일) × ₩10,000 = ₩120,000
• 유급휴가 형식을 취하는 단기종업원급여의 예상원가는 다음과 같이 회계처리 한다(유급휴가에 대한 보상을 비용으로 인식하는 시점이다).

구분	회계처리
누적유급휴가	종업원이 미래 유급휴가 권리를 증가시키는 근무용역을 제공하는 때에 인식한다.
비누적유급휴가	휴가가 실제로 사용되는 때에 인식한다.

27 난도 ★

답 ③

▌오답해설▌

① 이자수취일이 다음 회계연도이므로 기말현금은 과소계상되지 않는다.
② 미수이자만큼 자산이 과소 계상되고, 순자산도 과소계상된다.
④ 당기 재무상태표상 자산, 자본에 영향을 주며, 부채는 불변이다.
⑤ 이자수익이 누락되었으므로 당기순이익은 과소계상된다.

28 난도 ★★

답 ③

▌정답해설▌

신축 공장건물의 취득원가 = ₩6,000,000 + ₩800,000 + ₩250,000 = ₩7,050,000

29 난도 ★★

답 ④

▌정답해설▌

중간재무보고서를 작성할 때 인식, 측정, 분류 및 공시와 관련된 중요성의 판단은 해당 중간기간의 재무자료에 근거하여 이루어져야 한다. 중요성을 평가하는 과정에서 중간기간의 측정은 연차재무자료의 측정에 비하여 추정에 의존하는 정도가 크다는 점을 고려하여야 한다.

30 난도 ★

┃정답해설┃

내재이자율은 리스료 및 무보증잔존가치의 현재가치 합계액을 기초자산의 공정가치와 리스제공자의 리스개설직접원가의 합계액과 일치시키는 할인율을 말한다.

31 난도 ★★

┃정답해설┃

- 차이조정 후 매출원가 = ₩500,000 + ₩200,000[주1] = ₩700,000

  [주1] 과소배부 = ₩1,200,000 − ₩1,000,000[주2] = ₩200,000
  [주2] 제조간접원가 예정배부액 = 2,000시간 × ₩500[주3] = ₩1,000,000
  [주3] 제조간접원가 예정배부율 = ₩1,250,000 ÷ 2,500시간 = ₩500

더 알아보기 각 계정별 제조간접원가의 예정배부액

구분	재공품	제품	매출원가	합계
직접재료원가	₩150,000	₩150,000	₩200,000	₩500,000
직접노무원가	₩250,000	₩150,000	₩100,000	₩500,000
제조간접원가	₩500,000	₩300,000	₩200,000	₩1,000,000
계	₩900,000	₩600,000	₩500,000	₩2,000,000

32 난도 ★

┃정답해설┃

묶음수준활동, 제품수준활동, 설비수준활동은 제품의 생산수량과 직접 관련이 없는 비단위수준 원가동인을 사용하여 원가를 배부한다.

33 난도 ★★

┃정답해설┃

54,400단위 = 52,000단위 + (78,000단위 − 66,000단위) × 진척도
따라서, 진척도는 20%이다.

34 난도 ★

▌정답해설▌

제품	순실현가능가치	배분비율	결합원가 배분액
A	1,000개 × ₩600 – ₩200,000 = ₩400,000	40%	₩120,000
B	1,200개 × ₩700 – ₩240,000 = ₩600,000	60%	₩180,000
계	₩1,000,000	100%	₩300,000

35 난도 ★★

답 ⑤

▌정답해설▌

₩9,500 + 2,000단위 × (₩40 – ₩35) – 기초제품재고 수량 × (₩40 – ₩35) = ₩12,000

따라서, 기초제품재고 수량은 1,500단위이다.

36 난도 ★★

답 ③

▌정답해설▌

- 37.5% = [목표 판매수량 – 500개$^{(주1)}$] ÷ 목표 판매수량

  따라서, 목표 판매수량은 800개이다.

  주1 손익분기점 판매량 = 100,000 ÷ (1,000 – 800) = 500개

37 난도 ★★★

답 ④

▌정답해설▌

최저판매가격 = ₩300 + ₩80 + 1,000단위 × (₩500 – ₩300 – ₩80) ÷ 3,000단위 = ₩420

38 난도 ★★★

답 ①

▌정답해설▌

- 시장점유율차이 = [22,000개 × 15% × ₩30$^{(주1)}$] – [22,000개 × 20% × ₩30] = –₩33,000(불리)
- 시장규모차이 = [22,000개 × 20% × ₩30] – [15,000개 × 20% × ₩30] = ₩42,000(유리)

  주1 단위당예산평균공헌이익 = (1,000개 × ₩40 + 2,000개 × ₩25) ÷ 3,000개 = ₩30

39 난도 ★★ 　　　　　　　　　　　　　　　　　　　　　　　　　　 답 ③

┃ 정답해설 ┃

대안	상황	
	공정 정상(p)	공정 비정상(1 – p)
조사	₩300,000	₩300,000 + ₩400,000 = ₩700,000
비조사	₩0	₩1,000,000

$₩300,000 \times p + ₩700,000 \times (1 - p) = ₩0 \times p + ₩1,000,000 \times (1 - p)$

따라서, p = 50%이다.

40 난도 ★ 　　　　　　　　　　　　　　　　　　　　　　　　　　　 답 ②

┃ 정답해설 ┃

품질관리계획수립원가, 품질관리기술개발원가, 품질개선을 위한 토의원가는 예방원가에 해당한다.

01	02	03	04	05	06	07	08	09	10	11	12	13	14	15	16	17	18	19	20
⑤	④	④	②	③	①	②	⑤	⑤	⑤	③	①	⑤	③	③	②	③	⑤	⑤	⑤
21	22	23	24	25	26	27	28	29	30	31	32	33	34	35	36	37	38	39	40
⑤	③	②	⑤	⑤	①	⑤	③	②	②	①	②	②	③	④	④	④	③	⑤	④

01 난도 ★　　　　　　　　　　　　　　　　　　　　　　　　답 ⑤

▌정답해설▐

자산의 실현가능가치는 현재가치로 환산하기 전의 금액이다.

02 난도 ★　　　　　　　　　　　　　　　　　　　　　　　　답 ④

▌정답해설▐

판매자가 부담하는 소유에 따른 위험이 사소한 경우에는 판매로 보아 수익을 인식한다.

03 난도 ★★　　　　　　　　　　　　　　　　　　　　　　답 ④

▌정답해설▐

• 회계처리를 나타내면 아래와 같다.

구분	회계처리				기타포괄손실
20x1년 4월 1일	(차) 기계장치	750,000	(대) 현금	750,000	–
20x1년 12월 31일	(차) 감가상각비	180,000	(대) 감가상각누계액	180,000^(주1)	₩180,000
20x2년 12월 31일	(차) 감가상각비	204,000	(대) 감가상각누계액	204,000^(주2)	₩384,000

주1 20x1년 감가상각누계액 = (₩750,000 − ₩30,000) × (5/15) × (9/12) = ₩180,000
주2 20x2년 감가상각누계액 = (₩750,000 − ₩30,000) × (5/15) × (3/12) + (₩750,000 − ₩30,000) × (4/15) × (9/12)
　　　= ₩204,000

04 난도 ★★   답 ②

┃ 정답해설 ┃

- 2021년 12월 31일 결산시점에서 특허권 관련 회계처리는 다음과 같다.

  (차) 특허권   500,000   (대) 현금(또는 미지급비용) 500,000
      특허권상각비   25,000$^{(주1)}$ 특허권   25,000

> 주1 특허권상각비 = ₩500,000 ÷ 10년 × 6/12 = ₩25,000

더 알아보기

2020년 12월 31일 결산시점에서 개발비 관련 회계처리는 다음과 같다.

  (차) 개발비상각비   400,000$^{(주2)}$ (대) 개발비   400,000

> 주2 개발비상각비 = ₩4,000,000 ÷ 5년 × 6/12 = ₩400,000

05 난도 ★★   답 ③

┃ 정답해설 ┃

- 재고자산감모손실 = (1,000개 − 800개) × ₩15$^{(주1)}$ = ₩3,000
- 재고자산평가손실 = 800개 × (₩15 − ₩9) = ₩4,800

> 주1 이동평균단가 = (₩10,000 + ₩35,000) ÷ 3,000개 = ₩15

06 난도 ★   답 ①

┃ 정답해설 ┃

거래원가가 존재하는 경우 자산이나 부채의 공정가치를 측정하기 위하여 사용되는 주된 시장의 가격에서 거래원가는 조정하지 않는다. 이때 거래원가는 운송원가를 포함하지 않는다.

07 난도 ★★   답 ②

┃ 정답해설 ┃

- 매출원가 = [₩120,000 + ₩507,000$^{(주1)}$] − (₩75,000 + ₩2,000) = ₩550,000

> 주1 당기매입 = ₩500,000 + ₩15,000 + ₩2,000 + ₩3,000 − ₩2,000 − ₩13,000 + ₩7,000 − ₩5,000 = ₩507,000

08 난도 ★★

┃정답해설┃

이연법인세자산의 장부금액은 매 보고기간 말에 검토한다. 이연법인세자산의 일부 또는 전부에 대한 혜택이 사용되기에 충분한 과세소득이 발생할 가능성이 더 이상 높지 않다면 이연법인세자산의 장부금액을 감액시킨다. 감액된 금액은 사용되기에 충분한 과세소득이 발생할 가능성이 높아지면 그 범위 내에서 환입한다. 마찬가지로 매 보고기간 말에 인식되지 않은 이연법인세자산에 대하여 재검토한다. 미래 과세소득에 의해 이연법인세 자산이 회수될 가능성이 높아진 범위까지 과거 인식되지 않은 이연법인세 자산을 인식한다.

09 난도 ★

┃정답해설┃

단기매매목적으로 보유하는 유가증권의 취득과 판매에 따른 현금흐름은 영업활동으로 분류한다.

10 난도 ★

┃정답해설┃

이행에 소요되는 원가와 위약금 중 작은 금액을 충당부채로 측정한다.

11 난도 ★★

┃정답해설┃

(1) 회수가능가액은 순공정가치와 사용가치 중 큰 금액이다.
(2) 원가모형은 손상차손환입으로 증가한 장부금액은 과거에 손상차손을 인식하기 전 장부금액의 감가상각 후 잔액을 초과할 수 없다.
(3) 20x2년 말 손상차손누계액 = ₩1,200,000 - ₩900,000 = ₩300,000
(4) 20x4년 말 손상차손환입 = Min(₩400,000, ₩1,000,000) - ₩300,000 = ₩100,000
(5) 20x4년 말 손상차손누계액 = ₩300,000 - ₩100,000 = ₩200,000

12 난도 ★

┃정답해설┃

기타채권자에 해당하지 않는 기타 당사자들(예를 들어, 감독당국)이 일반목적재무보고서가 유용하다고 여길지라도 일반목적재무보고서는 이러한 기타집단을 주요대상으로 한 것이 아니다.

13 난도 ★★★

┃정답해설┃

- 기본 주당순이익 = ₩525,300$^{(주1)}$ ÷ 1,030주$^{(주2)}$ = ₩510

> **주1** 보통주 당기순이익 = ₩575,300 − ₩50,000 = ₩525,300
> **주2** 가중평균유통보통주식수 = 800주 × (1 + 10%) × 12/12 + 200주 × (1 + 10%) × 9/12 − 60주 × 3/12 = 1,030주

> **더 알아보기**
>
> 무상증자 비율 = [300주 − (300주 × ₩1,000 ÷ ₩1,500)] ÷ (800주 + 200주) = 10%

14 난도 ★

┃정답해설┃

- 자본화 개시일은 최초로 다음 조건을 모두 충족시키는 날이다.
  - 적격자산에 대하여 지출하고 있다.
  - 차입원가를 발생시키고 있다.
  - 적격자산을 의도된 용도로 사용하거나 판매가능한 상태에 이르게 하는 데 필요한 활동을 수행하고 있다.

15 난도 ★★

┃정답해설┃

종속기업이나 공동지배기업 투자지분은 관계기업이 아니다.

16 난도 ★★

┃정답해설┃

(1) 3월 1일 공정가치 유상증자 주식수 : (12,000주 × ₩1,000) ÷ ₩1,500 = 8,000주
(2) 3월 1일 무상증자 주식수 : 12,000주 − 8,000주 = 4,000주
(3) 3월 1일 무상증자비율 : 4,000주 ÷ (24,000주 + 8,000주) = 12.5%
(4) 가중평균유통보통주식수
   : 27,000주 × 2/12 + 36,000주 × 2/12 + 30,000주 × 4/12 + 33,000주 × 1/12 + 34,000주 × 3/12 = 31,750
(5) 별해 : 가중평균유통보통주식수
   : 27,000주 × 12/12 + 9,000주 × 10/12 − 6,000주 × 8/12 + 3,000주 × 4/12 + 1,000주 × 3/12 = 31,750주

17 난도 ★

답 ③

┃ 정답해설 ┃

교육훈련을 위한 지출은 발생시점에 비용으로 인식한다.

18 난도 ★★

답 ⑤

┃ 정답해설 ┃

기업이 자산을 원래 판매가격 이상의 금액으로 다시 살 수 있거나 다시 사야 하는 경우 재매입약정은 금융약정이며, 기업은 자산을 계속 인식하고 고객에게서 받은 대가는 금융부채로 인식한다. 기업이 자산을 원래 판매가격보다는 낮은 금액으로 다시 살 수 있거나 다시 사야 하는 경우 재매입약정은 리스로 회계처리 한다.

19 난도 ★★

답 ⑤

┃ 정답해설 ┃

- 회수가능액 = ₩560,000 − ₩130,000$^{(주1)}$ = ₩430,000

> **주1** ₩130,000(총비용) = ₩115,000(감가상각비) + ₩15,000(손상차손)

20 난도 ★★

답 ⑤

┃ 정답해설 ┃

- 20x1년도 매출액 = ₩500,000 + ₩1,000,000 × 2.4868 = ₩2,986,800
- 20x2년도 이자수익 = ₩1,735,480$^{(주1)}$ × 10% = ₩173,548

> **주1** 20x1년 말 매출채권 장부금액 = ₩2,486,800 × 1.1 − ₩1,000,000 = ₩1,735,480

21 난도 ★★

답 ⑤

┃ 정답해설 ┃

- 매출원가 = ₩12,000 + ₩650,000 − ₩9,100$^{(주1)}$ = ₩652,900

> **주1** 기말재고 원가 = ₩14,000$^{(주2)}$ × 65%$^{(주3)}$ = ₩9,100
> **주2** 기말재고 매가 = ₩14,000 + ₩995,000 + ₩500 − ₩300 − (₩999,500 + ₩200) = ₩14,000
> **주3** 저가기준 선입선출 당기매입 원가율 = ₩650,000 ÷ (₩999,500 + ₩500) = 65%

22 난도 ★★   답 ③

┃정답해설┃

손상, 소실 또는 포기된 유형자산에 대해 제3자로부터 보상금을 받는 경우가 있다. 이 경우 보상금은 수취할 권리가 발생하는 시점에 당기손익으로 반영한다.

23 난도 ★★   답 ②

┃정답해설┃

전환권을 행사할 가능성이 변동되는 경우(특히, 전환권의 행사로 일부 보유자가 경제적으로 유리해지는 경우)에도 전환상품의 부채요소와 자본요소의 분류를 수정하지 않는다.

24 난도 ★   답 ⑤

┃정답해설┃

순공정가치로 측정하는 생물자산과 관련된 정부보조금에 다른 조건이 없는 경우에는 이를 수취할 수 있게 되는 시점에만 당기손익으로 인식한다.

> **더 알아보기**
>
> 기업이 특정 농림어업활동에 종사하지 못하게 요구하는 경우를 포함하여 순공정가치로 측정하는 생물자산과 관련된 정부보조금에 부수되는 조건이 있는 경우에는 그 조건을 충족하는 시점에만 당기손익으로 인식한다.

25 난도 ★★   답 ⑤

┃정답해설┃

20x1년 말 자본총계
= ₩3,000,000 + 100주 × ₩12,000 − ₩200,000 − 20주 × ₩11,000 + 10주 × ₩13,000 + ₩850,000 + ₩130,000
= ₩4,890,000

26 난도 ★★★   답 ①

┃정답해설┃

보통주에 귀속되는 당기순손익에서 차감할 세후 우선주 배당금은 당해 회계기간과 관련하여 배당결의된 비누적적우선주에 대한 세후배당금이거나 배당결의 여부와 관계없이 당해 회계기간과 관련한 누적적 우선주에 대한 세후배당금을 말한다.

27 난도 ★★

답 ⑤

▌정답해설▌

20x3년 해당 주식 처분시 처분손익을 인식하지 않는다.

28 난도 ★★

답 ③

▌정답해설▌

(1) 설립 시의 주식발행초과금 = 1,000주 × (₩6,000 − ₩5,000) = ₩1,000,000
(2) 유상증자 시의 주식발행초과금 = 1,000주 × (₩7,000 − ₩5,000) = 2,000,000
(3) 신주발행을 위하여 직접 발생한 비용 = ₩500,000
(4) 20x1년 12월 31일 재무상태표에 보고할 주식발행초과금 = (1) + (2) − (3) = ₩2,500,000

29 난도 ★★★

답 ②

▌정답해설▌

(1) 고객으로부터 유입된 현금 = ₩1,360,000(매출액) − ₩32,000(매출채권증가) = ₩1,328,000

(차) 매출채권	32,000	(대) 매출	1,360,000
현금	1,328,000		

(2) 영업비용으로 유출된 현금 = ₩240,000(영업비용) + ₩16,000(선급비용증가) + ₩24,000(미지급비용감소) = ₩280,000

(차) 영업비용	240,000	(대) 현금	280,000
선급비용	16,000		
미지급비용	24,000		

30 난도 ★★★

답 ②

▌정답해설▌

- 지분법이익 = ₩15,000 × 30% − ₩900 − ₩2,000(내부거래 미실현이익) × 30% = ₩3,000
- 관계기업투자주식 장부금액 = ₩40,000 + ₩3,000(지분법이익) + ₩1,500(관계기업기타포괄이익) = ₩44,500

> **더 알아보기**
>
> - 영업권 = ₩40,000 − (₩100,000 + ₩30,000) × 30% = ₩1,000
> - 순자산 과소평가 상각 = ₩30,000 × 30% ÷ 10년 = ₩900

31 난도 ★★

답 ①

┃정답해설┃

- 총합계액 = ₩131,000 + ₩150,000 + ₩75,000(직접노무원가) + ₩50,000 − 375,000^(주1) = ₩31,000

> **주1** 매출원가 = ₩500,000 × (1 − 25%) = ₩375,000

32 난도 ★★★

답 ②

┃정답해설┃

실제 제조간접원가 = ₩70,000 + ₩45,000 + ₩40,000 − (₩30,000 + ₩20,000 + ₩20,000 + ₩36,000) = ₩49,000

> **더 알아보기**
>
> 배부차이 조정 전 매출원가 = ₩70,000 + ₩5,000(과대배부) = ₩75,000

33 난도 ★

답 ②

┃정답해설┃

선입선출법을 이용하여 종합원가계산을 수행하는 회사가 기말재공품의 완성도를 실제보다 과대평가할 경우 완성품환산량이 과대평가되고 기말재공품원가도 과대평가되나 완성품원가는 과소평가된다.

34 난도 ★★

답 ③

┃정답해설┃

- 구입가격차이 = 40,000kg × ₩6 − ₩225,000 = ₩15,000(유리)
- 능률차이 = 3,000단위 × 10kg × ₩6 − 36,000kg × ₩6 = −₩36,000(불리)

35 난도 ★★

답 ④

┃정답해설┃

- 영업이익의 차이(전부원가계산 − 변동원가계산) = ₩15,840^(주1) − ₩15,000^(주2) = ₩840

> **주1** 기말재고자산에 포함된 고정제조간접원가 = 1,400단위 × ₩7.2 + 800단위 × ₩7.2 = ₩15,840
> **주2** 기초재고자산에 포함된 고정제조간접원가 = 2,000단위 × ₩5 + 1,000단위 × ₩5 = ₩15,000

36 난도 ★★★   답 ④

┃정답해설┃

- 총제조원가 = 4단위 × ₩500(직접재료원가) + 230.4시간$^{(주1)}$ × ₩10(직접노무원가) + 230.4시간 × ₩2.5(변동제조간접원가) + ₩2,500(고정제조간접원가) = ₩7,380

주1	누적생산량	단위당 누적평균노무시간	총누적 노무시간
	1	90시간	90시간
	2	90시간 × 80% = 72시간	90시간 + 54시간 = 144시간
	4	72시간 × 80% = 57.6시간	4단위 × 57.6시간 = 230.4시간

37 난도 ★★★   답 ④

┃정답해설┃

- 변동원가계산 = ₩10,000,000 ÷ [₩11,500 − ₩2,600 − ₩2,400 − ₩1,500$^{(주1)}$] = 2,000단위
- 전부원가계산 = ₩6,000,000 ÷ [₩11,500 − ₩2,600 − ₩2,400 − ₩1,500 − ₩1,000$^{(주2)}$] = 1,500단위

> 주1 단위당 변동제조간접원가 = ₩6,000,000 ÷ 4,000단위 = ₩1,500
> 주2 단위당 고정제조간접원가 = [₩6,000,000 ÷ 60% × (1 − 60%)] ÷ 4,000단위 = ₩1,000

38 난도 ★★   답 ③

┃정답해설┃

- 최대 공헌이익 = 6,000개 × ₩50 + 7,000개$^{(주1)}$ × ₩60 = ₩720,000

> 주1 [33,000시간 − 6,000개 × 2시간] ÷ 3시간 = 7,000개

더 알아보기

구분	청소기	공기청정기
단위당 공헌이익	₩50	₩60
단위당 소요기계시간	÷ 2시간	÷ 3시간
기계시간당 공헌이익	₩25	₩20
생산 및 판매 순위	1순위	2순위
최대 판매가능수량	6,000개	9,000개
최적 생산량	6,000개	7,000개

39 난도 ★★

정답 ⑤

┃오답해설┃

① 책임회계제도하에서 성과평가는 해당 경영자가 직접적인 권한이나 통제를 행사할 수 있는 책임중심점을 설정하여 이루어져야 한다.

② 책임중심점은 해당 경영자가 직접적인 권한이나 통제를 행사할 수 있어야 하므로 통제가능성 측면에서 원가중심점으로 설정하기 어렵다.

③ 서비스의 과소비를 효과적으로 줄이려면 서비스의 사용 대가를 징수해야 한다.

④ 판매부문은 수익중심점 또는 이익중심점으로 운영되며, 원가중심점의 대표적인 예는 제조부문이다.

40 난도 ★★★

정답 ④

┃정답해설┃

• 최적 사내이전가격은 ₩59.5$^{(주1)}$와 ₩65$^{(주2)}$ 사이의 가격이다.

주1 최소대체가격 = ₩22 + 2,500단위 × (₩45 − ₩15) ÷ 2,000단위 = ₩59.5
주2 최대대체가격 = ₩65

할 수 있다고 믿는 사람은 그렇게 되고,
할 수 없다고 믿는 사람도 역시 그렇게 된다.

- 샤를 드골 -

2025 시대에듀 감정평가사 1차 회계학
기출문제집(+최종모의고사)

| 개정1판1쇄 발행 | 2024년 06월 25일(인쇄 2024년 06월 11일) |
| 초 판 발 행 | 2023년 06월 23일(인쇄 2023년 06월 09일) |

발 행 인	박영일
책 임 편 집	이해욱
편 저	시대감정평가연구소

편 집 진 행	박종현
표 지 디 자 인	박종우
편 집 디 자 인	김민설·고현준

발 행 처	(주)시대고시기획
출 판 등 록	제10-1521호
주 소	서울시 마포구 큰우물로 75 [도화동 538 성지 B/D] 9F
전 화	1600-3600
팩 스	02-701-8823
홈 페 이 지	www.sdedu.co.kr

| I S B N | 979-11-383-7324-1 (13320) |
| 정 가 | 21,000원 |

무언가를 시작하는 방법은

말하는 것을 멈추고, 행동을 하는 것이다.

– 월트 디즈니 –

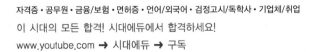

시대에듀 감정평가사

감정평가사 기출이 충실히 반영된 기본서!

1차 기본서 라인업

감정평가사 1차
민법 기본서

감정평가사 1차
경제학원론 기본서

감정평가사 1차
부동산학원론 기본서

감정평가사 1차
감정평가관계법규 기본서

감정평가사 1차
회계학 기본서

1·2차 기본서

단기합격을 위한 최적의 기본서 시리즈!

2차 기본서 라인업

감정평가사 2차

감정평가이론

감정평가사 2차

감정평가실무

감정평가사 2차

감정평가 및 보상법규

※ 도서의 이미지 및 세부사항은 변경될 수 있습니다.

시대에듀
감정평가사 1차 대비 시리즈

감정평가사 1차 종합서

감정평가사 1차 한권으로 끝내기

핵심이론 + 단원별 기출문제로 이루어진
단기합격을 위한 종합서(3권 세트)

❶권 민법 / 부동산학원론
❷권 경제학원론 / 회계학
❸권 감정평가관계법규 / 최신기출문제(제35회)

감정평가사 1차 기출문제집 시리즈

감정평가사 1차 전과목 4개년 기출문제집

▶ 전과목 기출문제를 한번에 풀어보는 실전 대비용
▶ 2023~2020년도 1차 전과목을 담은 기출문제집
▶ 민법 / 경제학원론 / 부동산학원론 / 감정평가관계법규 / 회계학

감정평가사 1차
과목별 기출문제집(+최종모의고사)

▶ 2024년 포함 과목별 기출문제(2024~2016년) 수
▶ 취약한 과목을 집중 공략
▶ 적중률 높은 최종모의고사 수록
▶ 민법 / 경제학원론 / 부동산학원론 /
  감정평가관계법규 / 회계학